推销策略与艺术

（第 3 版）

刘志敏　张爱玲　编著

国家开放大学出版社 · 北京

图书在版编目（CIP）数据

推销策略与艺术/刘志敏，张爱玲编著. —3 版
. —北京：国家开放大学出版社，2020.1
ISBN 978 - 7 - 304 - 10126 - 8

Ⅰ.①推⋯　Ⅱ.①刘⋯②张⋯　Ⅲ.①推销 - 开放教
育 - 教材　Ⅳ.①F713.3

中国版本图书馆 CIP 数据核字（2019）第 276480 号

推销策略与艺术（第 3 版）

TUIXIAO CELÜE YU YISHU

刘志敏　张爱玲　编著

出版·发行：国家开放大学出版社
电话：营销中心 010 - 68180820　　　总编室 010 - 68182524
网址：http://www.crtvup.com.cn
地址：北京市海淀区西四环中路 45 号　　邮编：100039
经销：新华书店北京发行所

策划编辑：张　曦　　　　　　　　版式设计：何智杰
责任编辑：宋亦芳　　　　　　　　责任校对：冯　欢
责任印制：赵连生

印刷：河北鑫兆源印刷有限公司
版本：2020 年 1 月第 3 版　　　　　2020 年 1 月第 1 次印刷
开本：787mm×1092mm　1/16　　插页：12 页　　印张：13.5　字数：302 千字

书号：ISBN 978 - 7 - 304 - 10126 - 8
定价：32.50 元

前言（第3版）　□ □ □

《推销策略与艺术》于2007年8月出版，在3年多的使用过程中，受到使用者的肯定。2010年，本书第2版出版。第2版教材同样受到了使用者的欢迎，2013年本教材被评为北京市高等教育精品教材。

随着互联网的飞速发展，移动设备以及其他技术把客户与企业直接联系起来，巨大的技术进步对推销产生了深远的影响，推销的理念、手段、策略和技巧，都得到了全面的升级。在这种背景下，有必要对原教材内容进行必要的调整，同时补充和更新新的理念和方法。为此，编者对此书进行了修订，编写完成了《推销策略与艺术》第3版。

本版教材与第2版教材的主要区别有：

1. 根据内容调整的需要，调整了部分章节结构，如把原来的第一章与第二章合并，将推销人员的职责、素质和能力要求都归入推销概述部分；把原来的第十一章"电话推销"的内容，根据其相关性整合到不同章节，如把电话沟通礼仪编入第三章推销人员的礼仪部分。

2. 针对推销实践发展增加了部分新内容。如原来的第三章"推销人员的推销礼仪"，本版增加了推销沟通的内容，改为"推销沟通与推销礼仪"，同时在这一章中，增加了"电话与新媒体的沟通礼仪"一节；在第十一章"推销管理"一章中，加入了"推销人员的自我管理与自我提升"一节。

3. 更改了部分章节的标题。如将原来第五章标题由"寻找客户"改为"客户的寻找与评估"，作为本版第四章的内容。

4. 吸纳学科最新研究成果，更新部分重要概念、观点和方法，更新了每章章尾的案例和正文中的"小案例"，调整了部分图表、数据。每章都做了局部的增删、重写以及补漏、校正等。

5. 删减部分理论内容，突出对学科基本原理、方法和技巧及其应用的介绍，更多地联系实际。

本版教材由刘志敏、张爱玲共同修订。刘志敏负责修订第一、三、五、八、九、十、十一章，张爱玲负责修订第二、四、六、七章，刘志敏负责全书的框架体系设计和总纂定稿。吴海东、黄思霞在教材的编写过程中提出了许多宝贵的建议，并协助进行了部分资料的收集工作。在此，我们深表感谢！

在本书编写过程中，编者参阅了大量近年来出版的有关论著，借鉴了国内外许多学者的研究成果，在此谨向作者表示感谢！

限于编者水平，本书难免有不妥之处，敬请读者批评指正。

编者联系方式：

刘志敏 (010) 57519184　　liuzhm@ crtvu. edu. cn

张爱玲 (0351) 6622227　　zhangal12@163. com

编　者

2019 年 10 月于北京

前言（第2版） □□□

产品的销路，决定着企业的生存和发展。如何使产品得到用户的青睐，是每个企业最为关注的事情。除了产品本身必须满足客户需求外，如何推销产品也成为每个企业高度重视的问题。

推销与商品交换有着同样悠久的历史。经济越发达，推销就越重要。作为现代营销的重要手段和环节，推销对企业的生存与发展、人们生产和生活需要的满足，乃至整个社会的繁荣与稳定，都起着至关重要的作用。

先进的推销理念、良好的推销素养、娴熟的推销技巧、正确的推销策略，是企业在竞争中制胜的重要因素。推销人员必须善于提高自身的学习能力和综合素质，勇于创新，在竞争中发展，与时代同步。

《推销策略与艺术》一书于2007年8月出版，在三年多的使用过程中，受到使用者的肯定。随着推销实践和理论的发展，书中部分内容稍显陈旧，学习者也提出了一些新的需求，为此，需要对原教材内容进行必要的调整，同时补充新的理念、更先进的方法。为此，编者对此书进行了修订，编写完成了《推销策略与艺术（第2版）》。

本版教材与第1版教材的主要区别有：

1. 根据内容调整的需要，修改了部分章节的标题。

2. 对章节进行了增加与删减。新增两章内容，即第十章"成交管理"和第十一章"电话推销"，删去原第四章"推销环境研究"。

3. 吸纳最新学科研究成果，更新部分重要概念、观点和方法，调整部分图表、数据。每章都做了局部的增删、重写以及补漏、校正等。

4. 删减部分理论内容，突出对学科基本原理、常用方法和实用技巧及其应用的介绍，使其与实际联系更加紧密。

为适应学习者需求，本版教材增加了导读本，即《推销策略与艺术导读》，为学习者学习本课程提供了必要的导学，并补充了学习资料。

本版教材的修订工作由中央广播电视大学刘志敏、山西广播电视大学张爱玲共同完成。刘志敏负责全书的整体设计，并对教材的结构、文字做总体的加工整理。重庆广播电视大学吴海东、广东广播电视大学黄思霞在教材的编写过程中提出了许多宝贵的建议，并协助进行了部分资料的收集工作。在此，我们深表感谢！

本教材的完成是编者与专家审定组成员共同努力的结果。我们要特别感谢首都经济贸易大学吴少平教授、北京工商大学刘文纲教授、中央财经大学安贺新教授等专家组成员，在教学大纲制定、课程一体化方案设计和教材审定过程中给予关心、指导和帮助。

中央广播电视大学出版社的李朔副总编辑和李永强、赵文静编辑在本书的编写过程中始终给予积极的协助和支持，付出了大量辛勤的劳动，在此谨表谢意！

在本书编写过程中，编者参阅了大量近年来出版的有关论著，借鉴了国内外许多学者的研究成果，在此谨向各位作者表示感谢！

限于编者水平，本书难免有不妥之处，敬请读者批评指正。

编者联系方式：

刘志敏 (010) 57519184   liuzhm@ crtvu. edu. cn

张爱玲 (0351) 6622227   zhangal12@163. com

编　者

2010 年 10 月于北京

前言（第1版） □ □ □

　　推销是现代企业拓展市场的利器，是商品价值最终实现的重要保证。在推销的触角已经延伸到社会生活的各个角落的今天，我们不难发现，成功地达成交易已经变得越来越困难。作为一名推销员，怎样才能使你的业绩倍增，怎样才能提升你的推销能力……一系列的问题可能困扰着你。请你坚信，推销是可以学习的，世界上没有天生的推销大师。学习推销方法、管理技能、推销技巧和推销策略，能使你得心应手地从事推销工作，即使遇到低潮仍可以坚定信心，正确面对。本书将介绍推销的基本原理和策略技巧，帮助你掌握推销的策略与艺术，从而使你成为一名出色的推销员。

　　本书以推销活动过程为主线，环环相扣，前后衔接。从本书中你可以学到：如何选择销售对象、如何接近客户、如何有效洽谈、如何处理客户异议、如何促使推销协议的达成等有关的技巧与策略。本书集知识性、实用性、趣味性于一体，通俗易懂，适于自学，可以帮助读者增强在竞争激烈、错综复杂的市场上纵横驰骋的实力，获得事业上的成功。

　　本书共设12章。由刘志敏、张爱玲、吴海东、黄思霞共同编写。刘志敏对全书统一加工整理，总纂定稿。

　　在本书编写过程中，我们参阅了大量近年来出版的有关论著，借鉴了国内外许多学者的研究成果，在此谨向作者表示感谢！

　　限于编者水平，难免有不妥之处，敬请读者批评指正。

编　者

2007 年 7 月

目 录 □□□　　　CONTENTS

第一章 推销概述

引 言

信息时代，市场瞬息万变，竞争日趋激烈，产品销售已经成为企业赢得竞争优势的一个重要影响因素。可以这样说，产品能否实现顺利销售直接决定着产品的命运和企业的兴衰存亡。企业推销人员的能力与业绩，对企业、对推销人员个人都有着至关重要的意义。推销既是一门科学，也是一项艺术。推销活动有着自身的规律和程序，有它的原理和方法。作为一名推销人员，要对推销工作有一个正确的认识，在推销过程中，必须善于结合自身条件和市场环境，巧妙运用各项推销技术，才能取得较好的推销效果。

经济的发展，科技的进步，使产品质量不断提高，同类产品的差异日益缩小，消费者购买活动受非产品因素的影响越来越大。很多情况下购买者是在推销人员的影响和感召下做出购买决定的。推销人员的素质和能力与推销业绩有着密切关联。那么，一个优秀的推销人员，究竟应该具备什么样的职业素质和能力呢？以上就是本章着重介绍的内容。

学习目标

1. 掌握推销的概念与特征；
2. 了解互联网时代的推销及其特征；
3. 掌握推销四要素及其在推销活动中的作用；
4. 重点掌握客户导向的推销观念；
5. 掌握影响推销工作的主要因素；
6. 了解推销活动的基本流程；
7. 掌握成功推销的准则；
8. 重点掌握推销人员的职责及其应具备的素质；
9. 掌握推销人员应具有的能力。

第一节　推销与推销职业

一、推销的概念

（一）广义的推销

广义的推销是指所有以使自己的意图和观念获得他人认可为目标的行为。从这个意义上说，生活中无处不在推销：商店里售货员的销售、街头广告牌上的广告、书籍报刊的推广、求职者的自荐书、竞选者的演说、学者的著作等。人人都是推销人员，每个人一生都在推销自己。我们向朋友推销真诚、坦率；向上司推销建议；向儿女推销生活经验。不同职业的人也可以理解为各种类型的推销人员：演员向观众推销艺术，科学家推销科学发明，艺术家推销美感。一个企业，一个城市，甚至一个国家都在向外推销着自己。人生活在社会里，必然要与其他人发生各种联系，进行各种交往。在这种联系和交往中，每个人都需要得到别人的理解、好感、友谊、爱情、支持与合作。为了达到这个目的，当然要不断地推销自己。

（二）狭义的推销

狭义的推销是指企业营销组合策略中的人员推销，即企业的推销人员运用一定的推销手段和技巧，直接与客户或潜在客户接触、洽谈，向其介绍产品，使消费者或用户认识产品或服务的性能与特征，以达到推销目的的活动过程。这个过程既是一个向市场提供产品的供应过程，又是一个激发客户需求、引起客户购买欲望的需求引导过程，还是一个通过了解客户需求、建立和发展客户关系、为客户提供服务以满足客户需求的过程。随着现代信息技术的发展，人员推销的方式也在不断拓展，借助信息技术手段（如电话、互联网、邮件等）与客户进行沟通，也属于人员推销的范畴。无论采用何种方式推销，其核心都是寻找客户、开拓市场、推销产品，实现双方利益交换。推销作为现代企业营销活动的一个环节，在国民经济发展、企业经营活动和个人发展中都有着重要的意义。

本书所研究的推销就是指这个范畴内的推销活动。

（三）推销与促销、市场营销的关系

1. 推销与促销的关系

所谓促销，是企业通过人员和非人员的方式，沟通企业与消费者之间的信息，引发、刺激消费者的欲望和兴趣，使其产生购买行为的活动。企业的促销组合主要有广告、人员推销、公共关系、销售促进、直效营销五种方式。推销属于促销组合中的一种手段。人员推销与其他四种促销手段有明显不同，区别在于推销人员不管在售前、售中还是售后，都得与购

买者交流。通过交流，推销人员能够很快获得客户反馈。这也是人员推销与其他沟通手段相比所具有的最大优势。正是这种手段所具有的这一独特的优点，使得这种最古老的销售方法在现代营销中仍具有蓬勃的生命力，成为一种重要的促销方式。

2. 推销与市场营销的关系

推销是市场营销活动的重要组成部分，"市场营销是企业吸引顾客参与，建立牢固的顾客关系，为顾客创造价值，进而从顾客那里获得价值回报的过程。"[①] 人员推销同样涉及创造、传递及交付价值，现代推销更强调买卖双方之间的人员沟通。但它不等于市场营销。市场营销是一个系统的管理过程。一般的营销活动包括：市场调研、选择目标市场、产品开发设计、产品定价、产品储存运输、销售渠道选择、产品促销、产品分销、产品销售和售后服务等。推销即人员推销，或者叫人员销售，仅仅是上述营销活动中促销手段的一种，是营销过程中的一个重要环节。推销和营销必须完整地结合起来。现代推销与传统推销已经有了本质的不同，现代推销关注的是对客户需求的分析，以及通过企业整体营销活动来为客户提供实惠，满足他们的需求。与营销组合的所有方面一样，人员推销并不是一个孤立的因素，而是一个必须放在整个营销战略中来考虑的因素。

随着买方市场、过剩经济和微利时代的到来，越来越多的企业家对"没有推销就没有企业"的观点予以认同。大多数公司都有一个有组织的销售队伍，在大多数商业活动中，销售队伍在营销组合中占有重要地位，特别在服务业，人员销售更是被广泛应用。

二、推销的特征

推销是很多要素相互作用的一种综合性活动。这些要素主要包括四个方面：推销人员、推销对象、推销品（产品、劳务、观念等）、推销信息。它们在整个推销过程中，相互关联、相互制约、相互作用。这种活动表现出以下特征：

1. 推销的核心是沟通

推销人员的任务就是向推销对象传递推销品的信息，让推销对象知道推销品能够满足其何种需求、带来何种利益，使推销对象接受推销人员所推销的观念、产品或劳务。同时，推销人员通过推销活动了解推销对象的意见、看法和需求，将推销对象的需求信息反馈给生产企业。

2. 推销活动是一种互惠互利的活动

我们也可以把它称为双赢活动。推销活动应同时实现推销人员和购买人员双方的目的，解决各自不同的问题。现代推销活动不仅是一个卖的过程，同时也是帮助购买的过程，是推销人员理解客户价值需求，为客户创造价值，从而带来客户价值实现的过程。只有推销人员和购买人员的目的相吻合，才能有效地达成交易。

---

① 阿姆斯特朗. 市场营销学：第13版. 赵占波，孙鲁平，赵江波，译. 北京：机械工业出版社，2019：3.

3. 现代推销活动必然要受各种推销环境的影响和制约

当今市场错综复杂，瞬息万变。推销必然受到其他相关活动的影响，我们将其称为推销环境。在现代推销活动中，推销环境的因素很多，除了推销活动基本要素可以制约和影响推销活动本身，还有许多外部因素也强烈地冲击着推销活动，如人口环境、经济环境、地理环境、技术环境、政治法律环境、文化环境、国际环境等。所以，推销人员在推销活动中必须善于了解、分析和预测推销环境。推销工作只有顺应环境，才能获得成功。

4. 推销活动本身存在许多行为规范

为了有效地联系各方面的社会关系，推销人员必须遵守一定的社会规范。社会规范中所涵盖的法律规范和道德规范是现代推销环境中的重要因素，也是现代推销人员应该遵守的行为准则。法律规范是强制性规范，推销人员必须遵守。推销人员必须学法、守法。道德规范是非强制性规范，推销人员更应该自觉遵守。

5. 现代推销是一项团队活动

现代推销业务的对象——产品或服务涉及面广，越来越复杂。客户的要求越来越高，这就要求推销工作专业性强，推销工作要与其他阶段工作相互渗透，一位推销人员通常无法独自处理大型客户的所有要求，因此，越来越多的企业利用团队推销来为大型的、复杂的客户提供服务。销售团队可以发掘出单个推销人员无法找到的问题、解决方案和销售机会。推销团队的专家通常来自企业各个层次、各个领域，如销售、营销、技术与服务支持、研发、工程、运营、财务以及其他部门。

三、推销的作用

现代推销是社会经济发展的巨大动力，是推动社会进步的重要因素。在市场经济条件下，没有成功的推销，就没有生产的发展、技术的进步和企业的利润。近年来，随着我国经济的发展，市场竞争日趋激烈，推销工作在社会经济生活中的作用日益突出。推销的作用主要有三个方面：

1. 推销有利于加速商品流通，使社会生产得以顺利进行

推销是生产者与消费者之间一种最直接的沟通手段。一方面，它向消费者传递生产方面的信息，向消费者宣传和介绍产品的质量、功能、用途和售后服务等；另一方面，它还可以不断地收集消费者对企业及产品的意见、要求，并反馈给企业，为企业的经营决策提供依据，促进企业产品适销对路，加速商品流通，促进社会再生产的顺利进行。

2. 推销有利于促进技术进步，推动人类文明的发展

推销活动不仅是产品推销活动，也是一种技术活动、文化活动。这是因为，所推销的产品本身就是知识的结晶、文明的象征，客户在购买产品的同时，也购买了有关的技术和知识。茶叶、丝绸和瓷器通过丝绸之路把古代东方文明传播到了西方各国，咖啡豆几乎征服了整个世界。从这个意义上讲，商品本身就是一种不可抵抗的进步力量。另外，推销人员在推销产品的

同时，也在推销有关产品的知识和技术。只有让客户了解并接受这种知识和技术，才能说服客户购买产品。在现代推销工作中，对推销工作本身的技术要求越来越高，一方面，要求推销人员掌握更多的技术和知识；另一方面，吸引了大批技术专家或学者从事推销工作。可见推销活动本身就是传播知识和技术的过程，而且推销活动还为技术进步和生产发展创造了必要条件。从经济学理论上讲，技术进步取决于生产发展的水平，而生产的迅速发展必然依赖于推销活动。

3. 推销有利于引导和影响社会消费，改善人们的生活条件

在市场经济条件下，只有文明推销和合法推销才能使推销活动具有生命力。一名合格的推销人员必须树立正确的推销观念，自觉遵守推销道德，努力学习现代推销理论和推销技术，掌握商品知识，讲究推销礼仪。推销行业的人员人数众多，联系广泛，因此，可以说推销人员是传播文明的使者，客户在接受推销品的同时，也接受了推销人员传播的技术、价值观念和知识。推销人员成功地推销有益的新产品，起到了引导和影响购买与消费的作用，也必然会改变人们的生活方式，改善人民的生活条件。

四、互联网时代的推销及其特征

随着互联网的飞速发展，移动设备以及其他技术把客户和企业直接联系起来，巨大的技术进步对推销产生了深远的影响，推销的理念、手段、策略和技巧，得到了全面的升级与重构。归纳起来，互联网时代的推销主要有以下特征：

1. 更快捷、更准确地识别潜在客户，掌握客户需求

大数据使推销人员能够更快捷、更准确地识别潜在客户，掌握客户需求。例如，推销人员可以使用数字化工具获取客户购买和消费行为的大数据，以发现趋势、识别潜在客户，了解客户想买什么，客户对某个供应商的看法，以及怎样才能产生交易。推销人员从在线数据库生成潜在客户名单，进而与之建立联系。

2. 推销手段更丰富

互联网和移动电话使推销手段更丰富。推销人员可以通过电话、网站、在线社交媒体、移动客户端等开发客户，与客户建立联系，并进行互动，以增加销售业绩。

3. 客户购买前的准备工作更加充分

互联网时代，客户在购买商品前更倾向于先通过网络自行收集信息。一项研究表明，商业购买者一般会在独立完成近60%的购买过程后才会去联系销售代表[1]，然后使用手机、网络会议以及社交媒体与卖家进行交流并完成交易。

4. 线上线下混合式销售

有更多的推销活动由过去面对面的形式转向线上线下混合式销售。有一部分销售活动是

---

① 科特勒，阿姆斯特朗. 市场营销原理. 北京：清华大学出版社，2019：356.

通过电话、移动设备完成的。如物美超市引入了多点 App，融合到店到家全场景的移动购物手机应用，实现线上线下一体化，提高了效率，改善了消费者体验。

5. 推销的成本更低、效率更高

新技术手段的运用使推销的成本更低、效率更高。推销人员可以通过电话、互联网以及社交媒体寻找新的销售线索，了解客户需求，或者直接完成销售和服务。技术手段的运用可以帮助推销人员通过解决客户问题来建立良好的客户关系。一个电话销售人员每天可以接触到20～33 位决策者，而上门推销平均每人每天只能接触4 位。[①] 相比于曾经必需的高成本登门拜访，推销人员更倾向于通过电话和网络与客户进行联系，客户也更喜欢这种形式。对于很多类型的产品而言，电话或网络销售与人员拜访一样有效。

科技给销售活动带来很多便利，但是，我们也必须认识到，科技与网络并不能取代推销人员的工作，也不能取代人与人之间的交流与联系。推销人员对网络和社交媒体技术使用得当，的确会使推销活动更加高产、高效，但这与推销人员从前所做的工作没有本质差异，都是在做客户调研和社交工作，只不过现在使用的是高科技工具和应用而已，这些方式使沟通更为高效、有利。在互联网时代，推销人员要成为顾问式销售人员，要能够随时发现和建立关系，找到客户痛点并聚焦于潜在客户的业务。因此，我们说，互联网时代改变的仅仅是销售的工具和技术，销售活动仍然离不开强大的推销队伍。无论何时，能够发现客户需求、解决客户问题和建立客户关系的销售人员总是企业所需要的。

五、推销事业与推销人员的职业生涯

（一）推销是一项事业

汉时张骞出使西域，明代郑和七下西洋，开辟了古老的东西方丝绸之路和海上丝瓷之路，这无疑是具有伟大历史意义的推销之路。职业推销人员是推动社会进步的重要因素，是发展社会经济的巨大动力。在现代社会，推销已无处不在，推销人员的队伍也正在日益壮大，推销人员的素质也在快速提升。社会经济的发展推动了推销事业的发展，同时对推销工作的依赖也日益加深。正是由于推销人员的努力工作，促成了一次又一次交易的实现，从而促进了工商企业和整个社会不断繁荣发展，社会再生产才能实现不间断地运行。推销不仅给企业带来了巨大利益，给社会带来繁荣和进步，同时，也为客户、为他人提供了周到的服务和帮助，使人们的需要得到了满足。因此，可以认为，推销是一项十分有意义的事业，所有从事这项事业的人应当充满信心，以此为荣。

1. 推销工作是具有重要价值的事业

在竞争激烈的市场上，各行各业的推销人员编织起产销之间密切的网络，传递着来自双

---

① 科特勒，阿姆斯特朗. 市场营销原理. 北京：清华大学出版社，2019：351.

方的信息，把适合客户需要的产品源源不断地推向市场，满足了用户的需要，保证了企业的正常运转，促进了社会的稳定与发展。所以，推销人员不仅肩负着企业成败兴衰的重大责任，也是社会进步的贡献者。因此，可以说推销工作是一项有重要价值的事业。

2. 推销是一项具有挑战性、刺激性和创造性的工作

推销工作面对的是复杂的环境、众多的对手、飞速发展的科技、不断更新的产品、不停变换的客户，因此，推销工作没有固定的模式与答案。推销人员每天都会有新感觉，他们在艰苦的工作和努力中不断体味着成功的喜悦。同时，自身素质在工作中不断提高，物质上也获得一定的报偿，除此之外，还能结交许多新朋友。推销工作约束少，自主发挥余地较大，工作中没有呆板、枯燥的烦恼，经常面对的是新的推销对象、新的推销环境，有利于创造性的发挥，使推销人员能够脑力与体力结合，融智慧、毅力、耐力、恒心、技巧、交际于一体。因此，推销是一项具有挑战性、刺激性、创造性的工作。

3. 推销工作最能锻炼推销人员的综合素质，实现自身价值

推销工作具有科学性，必须遵循其特定的规则，推销才能获得成功，尤其是推销技术性强的产品，还必须具备相关的理论和操作知识。推销工作要求推销人员必须具有相应的品格素质和专业素养。推销人员在推销活动中，必须不断学习，这样各方面的素质才能在实践中得到锤炼。在信息社会，销售技能是成功的主要技能之一，而且具有职业销售技能的人也容易在其他领域获得成功。

4. 推销工作是一项有前途的事业

许多企业领袖、实业英雄、财团老板都曾经从事过推销活动。我国著名的实业家、社会活动家中，推销人员出身的不乏其人。推销人员与企业家的工作最有相似性，推销人员也最具备成为企业家的条件。从事推销工作的人观察问题比较全面、比较综合，他们不仅能看到企业内部，还能看到企业外部，不仅能看到企业的下层，也能看到企业的上层。推销人员经常周游四方，辗转于风云变幻的市场，这种生活往往能培养出一种超人的气魄和胆识；推销人员联络各方人士，交往甚广，有较高的社交能力；推销人员接触面广，对市场需求、客户心理、同行的竞争都有深刻的了解，因此，见多识广，耳聪目明，信息十分灵通。正是由于这些条件，推销人员就有可能进一步成为企业家。

（二）推销人员的价值和地位

推销人员连接着企业与客户，是企业与客户之间的重要纽带。在客户面前，推销人员是企业的代表，他们寻找并开发新客户，与潜在客户沟通企业的产品或服务信息，通过吸引客户参与、展示产品、处理异议、协商价格和交易条款等与客户达成交易，服务客户并维持客户关系；同时，对企业来说，推销人员又代表着客户，他们在企业内部维护客户的利益并管理买卖双方的关系。推销人员把客户的需求和意见反馈给企业，与企业内各个部门的同事合作以开发更大的客户价值。

推销人员这一职业已经吸引了越来越多的有识之士，现代的推销人员或者说销售人员早

已不是之前人们头脑中传统推销人员的印象。当代的推销人员大多是受过良好教育和培训的专业人士，他们为客户提供价值增值服务，并维持与客户的长期关系；他们倾听客户的声音、评估客户的需求，并且通过企业的力量来解决客户面临的问题。优秀的推销人员是为了共赢而与客户密切合作的。推销这一职业具有高度的创造性和挑战性，是一项富有吸引力的职业。推销人员在销售的岗位上通过创造性的努力工作，为满足消费者需要、企业的发展、社会的繁荣做出自己的贡献。

（三）推销人员的职业生涯

职业生涯就是一个人的职业历程。它是指一个人一生中所有与职业相联系的行为与活动，以及相关的态度、价值观、愿望等连续性经历的过程，也是一个人一生中职业、职位的变迁及事业、理想的实现过程。做一名推销人员，从事推销工作，是有意义、有前途的。就个人职业发展来说，推销是不断完善自我，不断迎接挑战、坚忍不拔、获得成长的职业。

作为一名推销人员应当建立如下两点认知：

1. 推销人员必须是行动积极的人

推销人员是实践者而非空谈者，应当积极地创造环境而不是被环境所制约。从事推销工作，不能只是纸上谈兵，而应该积极行动。

2. 唯有不断学习，才能立足于社会

从事推销工作的人应致力于个人及事业的发展，因为，推销人员知道生活只会因为自我改变而改变。推销人员更应该知道：当今社会是一个知识经济社会，唯有不断地学习，才能稳固地立足于这个社会。推销高手不是天生的，是在学习和训练中成长起来的。

即时思考：推销人员工作的目标就是把商品卖出去吗？

第二节　推销要素、推销观念与推销准则

一、推销四要素及其关系

推销要素是指商品推销活动得以实现的必要因素，它主要包括推销人员、推销对象、推销品、推销信息四大要素。其中，推销人员和推销对象是推销活动的主体，前者是承担推销任务的主体，后者是接受商品的主体；推销品是推销活动的客体，是被推销人员推销、被推销对象接受的有形商品或无形商品；推销信息是贯穿推销活动全过程、联结推销人员和推销对象的重要媒介。商品推销的过程，就是推销人员、推销对象、推销品、推销信息这四大要素相互作用和协调的过程。

1. 推销人员——企业与客户的桥梁

推销是以人为主体的活动过程，在推销活动中，推销人员要成功地推销产品，首先要成

功地推销自己。假如客户不接受推销人员这个人，就会连介绍产品的机会都不肯给他，更不用说购买他推销的产品了。不管推销人员向客户介绍的公司和产品如何出色，如果客户不认可推销人员本人，推销活动就不可能发生，更谈不上业绩。所以，推销人员是企业与客户之间的桥梁。

传统推销中的推销人员仅仅限于个体，即企业内部推销人员，是一种专职人员。随着移动互联网的兴起，推销人员的概念开始泛化。每个人在互联网中都可以成为推销人员。我们可以把空间、朋友圈、微博等的推广都看作推销行为。推销人员的变化除了更加的泛化，它还具备了推销由个体变为组织的特点，即推销活动不断得到强化。企业、国家都开始利用移动互联网这个平台，把自己的文化、经济影响扩展到更大的范围。

2. 推销对象——接受推销的主体

推销对象又称为客户或购买者，是推销人员推销产品的目标与对象，它包括各类准客户、经常购买者和购买决策者。推销对象是推销过程中一个有意识的、能动的因素，他拥有买与不买、买多与买少的自由；购买者的需要在不断变化，不同的购买者有着不同的需求，同一类购买者在不同的时期，需求也可能各不相同。因此，在推销过程中，必须重视推销对象的主体作用，深入研究客户的所思所想。客户买不买某一件东西常有一个决定性的力量在支配，那就是感觉。感觉是客观刺激作用于感觉器官所产生的对事物个别属性的反应，是能影响人们行为的关键因素；是一种人和人、人和环境互动的综合体。企业、产品、人、环境、语言、语调、肢体动作都会影响客户的感觉。所以推销人员一定要把与客户见面的整个过程的感觉营造好。

在推销过程中，重要的是关注"对方"，而不是"自己"。不要把话题集中在夸耀自己的产品上，要知道，客户永远不会因为产品本身而购买，客户买的是通过这个产品或服务能给他带来的利益。

3. 推销品——商品推销的物质基础

推销品是指被推销的有形商品或无形商品，它包括实物、服务和观念。在推销过程中，对实物的推销与对服务、观念的推销联系在一起，形成一个不可分割的统一整体。推销人员在推销实物的过程中，必须详尽地介绍产品的特征、用途及维修保养知识，并进行技术示范，使推销对象了解产品的使用、维修方法，向推销对象推销信息、技术等方面的服务；同时，推销人员必须向客户宣传产品的使用价值，以引起客户的兴趣、引导客户购买，在推销实物的同时，向客户推销现代消费观念。因此，推销过程既是一个实物推销过程，也是一个服务、观念的推销过程。商品推销过程中所推销的有形商品或无形商品，是保证推销活动顺利进行的物质基础。

4. 推销信息——商品推销的无形资源

推销信息是指商品推销过程中有关商品、客户、市场等形成的信息。商品的推销过程也是一个信息的传递和反馈的过程。推销人员在商品推销过程中，只有不断地将客户、市场等信息反馈给企业，企业才能及时地掌握市场需求的变化趋势，根据市场需求的变化，提供客户所需要的产品，运用适当的推销技巧来进行推销；只有及时地将产品及企业的信息传递给客户，才能引导客户对企业和产品产生信赖，最终购买产品。推销信息是推销产品的无形资源，是保证成功推销的关键，企业在商品推销活动中，必须掌握和运用推销信息这一重要资源和关键要素，从而保证商品推销的顺利进行。

二、推销观念

推销观念就是推销哲学或推销观，是推销工作的指导思想。推销观念直接决定着推销工作的质与量的水平。纵观人类推销活动发展史，可以看到不同的历史时期不同的推销观念的逐渐变化。推销观念从根本上可划分为两大类，即推销导向和客户导向。

1. 推销导向

推销导向是以达成交易为主旨，以现有产品为中心，通过种种技巧、方法，说服客户购买的推销观念。它以高压式手段说服客户购买，侧重于推销技巧的训练和应用，如夸大本公司产品的优点、贬低竞争者的产品，使用花哨的言辞介绍产品、极力宣传自己等，而并不考虑客户下了订单后的感受。这种观念是一种传统的推销思想，适用于社会经济发展水平不高，竞争程度不激烈，市场商品供应尚未达到极大丰富的市场环境。在这种情况下，客户挑选余地不是很大，企业的信誉和形象问题也不十分突出。在商品经济高度发展，产品更加丰富，买方处于优势地位的市场环境下，这类观念就不能适应客观需要了。如果还一味推行这类观念，强行推销而不顾客户购买后的感受，不管客户是否需要或满意，虽然可以一时达成交易，却有可能断送产品的前程，毁坏自己和公司的声誉。

2. 客户导向

客户导向是一种以满足客户的某种需要为中心的推销观念。在这种观念指导下，推销人员不是推销产品，而是推销一种可以解决某些问题的答案。推销人员与推销对象相接触，不仅是为了卖出现有产品，而且要了解客户的需要、愿望，真心关心客户的利益，促成生产者和消费者之间的信息沟通，从而以优质的商品满足客户的需要。遵循这种观念的推销人员是主动的订单承接者。

据此，西方推销学家提出了一个有效的推销法则，即需要满足法或问题解决法。按照这个推销法则，推销人员可以有效地确定推销重点，开展高效率的推销活动。更明确地说，在推销洽谈中，推销人员应着眼于推销品能够给客户带来什么利益，而不应把中心放在推销品本身。

这种观念与市场营销学中的市场营销观念是一致的，是一种现代的推销思想。遵循这种观念，必然会赢得客户的信赖和忠诚，对提高推销工作的质量和效益具有重要意义。

三、影响推销工作的主要因素

推销不是在真空中进行的，它是一种联系广泛、错综复杂的开放性的社会活动，因此它必然时时处在各种内外因素影响和制约之中。分析和探讨推销策略与艺术，就不能不分析这些影响因素。这些因素概括起来主要有三大类：

1. 推销工作人员的素质

推销是以人为主体的活动过程，推销人员是整个推销工作的灵魂和核心，因而其自身素质直接决定了推销的效果，还关系到企业的声誉。推销人员必须了解客户，熟悉市场情况，有社会责任感和良好的推销技能。作为一名卓有成效的推销人员，至少应具备这样两项基本素质：一是善于从客户角度考虑问题，二是对于成功具有强烈的欲望和干劲儿。除此之外，不同的产品和不同情况下的推销，对推销人员的要求也不尽相同。企业要十分重视推销人员的选拔、培训和组织管理，努力提高推销人员的素质，激发其创造热情，为推销的成功奠定坚实的基础。

2. 推销环境

人们生活在各种自然环境和社会环境之中，人们的消费需求必然要受到这些环境因素的影响和制约。消费者基于消费环境的考虑而选择购买产品，推销人员则应基于推销环境的考虑来推销产品。环境是推销工作的一个重要制约因素，因此，推销者必须密切观察、了解并能在一定程度上分析和预测环境的特点与变化，从而做出适应环境的推销策略决策。这些环境包括人员环境、经济环境、竞争环境、地理环境、技术环境、政治法律环境、社会文化环境、国际环境等。

3. 推销工作的组织管理水平

在现代经济中，大多数企业都有自己的推销人员，这种人员资源的使用成本很高，因此必须对其实行有效的组织管理。管理水平的高低，直接影响推销的效果。推销工作的组织管理主要包括六个方面的内容：①确定目标；②拟定推销人员的规模和组织结构；③招募与挑选推销人员；④培训推销人员；⑤督导和激励推销人员；⑥评估推销人员。

四、推销活动的基本流程

推销活动是颇具创造性和技巧性的经济活动，不同的环境、不同的客户、不同的推销品应有不同的策略，没有一套在任何条件下都极其有效的方式方法，但这其中仍有一定的规律可循。推销过程包含着一定的工作流程，一个完整而典型的推销活动一般包括寻找客户、约见客户、接近客户、洽谈沟通、异议处理、成交、成交后行为及信息反馈七个步骤（如图1-1所示）。推销活动包括B2B（Business-to-business，企业对企业）市场的推销活动和B2C（Business-to-consumer，企业对消费者）市场的推销活动，虽然两类市场各有特点，但推销人员使用的销售流程是相同的。这七个步骤虽然有先后之分，但就整个推销工作而言，它们是互相交叉和互相渗透的。关于推销步骤在以后的章节里将详细论述，这里不展开介绍。

$$\boxed{\text{寻找客户}} \rightarrow \boxed{\text{约见客户}} \rightarrow \boxed{\text{接近客户}} \rightarrow \boxed{\text{洽谈沟通}} \rightarrow \boxed{\text{异议处理}} \rightarrow \boxed{\text{成交}} \rightarrow \boxed{\begin{array}{c}\text{成交后行为及信息}\\\text{反馈}\end{array}}$$

图1-1　推销活动的主要步骤

五、成功推销的准则

1. 始终以客户需求为中心

以客户需求为中心，充分满足客户需要是现代推销的出发点和归宿，是培养忠诚客户，实现长期推销目的的重要途径。以客户需要为中心就是要通过分析研究，明确客户的需要，采用适当的方法和技巧，阐明产品或服务给客户带来的满足与利益，在满足客户需要的同时，也使企业和推销人员获利。

2. 推销中最重要的是"人"而不是"物"

很多推销人员认识不到这一点，他们在工作中往往把所有的注意力都集中在所要推销的产品上，而唯独忘记了自己。其实，在推销过程中，首先推销的是自己，是"人"而不是"物"。只有客户相信你的坦诚、热情、可靠，才有可能信任你的企业和产品。

3. 推销中最重要的是"对方"而不是"自己"

现代推销的实质是达成交易，推销活动是买卖双方的一种互利行为。推销人员要以交易能为双方都带来较大的利益为出发点。有些推销人员在推销中把话题集中在夸耀自己的产品上，却不谈这种产品能给客户带来哪些好处。因此，很难达成交易，因为对方不知道这种产品会给他带来什么利益。

4. 推销中最重要的是"无形的东西"而不是"有形的东西"

在推销过程中，要树立产品的整体概念，即不仅重视其有形的部分，如质量、造型、规格、花色、价格等，还必须重视其无形的部分，包括产品内在的使用价值，即产品的有用性、产品能给客户带来什么利益；产品的服务，如送货上门、维修、安装等。只有全面满足了客户的需要，尤其是主要客户的使用需要，免除了客户的后顾之忧，才能真正赢得客户的信赖。

5. 推销人员要充满自信

自信心对推销人员来说具有特别重要的意义，它能使推销人员精神饱满、精力充沛、勇往直前，不惧怕任何挫折与失败。推销工作复杂多变，结局很难预料，推销人员要保持必胜的信心，坚持到底。许多有经验的推销人员都有这样的体会，成功往往来自再进一步的努力。当别人都退却了的时候，机会就留给了最后的努力者，失败往往也是由于失去了信心而功亏一篑。同时，信心也会赢得客户的信任。很难想象客户会与一位自己都怀疑自己的人订立合同。推销人员只有相信自己，才能让客户相信你。

即时思考：客户导向的核心是什么？

第三节　推销人员的职责与素质

一、推销人员的职责

1. 推销产品

推销产品是推销活动的最基本功能。推销人员运用各种推销技巧和业务知识，向目标客户推销产品，帮助企业实现销售，使企业盈利。

2. 开发客户

识别潜在客户、寻找客户线索、开发新客户是推销人员的重要职责。为了生存和发展，提高企业的经济效益，推销人员不仅要与现有的客户保持联系，更重要的是不断寻找新的客户，开拓新市场。

3. 提供服务

推销人员可以为用户提供售前、售中、售后的各种服务，其中包括向客户提供咨询、给予技术协助、帮助解决财务问题、协助办理运输手续等，通过这些服务力求使企业的利益与客户利益协调一致。推销人员提供的服务越周到，就越能赢得市场的信誉，推销效率也就越高。

4. 沟通信息

沟通信息包括收集市场情报和传播产品信息两方面。一方面，推销人员在与消费者的直接接触中，从观察、交谈以及消费者的反应中可以得知自己的产品或服务是否受欢迎，了解消费者的意见和要求以及其他竞争产品的情况等，为企业的经营决策提供及时、准确的第一手资料；另一方面，推销人员还要把企业和产品的信息介绍给客户，增进客户对企业的了解，实现信息的双向沟通。

二、推销人员的素质

在现代社会，推销人员要想获得成功，必须具备较高的素质和多样化的技能。推销人员的职业素质即推销人员从事商品推销活动的内在条件的综合。这是推销人员职业能力发展的根本条件。除了一个人所固有的遗传素质，推销人员的素质更多的是推销人员后天多层次、多规格的动态能力，是由推销人员的学习、训练和推销实践经验的积累所决定的。推销人员的素质与推销业绩有着密切联系。要想成功地推销产品，首先要成功地推销自己。一个企业推销人员的素质关系到企业的生存与发展。一个成功的推销人员的职业素质必须有五个最基本的特征：优良的精神素质、良好的品格修养、合理的知识构成、纯熟的推销技巧和良好的身体素质。

（一）优良的精神素质

优秀的推销人员首先应该是一个有理想、有追求的人，是快乐、乐观、自信、积极、友善、轻松的人。有研究显示，推销人员推销成功因素中的 80% 由其态度所决定，20% 由其性格所决定。

推销工作是一项创造性的、艰苦的脑力和体力相结合的劳动，推销人员要有强烈的责任心、坚强的意志和毅力、必胜的信心。在推销过程中，任何事情都可能发生，在困难和挫折面前，要有充足的自信以及战胜困难的智慧和勇气。正确的态度是成功的保证。成败在一念之间，当一个人认为自己是一个最棒的推销服务人员时，他的精神状态也一定是积极乐观、健康快乐的，其言行举止也必然是积极向上的。这种精神同时会影响周围的人，引导你的推销对象也同样积极乐观，同时，在积极的精神状态下做出的决定也必然是积极的。影响推销业绩的主要障碍有：自卑感、无价值感、缺乏自信、态度消极。作为企业的推销人员，必须克服这些障碍，为此，推销人员需要具备以下态度：

1. 热爱推销工作

推销工作是一项具有挑战性、刺激性和创造性的工作，最能发挥个人的才干，实现自身的价值。推销工作是一项有前途的事业。推销人员要将推销工作当作一份事业来对待。一名成功的推销人员要对自己的职业充满由衷的热爱，要对自己的事业充满强烈的信心。

2. 成功的欲望

任何推销人员的脱颖而出，都源于对成功的渴望，这是促成目标实现的关键因素。成功的欲望越强，成功的可能性就越大。成功的欲望或是来自物质追求，或是来自精神追求，都是为了事业成功，生活幸福。这种成功的欲望正是推销人员发挥积极性和创造性，努力工作的推动力。

3. 坚定的自信

推销人员要有坚定的自信。这种自信不仅仅是对自己的自信，更重要的是对推销工作的自信。要相信自己能够胜任推销工作，相信自己能够说服客户购买产品，相信自己能够战胜工作中的各种困难。推销人员只有自己充满信心，才能感染客户，说服客户，使客户相信你和你的产品，进而购买产品。所以，推销人员要培养积极的态度，让自己更乐观、更有活力，让自己更热忱，在单位或团队中受人尊重。

4. 团队合作意识

现代社会中，团队意识是一种非常重要的素质。现代推销是全员推销，成功的推销往往需要强大的宣传攻势、完善的售后服务、优质的产品、良好的企业形象作为综合推动力。因此，推销人员的工作需要各部门相互协作，全体人员相互支持。同时也要认识到，一个公司的推销业绩不是靠哪一个人就可以完成的。因此，现代推销要求推销人员必须具有团队合作精神。

5. 锲而不舍的精神

推销工作是一个不断遭到拒绝、不断受到挫折的工作，没有锲而不舍的精神是做不好的。选择了推销就选择了被拒绝。推销永远是做概率，没有一个人能做到 100% 的成功推销，只能不断提高成交的比率。推销是使人充分发挥自主性的职业，可以靠智慧和坚毅的精神取得成功，并赢得自由的职业。推销人员在工作中经常会遇到挫折和打击，所以，推销人员要有较强的抗压能力和克服消极情绪的能力，锲而不舍，持之以恒。

克服被拒绝带来的消极情绪可以采取以下三种办法：

（1）把拒绝当老师，即把每次被拒绝的痛苦都变成成长的快乐。

（2）把拒绝定义成不够了解，把每次被拒绝变成再次拜访的理由。有资料显示，48% 的推销人员经常在第一次拜访后，便放弃了继续推销的意志；25% 的推销人员，拜访两次后打退堂鼓了；12% 的推销人员拜访三次以后，也退却了；5% 的推销人员拜访四次后也放弃了；仅有 10% 的推销人员锲而不舍，连续登门拜访，结果，他们的推销业绩占了全部推销的 80%。某些时候，勇气和毅力比经验、技巧更为重要。

（3）算出平均成交收益。下面介绍一种克服"被拒绝"的公式，领会这个公式的实质并善于利用它，可以帮助推销人员克服被拒绝带来的沮丧情绪，且在克服被拒绝带来的情绪后，能更加坚定自己的意志。

每位推销人员都希望自己的每一次推销都能成功，但因为产品或服务的不同、推销人员的推销能力高低有别，推销成功的比率必然有所不同。有的人成功率为 10%，有的人是 20% 或 30%。根据百分比定律，我们可以这样计算：

计算每次交易能赚多少钱。（设为 600 元）

计算访问多少次客户才能成交。（假设 20 个客户成交一次）

因此，每会见一次的收益 = 600 ÷ 20 = 30（元）

每次会见，尽管被拒绝，对方说"不"，但是自己告诉自己，每个"不"等于 30 元。

每个被拒绝的推销人员，本来心情不好，觉得很难过，但想到每一个拒绝等于 30 元，就会变得面带微笑，感谢对方，然后内心坦然地去接受另一个 30 元，另一个被拒绝。推销人员就会在这一个又一个被拒绝中走向成功，磨炼出坚强的意志。

小案例

有一位从事建筑材料销售的老板，他随时都在寻找生意，从不轻易放弃每一个机会。一次，他看到一栋快要竣工的大楼，就进去联系生意。他问接待的人要不要建筑装饰材料。对方说还有八个月的时间才开始装修，没说要也没说不要。他向对方要了名片，每个月给这个人打一次电话。然而，连续八个月他都没有做成生意。第九个月，他接到这个人打来的电话，说他的一位朋友的项目需要装饰材料，可能明天会与他联系。

原来，这个没有成交的客户在最近一次参加朋友聚会的时候，一位朋友向他打听购买装饰材料的事，问他有没有生意关系可以介绍。这位客户很快想到了那位连续八个月给他打电话的建材老板。

最后，这位老板做成了一笔几百万元的生意。

（资料来源：谢和书，陈君. 推销实务与技巧. 3版. 北京：中国人民大学出版社，2018.）

6. 学习的态度

人的能力强弱有别，但这些都可以通过学习得以改变。在理论和实践的学习、锻炼中，人的素质和能力可以不断得到提高。所以，无论从事什么职业，都必须善于学习，不断学习。推销能力的获得方法有两种：一种是自我摸索，另一种是学习已经被成功者证明有效的方法。只要有学习的态度，时时处处都可以学习。要善于在推销过程中观察、思考、感悟，同时也要常读书、常请教，参加培训、聆听演讲。学习是每一个人永恒的使命，一个人对学习的态度，决定了他（她）未来成就的高度。

7. 高度的诚信

诚实守信是推销的基本准则，推销人员切忌为了盲目追求推销业绩而不择手段。推销人员代表的是一个企业，在推销活动中要注意为企业树立良好的形象，与客户建立和保持良好、融洽的关系，要有长远目光，不能为了实现推销定额而损害企业的形象和信誉。同时，推销人员还要对客户负责，向客户推销适合其需要的、能解决实际问题的产品。

（二）良好的品格修养

这里所说的品格，是人的性格、品质、气质、能力等特征的总和。推销人员的工作离不开与人接触，因此必须有良好的人际关系才可能成为优秀的推销人员。从这个意义上讲，推销人员并非推销产品，而是推销自己的人格。在美国的企业中，有很多最高经营者都是推销人员出身，他们之所以成功，得益于严守推销人员的品格和道德。要成为一个合格的推销人员，必须努力塑造自己的人格魅力，用健康、优良的品质去吸引客户、留住客户。推销人员人格魅力的塑造，特别要着重于以下几个方面：

1. 真诚坦白

推销人员在与客户的接触中，必须诚实坦白、真诚守信。这样才能博得客户的信任，使客户放心与你做生意，这也是与客户建立长期稳定关系的基础。"信用"，对于推销人员来说犹如生命线，一旦失去了信用也就失去了立足之地。推销人员应恪守"人无信不立"的信条。所以，真诚坦白是推销人员必须信守的职业道德，也是推销人员的魅力所在。

2. 热情开朗

态度决定一切。不同的态度产生的人生体验和结果是完全不同的。积极的人生态度可以帮助我们战胜自卑和恐惧，克服自身的惰性，发挥自己的潜能，提高工作的质量和效率。

热情是一种积极的意识状态，具有十分强烈的感染力，能够激励和鼓舞人们对自己所从事的工作采取积极的行动。对工作富有热情的人，他成功的可能性会远远大于没有热情的人。"没有热情就没有销售"，要保持热情的态度，热情能够感染人，热情所散发出来的生机、活力、真诚与自信会感染客户，引起客户的共鸣。

开朗的性格在推销中至关重要。开朗的人乐观，有亲和力，易于沟通，容易与客户迅速建立良好的关系，并赢得客户信任，从而实现推销的成功。

3. 善解人意

推销人员应善于理解别人，想人所想，急人所急，帮人所需。为客户的欢乐而喜悦，也为消除客户的烦恼而尽微薄之力。要真正做到这一点，必须从以下几个方面做起：

首先，要学会倾听。倾听是理解对方的起点，也是沟通人际关系的手段，同时也是一种技巧，这种技巧的第一信条就是给予对方全然的注意，当客户感到你对他的兴趣和关注时，在与你的关系上他会努力寻求使你愉快的东西。

在倾听时，要有积极的反应，要有情感的回馈。点头，倾身，重复客户的话，提出问题，用"眼"来听，都是一种回馈。

如果你对客户的讲话难以忍受，要提醒自己，这说不定对自己有好处。这通常意味着他已被深深卷入，正努力考虑你的想法，并想同你建立联系。如果你打断客户，结束他的话，试图猜出他的心事，或试图盖过他说的事，这将会增加他对你的敌意，并漏掉他的重点。所以，只有积极的倾听，才能使彼此的心灵契合，推销人员才能真正知道自己该做些什么。

其次，要懂得赞美。赞美，是对对方优良品质、能力和行为的一种语言肯定，它实际上是人们对待世界的一种健康心态，在处理人际关系中起着润滑剂的作用，是挡不住的诱惑。赞美别人，也是一种艺术。客户的风度气质、衣着服饰、谈吐学问、事业经营、家庭或公司的环境布置等都可作为赞美的话题，赞美必须掌握分寸，看准火候，自然大方，使对方能欣然接纳。赞美要发自内心，过于牵强会使对方感到不真诚、不舒服，有奉承之嫌。

最后，要宽以待人。一方面，每个人都有不同的性格、爱好和要求，美德和智慧的表现形式也是多种多样的，我们不应用一种标准要求别人，要容忍别人与自己有不同的观点和志趣；另一方面，宽以待人是对别人不能吹毛求疵，怀恨在心。每个人都会有自身的缺陷和不足，工作中都会有失误，对此要宽怀大度，理解体谅，必要时可以善意地提醒，而不应恼怒、怨恨。

（三）合理的知识构成

一名合格的推销人员必须具备必要的知识。事实证明，推销人员具备的文化知识越丰富，获取良好推销业绩的可能性就越大。

推销人员必须掌握的基本知识包括客户知识、产品知识和公司知识三大部分（如图1-2所示）。在这三部分中，排在第一位的是客户的相关知识——是否了解客户，是否了解客户的业务。有时候推销人员千方百计约到了某个客户，但是在与客户进行面对面交流的时候，推销人员不知道要说些什么。出现这种情况的根源就在于不重视对客户知识的积累。

在推销人员的知识体系中，客户知识是最重要的。推销人员必须懂得消费者心理与购买

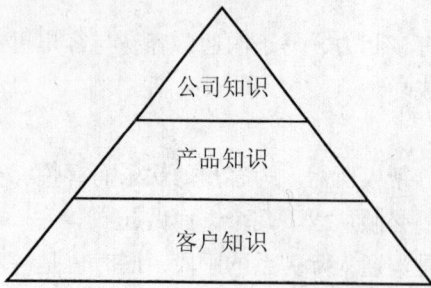

图1-2 推销人员知识构成图

行为方面的知识。要全面、主动地了解客户的相关信息，这样才能在约见客户时很快拉近与客户的距离，与客户建立融洽的关系。因此，作为推销人员，首先要了解客户知识，其次才是产品知识和公司知识。

产品方面的知识包括产品的性能、用途、分类、标准、用法、包装、价格、维修、储存、管理、保养程序、同行业产品、本产品的特色、能满足客户什么样的需要等有关内容。同时，推销人员还需要掌握必要的产品使用和维修方面的技术，对一些技术复杂、价格昂贵的产品，通常需要示范操作。只有掌握了足够的产品知识，才能针对不同的消费者介绍不同内容的产品知识，解答客户问题，让客户有一种亲切感和信任感。

一个成功的推销人员，不仅要具备上述两方面的知识，还必须熟悉本企业的情况。一般来讲，企业规模、声誉、产品、对客户的支持、财务状况、优惠政策等，往往是客户或用户判断企业是否值得信赖、是否选购该企业产品的重要依据。因此，推销人员必须了解有关企业的一切信息，并保证让客户能够准确、充分地理解这些信息，从而促使客户签下订单。

此外，推销人员还必须掌握行业知识、市场知识，还应尽可能掌握社会知识、自然知识、文化知识、技术知识、语言知识、法律知识、政治知识、宗教知识，还要了解各地不同的风俗习惯、熟悉各种方言、了解各国风情，等等。

（四）纯熟的推销技巧

推销技巧是指推销人员在推销过程中使用的巧妙的技能，是一门专门的技术。推销过程是一个包括寻找潜在客户、客户资格审查、接近准备、洽谈、处理客户异议、成交及售后服务在内的完整过程。推销活动的每一个环节都包含着丰富的策略与艺术，这些策略与艺术可以帮助一名普通的推销人员脱颖而出，成为一名杰出的推销人员。只有具备了专业素质和专业推销技能的推销人员，才有可能成为一名专业的优秀推销人员。

推销技巧的核心是：推销人员必须站在客户立场上，在维护客户利益（也包括企业利益）的前提下，说服客户购买自己所推销的产品，让客户因此获益或感到满足，并在购买行为中感到愉快。

推销技巧就如同艺术，它贯穿于整个推销活动的始终。推销人员应熟练掌握说服客户的各种方法，要有高度的职业敏感，善于找出客户的真实需要；善于接近客户，取得客户的信任，能有效地帮助客户克服购买时的心理障碍；善于交谈，能正确处理客户在洽谈中提出的各种异议；善于把握成交的合适时机，热心为客户服务，为客户排忧解难，并能及时恰当地处理客户提出的各类申诉和抱怨，使客户由不满意转为满意，最终抓住时机，顺利成交。

（五）良好的身体素质

推销工作既是一项复杂的脑力劳动，也是一项艰苦的体力劳动。推销人员经常外出推销，还需要携带样品、目录、说明书等，特别是推销工业品，往往还需要推销人员进行安装、操作、维修等，劳动时间长、劳动强度大。因此，推销人员必须有强健的身体才能胜任推销工作，健康的身体是从事推销工作的物质保证。为了提高自己的身体素质，推销人员应该养成良好的生活习惯，起居有节，注意营养，加强体育锻炼，为创造良好的工作业绩打下一个好的基础。

总之，要成为一名优秀的推销人员必须具备良好的综合素质。有人做了这样形象的归纳，一个合格的推销人员要有学者的头脑、艺术家的心、技术员的手和劳动者的脚。

即时思考：你认为上面介绍的推销人员必须具备的素质中，哪一项是最重要的？为什么？

第四节　推销人员的能力

一个成功的推销人员除具备上述素质外，还必须具备多种能力。推销人员的能力是其在完成产品推销任务中所必备的实际工作能力。总的说来，推销人员的能力主要包括观察能力、创造能力、社交能力、表达能力和应变能力等。

一、观察能力

推销人员的观察能力主要是指其通过客户的外部表现去了解客户的购买心理的能力。推销人员可以从客户的行为中，发现许多反映客户内心活动的信息，从而判断客户的购买心理和购买倾向，为有效地推销提供依据。

观察能力是可以训练的。在观察事物时，首先要确定观察的目的，这样就能抓住重点；其次，要有层次、有步骤，可以先个别后整体、先局部后全部、先表面后本质。要注意经验的总结和积累，在观察的实践中，锻炼和提高自己的观察能力。

二、创造能力

客户的购买心理千差万别，难以捉摸，推销工作要有较强的针对性，没有一个固定的模式。所以，推销是一项非常富有创造性的工作。每一位推销人员都要培养和激发自己开拓创新的精神和能力，善于独立思考，突破传统思路，注重好奇、敏锐、进取等创造性素质的训练，从而不断结识新客户，解决新问题，开发新市场。推销创新包括观念、手段、方式等的创新，创新并不是标新立异、哗众取宠，而是适应市场、适应环境、适应竞争变化，不仅能够满足现实的需求，更要创造和发展潜在的需求。

三、社交能力

社交能力是人们为了某种目的，运用语言或非语言方式，相互交换信息，进行沟通、协调、合作、联系的能力。推销人员向客户推销产品的过程，实际上也是一个信息沟通的过程。推销人员必须善于与他人交往，善于取得信任与谅解，注意维持、发展与客户之间长期稳定的关系，在各种社交场合周到随和、热情诚恳、应付自如，能设身处地为客户考虑，体察客户的难处，不强人所难。为了与客户有更多的共同语言，拉近与客户的距离，推销人员除了要具备必要的专业知识，还应有广泛的兴趣爱好、宽阔的视野和知识面。

社交能力不是天生的，推销人员在推销实践中要用心学习、逐步培养。培养和提高自觉的社交能力可以从以下几个方面着手：

一要学会"喜欢别人"。对别人热情、诚恳、投其所好、爱其所爱、帮其所帮。使彼此逐步接近，关系融洽。

二要了解、分析对方，努力搜集对方的资料，包括爱好、特点、专长等信息，经过深入细致的分析、研究，力求知人知心，采取相应措施、办法，使彼此步调一致，深入了解。

三要讲究交际方式。充分利用各种机会，广交朋友、接受朋友，在交谈中，虚心诚恳，专心倾听谈话内容，尊重对方意见。

四要保持联系。对于已结交的朋友，要注意保持联系，经常通信、通话、走访。

五要谨言慎行。漫不经心、不拘小节、不懂人情和言语粗俗等都会使人情绪变坏，影响和谐关系的建立。

四、表达能力

表达能力是指一个人把自己的思想、情感、想法和意图等，用语言、文字、表情和动作等清晰明确地表达出来，并能够让他人理解、体会和掌握。表达能力是贸易洽谈、技术合作、会议谈判的武器，是竞选演说、推销自己、锐意进取的无价法宝。

推销人员的主要工作是说服客户接受和购买自己的产品，要达到这个目的，推销人员要向客户宣传本企业的产品，要与客户洽谈业务，要回答客户提问，这些都需要用语言来表达，推销人员必须善于启发客户、说服客户。良好的表达能力表现在：语言清晰、准确、简洁、风趣、生动，逻辑性强，要能够抓住客户的心理，激发客户的购买欲望。同时还要善于聆听客户的意见。在人际交往中，"听"的作用往往远重于"说"，只有听清对方的问题，才能正确地解决问题。一个能认真听取客户意见的人，才容易赢得客户的信任。在与客户的沟通过程中，要尊重客户，态度灵活，切忌好为人师、死板教条、固执己见。表达能力与推销人员的职业能力成正比。成功的推销人员都注重锻炼和提高自己的表达能力，完善在推销沟通中的表达技能。

五、应变能力

应变能力是指在遇到意想不到的情况时，能在不利的形势下扭转局势，或在遇到突发事件时处变不惊，果断挽救可能出现或已经出现的失误的能力。在推销过程中，总会出现一些意想不到的情况。对此，推销人员要理智地分析与处理，遇事不惊，随机应变。这就要求推销人员具有丰富的知识和经验，敏捷的思维判断能力，同时要冷静、果断、机敏。只有这样，才能及时察觉情况的变化，及时采取适当的推销对策。

即时思考：有人说，表达能力不好的人不适合做推销人员？你同意这种说法吗？为什么？

📑 小　结

推销可分为广义推销和狭义推销。广义的推销是指所有以使自己的意图和观念获得他人认可为目标的行为。从这个意义上说，生活中无处不在推销。狭义的推销是指企业的推销人员运用一定的推销手段和技巧，直接与客户或潜在客户接触、洽谈、介绍产品，使消费者或用户认识产品或服务的性能、特征，以达到促进推销目的的活动过程。基于信息技术手段与客户进行的沟通与推销活动也属于人员推销的范畴。本书所研究的是狭义的推销。

推销具有五个特征：推销的核心是沟通；推销活动是一种互惠互利的活动；现代推销活动必然要受各种推销环境的制约和影响；推销活动本身存在许多行为规范；现代推销是一项团队活动。

推销的作用体现在：有利于加速商品流通，使社会生产得以顺利进行；有利于促进技术进步，推动人类文明的发展；有利于引导和影响社会消费，改善人们的生活条件。

互联网的飞速发展，对推销产生了深远的影响，推销的理念、手段、策略和技巧得到了全面的升级与重构。

推销人员、推销对象、推销品和推销信息共同构成现代推销活动的四个基本要素。

客户导向是一种以满足客户的某种需要为中心的推销观念，遵循这种观念，对提高推销工作的质量和效益具有重要意义。

推销工作是具有创造性的，由艰苦的脑力和体力相结合的劳动，是最具有挑战性、刺激性和创造性的工作，是一项能发挥人的才干、有前途的事业。

推销人员是推销活动中的主体，要成为一名称职的推销人员，必须具备相应的素质和能力。一个成功的推销人员的职业素质必须有五个最基本的特征：优良的精神素质、良好的品格修养、合理的知识构成、纯熟的推销技巧和良好的身体素质。推销人员还必须具备多种能力，主要包括观察能力、创造能力、社交能力、表达能力和应变能力。从事推销工作的人员必须努力培养和提高自身的素质和能力，为成功推销奠定一个良好的基础。

案 例

现任珠海格力电器股份有限公司董事长、总裁董明珠可谓大名鼎鼎。1990年，董明珠来到珠海并加入格力，成了一名最基层的业务员，这一年她36岁。厂里考虑到董明珠对业务不熟悉，就让她跟一位老业务员跑一段时间，熟悉业务，负责北京兼东北的市场。董明珠是一个好强又不服输的人，不怕吃苦、不怕挫折，在短短的半年里，她就成为一名对产品和市场都非常熟悉的业务员。

跟着老业务员的半年里，她不但做成了300多万元的生意，而且熟悉了安装空调的房间面积计算、合适位置、窗口大小，应配置多大功率、什么型号的空调，还有空调使用和维护等方面的有关知识；更重要的是，她懂得了要怎样应付不同区域、不同性格、不同品行的经销商。营销对她来说，已经不是一个陌生的概念，而是实实在在、具体的东西了。

半年之后，总部派她去接手安徽市场。安徽是当时全国较为贫穷的省份，在空调还被视为奢侈品的20世纪90年代，如何去开拓这个市场？此时的董明珠对安徽市场的状况是茫然的，然而，她决心努力去面对，她对自己充满信心。

1992年，董明珠在安徽的销售额突破1 600万元，占整个公司的1/8。随后，她被调往几乎没有一丝市场裂缝的南京，并签下了一张200万元的空调单子，一年内，个人销售额上升至3 650万元。1994年，董明珠被推选为公司经营部部长；1995年，她晋升为销售经理。在她的带领下，格力电器在1995年至2005年连续11年空调产销量、销售收入、市场占有率均居全国首位。2007年，董明珠出任格力电器股份有限公司总裁。2012年，58岁的董明珠正式被任命为格力集团董事长。她带领格力成为中国首家营业收入破千亿元的家电上市企业。董明珠能吃苦、独立、不服输、爱思考、爱学习的品质成就了她的成功之路。

（资料来源：胡善珍. 现代推销：理论、实务、案例、实训. 北京：高等教育出版社，2010：54.）

请思考：董明珠凭借自己的努力从一个普通的推销人员成长为一名成功的企业家。结合这个案例谈谈你对推销事业以及推销人员成长和发展的理解。

实训演练

组织一次关于推销行业和推销人员的看法的辩论。

主题：说服对推销行业和推销人员持否定看法的人改变看法。

要求：抽签确定正、反两方，组成两个小组，双方推出辩手进行辩论，同时组成评判组（可由教师和学生共同组成）。时间15分钟。辩论既可由教师主持，也可由学生主持。由评判组来评判。

第二章 客户分析与推销模式

引 言

    客户导向是推销工作的重要理念，为此，分析和了解客户是成功推销的前提和保障。按不同的划分标准，客户有不同的类型，不同类型的客户其购买心理和购买行为特征是不同的，推销人员需要针对不同客户采取不同的推销策略。美国管理学家罗伯特·R. 布莱克教授和 J. S. 蒙顿教授，在行为科学的基础上，着重研究了推销人员和推销对象之间的人际关系和买卖关系，建立了"推销方格理论（Sales Grid）"和"客户方格理论（Customer Grid）"。这些理论对推销人员总结自己的工作，提高工作水平，与客户实现最佳的配合，争取推销工作的主动权，提高推销效率都具有重要意义。推销模式是根据推销活动的特点及对客户购买活动各阶段的心理演变应采取的策略，归纳出的一套程序化的标准推销形式。

学习目标

1. 了解客户类型的几种划分；
2. 掌握客户需求及其购买心理；
3. 掌握探寻客户心理的方法；
4. 掌握推销方格论和客户方格论的基本观点；
5. 重点掌握五种推销模式的主要内容。

第一节 客户购买心理分析

一、客户的类型

    推销人员面对的客户有多种类型，不同类型的客户对产品的需求、购买动机和购买行为也大不相同。为了实现推销目标，推销人员必须了解和善于分析不同类型客户的需求和购买特征，从而针对不同客户采取不同的推销策略。

按不同的划分标准，客户有不同的类型，这里重点介绍三种。

（一）按客户性质划分

按客户性质划分，可将客户分为个人购买者和组织购买者。

1. 个人购买者

个人购买者又称消费者市场购买者，即为自己或家庭使用或消费而购买产品或服务的购买者。一般购买行为特点是购买量小、购买频率高、购买流动性大，属于非专家购买。个人购买者受推销宣传影响大，感性购买占有一定比率。

2. 组织购买者

组织购买者即购买产品或服务，是为了将其投入生产过程中（如原材料、零部件和固定设备）或用于日常运作（如办公设备、专业服务等），或用于转售。我们可以将其分为三大组成部分，即产业购买者、中间商购买者和政府购买者。组织购买者的购买行为特点是购买量大、购买次数少、影响购买决策的人员多，一般属于理智型购买、专家型购买，促销宣传对购买者的影响较小。

（二）按客户价值划分

按客户价值划分，可将客户分为关键客户（A 类客户）、主要客户（B 类客户）和普通客户（C 类客户）三大类。

1. 关键客户（A 类客户）

关键客户是金字塔中最上层的金牌客户，是在过去特定时间内消费额最多的前 5% 客户。这类客户是企业的优质核心客户群，由于他们经营稳健，做事规矩，信誉度好，对企业的贡献最大，能给企业带来长期稳定的收入，值得企业花费大量时间和精力来提高该类客户的满意度。

2. 主要客户（B 类客户）

主要客户是指客户金字塔中，在特定时间内消费额最多的前 20% 客户中，扣除关键客户之后的客户。这类客户一般来说是企业的大客户，但不属于优质客户。由于他们对企业经济指标完成的好坏构成直接影响，因此不容忽视，企业应该倾注相当的时间和精力关注这类客户的生产经营状况，并有针对性地提供服务。

3. 普通客户（C 类客户）

普通客户是指除上述两种客户外，剩下的 80% 客户。此类客户对企业完成经济指标贡献甚微，消费额占企业总消费额的 20% 左右。由于他们数量众多，具有"点滴汇集成大海"的增长潜力，企业应控制在这方面的服务投入，按照"方便、及时"的原则，提供大众化的基础性服务，或将精力重点放在发掘有潜力的"明日之星"上，使其早日升为 B 类客户，甚至 A 类客户。企业应保持同这些客户的联系，并让他们知道，当他们需要帮助的时候，企业总会伸出援助之手。

（三）按客户的状态划分

按客户的状态划分，可将客户分为潜在客户、目标客户、准客户、成交客户、忠诚客户五大类。

1. 潜在客户

潜在客户是指对某类产品或服务存在需求且具备购买能力的待开发客户。这类客户与企业之间存在着销售合作机会。经过企业及销售人员的努力，可以把潜在客户转变为现实客户。

2. 目标客户

目标客户即企业或商家提供产品或服务的对象。目标客户是推销工作的前端，只有确立了目标客户，才能有针对性地开展推销并获得成效。

3. 准客户

准客户是指既有购买所推销的产品或服务的欲望，又有支付能力，并有可能成为本企业客户的个人或组织。

4. 成交客户

成交客户即已经购买了产品的客户。

5. 忠诚客户

忠诚客户是指那些持续关注并且购买企业产品或服务的客户。忠诚客户是对企业十分满意和信任，长期、重复地购买同一企业的产品或服务的客户。

二、客户的需求

所有企业都高度关注和研究客户的需求并强调"以客户的需求为导向"。然而，没有多少企业真正地识别、把握和跟踪到不断变化的客户需求。客户需求的多样性、多变性、隐蔽性、复杂性是推销人员难以驾驭的。因此，从纷繁多样的客户需求中找出其中的共性或规律性就显得十分重要了。借助马斯洛关于"需要层次论"的分析模型和方法，我们把客户的需求分为五个层次，它们从低到高依次是：产品需求、服务需求、体验需求、关系需求、成功需求。

1. 产品需求

类似于人的基本需求——衣食住行，客户的基本需求与产品有关，包括产品的功能、性能、质量以及产品的价格。一般的客户都希望以较低的价格获得高性能、高质量的产品，并且认为这是对产品最基本的要求。迄今为止，那些购买力较弱的客户仍然以产品质量及价格作为采购的主要依据。

2. 服务需求

随着人们购买力的增强，客户的需求也在不断变化。人们采购时，不再仅仅关注产品的质量、性能，同时，还关注产品的售后服务，包括：产品的送货上门、安装、调试、培训及维修、退货等服务保证。随着电脑、数码相机等电子产品及软件系统等高科技产品进入人们的生活，客户的需求又上了一个台阶。客户不仅只满足于好的产品或服务，还希望得到精确、及时的技术支持以及优质的解决方案。

好的产品加上好的服务承诺并不能让客户完全满意。试想，同样好的产品为什么在不同的客户那里会产生不同的使用效果和收益？同样好的服务承诺为什么有的客户满意，有的客户不满意。原因在于：产品科技含量和复杂性的增加，产品使用效能和收益的实现不仅取决于产品质量和安装、培训服务，还取决于好的产品应用实施方案、及时且有效的技术支持。客户不欢迎甚至反感那些服务承诺良好，但不能及时有效解决问题的服务商。

3. 体验需求

随着旅游、娱乐、培训、互联网等产业的兴起，人们逐渐从工业经济、服务经济时代步入了体验经济时代。客户采购时，不愿意被动地接受服务商的广告宣传，而是希望先对产品做一番"体验"，如试用、品尝等，甚至对未经"体验"的产品说"不"。客户逐渐从单纯被动地采购，转为主动参与产品的规划和设计、方案的确定，"体验"创意、设计、决策等过程。

与客户互动的每一个时空点，例如，一个电话、一份电子邮件、一次技术交流、一次考察、一顿晚餐等，对客户而言，都是一种体验。体验记忆会长久保存在客户大脑中。客户愿意为体验付费，因为它美好、难得、非我莫属、不可复制、不可转让、转瞬即逝，它的每一瞬间都是一个"唯一"。客户希望每一次体验都感觉愉快、富有成效。可以看出，客户在体验方面的需求不是产品、服务所能替代或涵盖的，是在产品、服务需求被满足后产生的更高层次的需求。

4. 关系需求

客户在购买了称心如意的产品，享受了舒适的服务，得到了愉快的体验的基础上，若能同时结交朋友、扩大社会关系网，一定会喜出望外。"关系"对一个客户的价值在于：获得了社会的信任、尊重、认同，有一种情感上的满足感；在需要或面临困难时，会得到朋友的帮助和关怀；可以与朋友共同分享和交换信息、知识、资源、思想、关系、快乐等。关系的建立一般会经历较长时间的接触和交流，需要资源的投入，有共同的目标，还要有彼此尊重、相互信任、相互关爱、相互理解、相互依赖、信守诺言等过程或要素，因此，"关系"是客户十分珍视的资源。

这也说明，为什么客户愿意与熟悉的服务商长期交往，而不愿意与一个可能产品、服务更优的新的服务商接触；为什么两家产品、服务质量相当，而客户关系不一样的服务商在项目竞标时的境遇会有天壤之别。实际上，这是客户的关系需求在起作用。

5. 成功需求

获得成功是每一个客户的目标，是客户最高级的需求。客户购买产品或服务，都是从属于这一需求的。服务商不能仅看到客户的产品、服务需求，还要识别和把握客户内在的、高层次的需求，否则，就不可能赢得商机。例如，一家客户宣称需要"钻头"。于是，所有生产、销售"钻头"的厂家都将自己的"钻头"产品及服务充分地向客户展示，并展开公关活动，以获得客户的青睐。然而，没有一个厂家中标。原因在于，客户购买"钻头"的目的，厂家可能并没有真正搞清楚。客户需要"钻头"可能是为了打一个"孔"。那么，这个"孔"是必须的吗？打一个"孔"必须用"钻头"吗（客户自己可能也未搞清楚）？有没有更好的替代方法？其实，客户需要"钻头"的目的是要解决某个问题。通常情况下，客户并不十分清楚或不能清晰地表述自己的问题或需求。因此，在没有完整、清楚地把握客户的需求之前，即使将全球最好的产品或服务推荐给客户也无济于事。谁能帮助客户真正解决问题，向客户提供获利的行动，谁才能赢得客户。

不同的行业、不同的企业，客户的购买力、购买行为可能不尽相同，但是，客户都不同程度地存在上述五个层次的需求。我们可以运用上述的分析方法，更准确、清晰地识别、判断客户需求主要在哪一个层次上，从而，有针对性地规划、实施有关的产品战略、服务战略、客户关系战略等，最终获得推销的成功。

三、客户购买心理

客户购买产品的过程是一个复杂的心理活动过程，在现代推销活动中，只有掌握客户的购买心理，才能有效地激发客户的购买欲望，推动产品（或服务）的推销。

（一）几种典型的客户购买心理

从心理学的角度看，在交易中客户的心理主要有以下几种。

1. 求利心理

求利心理是一种"少花钱多办事"的购买心理，其核心是"廉价"。有求利心理的客户在选购产品时，往往要对同类产品之间的价格差异进行仔细比较，喜欢选购打折或处理的产品，具有这种购买心理的客户以经济收入较低者为多。当然，也有经济收入较高而勤俭节约的客户，喜欢精打细算，尽量少花钱。有些客户希望从购买的产品中得到较多的利益，对产品的花色、质量很满意，爱不释手，但由于价格较贵，一时下不了购买的决心，便讨价还价。例如，"拼多多"只用了三年的时间，活跃用户就突破了3亿人，成功上市。其成功的背后，折射出的是消费者的求利心理。

2. 求实心理

求实心理是客户普遍存在的购买心理，他们购买产品时，首先要求产品必须具备实际的使用价值，讲究实用。有这种购买心理的客户在选购产品时，特别重视产品的质量效用，追求朴实大方，经久耐用，而不过分强调产品的新颖、美观、色调、线条、个性特点等。

3. 求新心理

有的客户购买产品时，注重时髦和奇特，追赶潮流。在经济条件较好的城市中，这种客户多见于年轻男女；在经济发达国家的一些客户身上也较为常见。

4. 求名心理

求名心理是以一种显示自己地位和威望为主要目的的购买心理。这类客户多选购名牌，以此来"炫耀自己"。具有这种购买心理的客户，普遍存在于社会的各阶层，尤其是在现代社会中，由于名牌效应的影响，衣食住行选用名牌，不仅提高了生活质量，更是一个人社会地位的体现。

5. 求美心理

爱美之心，人皆有之。有求美心理的客户喜欢追求产品的艺术价值和欣赏价值，以中青年妇女和文艺界人士为主，在经济发达国家的客户中也较为普遍。他们在挑选产品时，特别注重产品本身的造型美、色彩美，注重产品对人体的美化作用，对环境的装饰作用，以达到艺术欣赏和精神享受的目的。

6. 求便心理

对于惜时如金的现代人来说，在购物中即时、便利、随手显得特别重要。网上购物之所以在短时间内得到消费者的认同和追随，正是由于其满足了消费者求便的心理。消费者足不出户，就可以购买到自己需要的产品。

7. 面子心理

不少客户好面子，有时购买产品并从不实际需要出发，而是考虑买了产品之后，在亲友面前比较有面子，在这种购买心理的驱动下，客户的消费会超过或远远超过自己的购买预期。

8. 心理价位

客户对所购买的产品都有一个"心理价位"，如果高于心理价位，客户就会感到贵而不能承受，所以销售人员有时需要了解目标客户的消费水平及心理价位，这将有助于销售人员设计合适的产品价格，加快产品的销售。确定客户的心理价位可以通过问卷法，也可通过观察法，根据客户的可支配收入分析其购买产品的预算水平。

9. 偏好心理

偏好心理是一种以满足个人特殊爱好和情趣为目的的购买心理。有偏好购买心理的客户喜欢购买某一类型的产品。例如，有的人爱养花，有的人爱集邮，有的人爱摄影，有的人爱字画，等等。这种偏好性往往同某种专业、知识、生活情趣等有关。因而，有偏好心理的客户在购买某种产品时往往比较理智，指向性比较明确，具有经常性和持续性的特点。

10. 仿效心理

仿效心理是一种从众式的购买心理，其核心是"不落后"或"胜过他人"，他们对社会风气和周围环境非常敏感，总想跟着潮流走。有这种购买心理的客户购买某种产品时往往不是出于急切的需要，而是为了赶上他人，超过他人，借以求得心理上的满足。

11. 安全心理

有这种购买心理的客户对将要购买的产品，要求必须确保安全。尤其像食品、药品、洗涤用品、卫生用品、电器用品和交通工具等，不能出任何问题。因此，他们非常重视食品在不在保鲜期内，药品有没有副作用，洗涤用品有没有化学反应，电器用品有没有漏电现象等。在销售人员解说、保证后，这种客户才能放心地购买产品。

12. 自尊心理

有这种购买心理的客户，在购买产品时，既追求产品的使用价值，又追求精神方面的高雅。他们在购买之前，就希望其购买行为受到销售人员的欢迎和热情友好的推荐。

13. 隐秘心理

有这种购买心理的人，购买产品时不愿为他人所知，常常采取"秘密行动"。他们一旦选中某件产品，而周围无旁人观看时，便迅速成交。青年人购买与性有关的产品时常有这种情况，一些知名度很高的名人在购买高档产品时，也有类似情况。

14. 疑虑心理

这是一种瞻前顾后的购买心理，其核心是怕"上当吃亏"。这种客户在购买产品时，对产品的质量、性能、功效持怀疑态度，怕不好使用，怕上当受骗。因此，反复向销售人员询问，仔细地检查产品，并非常关心售后服务工作，直到心中的疑虑解除后，才肯购买产品。

总之，客户购买任何产品都有一个复杂的心理过程。古人云："攻心为上，攻城为下。""心战为上，兵战为下"已成为销售人员的心经，如果销售人员对客户的购买心理了如指掌，那么，在拜访客户的过程中，销售人员必能大大提升销售的成功率。

即时思考：结合马斯洛需要层次论的观点，分析客户需要一般有哪几个层次？

（二）了解客户购买心理的方法

作为一名推销人员必须研究、了解客户的购买心理，并根据客户的购买心理与行为的脉络，因势利导地进行推销活动。探寻客户购买心理的方法有以下几种：

1. 观察和倾听

一个有经验的推销人员常常根据客户的皱眉、叹气、无可奈何或喜悦、兴奋的表情来推测客户的内心活动，以预测客户的购买心理。这种经验不是靠读书看报获得的，而是借助推销人员平时的细心观察得来的。除了观察，推销人员还要学会倾听，倾听是一种无言的咨询，它常常能帮助推销人员正确判断客户需要什么，期待什么，从而为推销人员指明方向，为客户提供适应的产品。一个热爱本职工作的推销人员，一个成功的推销人员，绝不会放弃倾听客户意见的机会，而会根据客户的意愿提供恰到好处的服务，从而使推销工作在友好、亲切、信赖的气氛中完成。

2. 阅读和研究

客户的真实购买心理常常"隐藏得很深"，推销人员除了通过观察和倾听来探寻客户的购买心理，还常常通过建立档案系统地揣测客户的购买心理。如在第一次访问或接触客户后，就将客户的个人特征及购买心理的初步印象记录下来：有的客户以价格作考虑因素，有的客户对品质很重视，有的客户对交货期感兴趣……如果客户的第一次表现是真实的，那么，当推销人员进行第二次、第三次造访时，这些优先考虑的因素还会再次出现。若是这样，那就说明推销人员的判断是正确的；反之，则说明客户的第一次表现是虚假的，客户的真实购买心理还未真正显露出来，推销人员就要继续与客户接触，直到探寻到客户的真实购买心理。

3. 分析和了解

通过大数据分析，了解客户画像。随着互联网的不断发展，积累的客户信息、行为记录越来越丰富，通过大数据处理和分析，可以计算出每一个客户的特征，勾勒出客户画像。客户画像作为大数据的根基，完美地抽象出一个客户的信息全貌，为进一步精准、快速地分析客户行为习惯、消费习惯、消费心理等重要信息，提供了足够多的数据基础。

客户画像的标签有以下几个维度：①基本属性。如性别、年龄、体形、地域、职业、教育程度等。②消费特征。如婚否、收入、车、房、孩子、购物类型、品牌偏好、信用水平、购买周期等。③行为特征。如婚姻状况、家庭构成、社交偏好、信息渠道等。④心理特征。如兴趣爱好、使用 App 行为、浏览收藏内容、互动内容等。"客户画像"是目前最聚焦客户的一种理念，能够帮助销售人员快速地在纷繁复杂的市场中瞄准客户。

研究客户的购买心理，除了需要做以上这些工作外，推销人员本身还要加强学习，这种学习既包括有关消费者行为的各种理论知识，各种判断、推理、演绎、归纳等逻辑学方面的知识，还包括推销人员所在行业的专门知识和有关产品的专业知识。因此，作为一名称职的推销人员应博览群书，如报纸、行业杂志、学术杂志等。只有这样，才能在探寻客户购买心理与行为的领域里，驾轻就熟。有人曾经这样说过："花在阅读和研究上的时间不会白白浪费，它会在竞争中给你带来最大的好处！"

（三）几种典型的消费行为现象

1. 时尚

时尚是一种社会消费现象，是在社会各阶层中广为传播的、周期性的、自发的、短暂的一种特殊的标准式样。时尚表现在如何满足人的物质消费上，在服装、家庭陈设和仪容装饰上最为明显。在精神生活领域也讲时尚。

时尚的形成，一般通过三种渠道：第一种是从上而下的"滴流"，即由社会的上层政治、经济领袖人物带头使用，然后向下传播，形成风气，如中山装、列宁装等服装式样一度流行就是如此；第二种是通过社会各阶层的"横流"，即由社会某一阶层在某一场合首先发展，而后向其他阶层蔓延、普及，形成风气，如男士增高鞋、"轻"食品（高营养、低脂肪食品）的流行等；第三种是通过由下而上的"潮流"，即由社会的底层首先采用，然后向上推广，形成风气，如牛仔裤、工人服的流行等。

对于流行的东西，有些能说清楚，有些是无法说清楚的。在高度发达的消费社会里，各种潮流汹涌而来，此起彼伏，人们应接不暇。然而，作为推销人员，绝不能因此而束手无策，应该看到，时尚现象的出现，从客观上讲，是一种经济现象，它反映了消费者收入水平的提高和生产工艺技术的进步；从主观上讲，是一种心理现象，它反映了消费者渴望变化、求新求美、自我表现等心理上、精神上的需要。"时尚"的法宝在于利用人们的求异心理和求同心理：具有求异心理的人总是喜欢标新立异，总喜欢搞点新花样，而一旦被具有求同心理的人所窥见，便会以最快的速度跟进。这一现象对于推销人员来说具有特别重要的意义，因为它直接影响客户购买行为的改变和商品供求的变化，推销人员对此必须有敏锐的观察力和应变力。

2. 名人效应

当今社会，有一些知名度很高的人物，其言行举止，生活方式，穿衣打扮，乃至一招一式，都会产生很大的影响，令消费者为之仿效。我们姑且把这种消费现象称为名人效应。

名人效应对于商业的意义是，名人的"名"就像希腊神话中的米达斯王的魔手一样，所到之处，点石成金。客户的名人效应现象对推销人员来说，是"千载难逢"的机遇，推销人员不仅要抓住它，而且要超前和创造它。

3. 从众行为

当个体的行为在群众压力下，趋向于与其他多数成员的行为一致时，就叫作从众。在消费活动中，客户从众行为的例子很多，极端的例子是抢购风潮。被卷入抢购风潮的客户，除了极少数是带头的主动者，大多数是被动的，他们只是在听到关于即将涨价的"小道消息"后，出于对涨价的恐惧而加入了抢购者的行列。从某种意义上讲，他们的行为是"随大流"，是某种程度的从众行为。客户的从众行为对商品需求影响极大，推销人员应予以重视。

4. 晕轮效应

所谓晕轮效应，是一种以点带面的思想方法或知觉倾向。它以事物的某一个特性为依据，忽视事物的其他特性，从而对整个事物做出全面评价。

将晕轮效应引用到商业上，它是指客户在观察某种商品时，对于它的某种品质或特性有格外清晰明显的知觉，从而掩盖了对其他品质或特征的知觉，或者说，这种突出的品质或特征起着一种类似晕轮的作用，掩盖了其余的品质、特征，使客户因喜爱它的这一个特别品质、特征，而惠及其整体。

晕轮效应在消费实践中有着十分现实的意义。比如追求刻意求新的消费者，只要服装款式新颖，哪怕布料质量差些也不要紧，照样抢着买这样的衣服。这种现象的存在，对于生产部门和商品推销部门来说无疑有着很大的启示。

即时思考： 个人购买者一般有哪些特点？

第二节 推 销 理 论

在推销活动中，推销人员与推销对象在接触交往中，彼此都会对对方产生一定的印象和看法，形成各自的心理态度。不同的心理态度往往会带来不同的推销效果。

美国管理学家罗伯特·R. 布莱克教授和 J. S. 蒙顿教授，在行为科学的基础上，着重研究了推销人员和推销对象之间的人际关系和买卖关系，建立了"推销方格理论（Sales Grid）"和"客户方格理论（Customer Grid）"。这是推销学基础理论的重大突破。

推销方格论可以帮助推销人员更清楚地认识自己的推销能力，发现自己在工作中存在的问题，扬长避短，进一步培养和开发自己的推销能力。客户方格论可以使推销人员了解客户对推销人员及对推销活动本身的态度，从而知己知彼，百战不殆，与客户实现最佳的配合，争取推销工作的主动权，提高推销效率。

一、推销方格论

推销人员在推销活动中有两个具体目标，一是尽力说服客户，希望与客户达成有效的买卖关系，完成推销任务；二是要尽心竭力迎合客户，希望与客户建立良好的人际关系，多交朋友，为以后的工作打下良好的基础。不同的推销人员，追求上述两种目标的心理愿望的强度是各不相同的。有的人对两种目标都有着同样强烈的热情，有的则只注重推销、交易的成功，而轻视与客户的长久关系，还有的推销人员非常注重人际关系，而忽视了推销，不太在意是否成交等。不同的心理，形成了不同的推销心理态度（或称推销风格）。布莱克和蒙顿从推销学角度出发，将上述两种不同的推销目标用一个平面坐标系中第一象限的图形来表示。

如图 2 - 1 所示的方格图中，纵坐标表示推销人员对客户的关心程度，横坐标表示推销人员对推销的关心程度。纵坐标和横坐标的坐标值由 1 到 9 逐渐增大，数值越大，表示推销人员的关心程度越高。推销方格图中的各个交点表示各种不同的推销心理态度。典型的推销心理态度有以下五种：

1. 事不关己型

事不关己型如图 2 - 1 所示的 A（1，1）方格。这种类型的推销人员既不关心客户，也不关心自己的推销工作。具体表现为：对工作态度冷淡，不负责任；没有明确的工作目的，缺乏成就感，对客户的需要视而不见。此推销心态的形成主要与推销人员的人生观、价值观、进取精神及所在企业的规章制度有关。

2. 客户导向型

客户导向型如图 2 - 1 所示的 B（1，9）方格。这种类型的推销人员只知道关心客户，而不关心推销工作。具体表现为：过分顾及与客户的关系，千方百计赢得客户的喜爱，处处迁就客户，以建立和保持与客户的良好关系为自己的推销目标，从而忽视了公司的推销工作和公司的利益。这种类型的推销人员是人际关系的专家，而不是成功的推销专家。

3. 强力推销导向型

强力推销导向型如图 2 - 1 所示的 C（9，1）方格。这种类型的推销人员只知道关心推销效果，而不关心客户的实际需要和购买心理。具体表现为：千方百计说服客户购买，发动主动的推销心理战，有时甚至不惜向客户施加压力。这种类型的推销人员成就感太强，可能成功一时，而后再难登门。

4. 推销艺术导向型

推销艺术导向型如图 2-1 所示的 D（5，5）方格。这种类型的推销人员既关心推销，也关心与客户的人际关系，但只注意客户的购买心理，而不考虑客户的实际需要。具体表现为：熟知所处的推销环境，较注重对客户心理和购买行为的研究，注重推销技巧，讲究和气生财，力求客户生意两不丢。这类推销人员常费尽心机，去说服某些客户购买了一些实际上不需要的商品。故从长远来看，损害了客户的利益，从现代推销学来说，这也是强行推销的表现。

5. 解决问题导向型

解决问题导向型如图 2-1 所示的 E（9，9）方格，这种类型的推销人员既关心推销效果，也关心客户；既关心客户的购买心理，也关心客户的实际需要。具体表现为：针对客户的问题提出解决的方案，然后再完成自己的推销任务。这类推销人员了解自己，了解客户，了解推销环境，有强烈的事业心和责任感，真诚地关心客户，乐于帮助客户，能够把自己的推销工作与客户的实际需要结合起来。他们善于研究客户的购买心理，发现客户的真实需要，把握客户的问题，然后展开有针对性的推销，利用自己所推销的产品或服务，帮助客户解决问题、消除烦恼，最大限度地满足客户的需要，同时取得最佳的推销效果。根据现代推销观念，这种心态是最佳的推销心态，这类推销人员是最理想的推销专家。

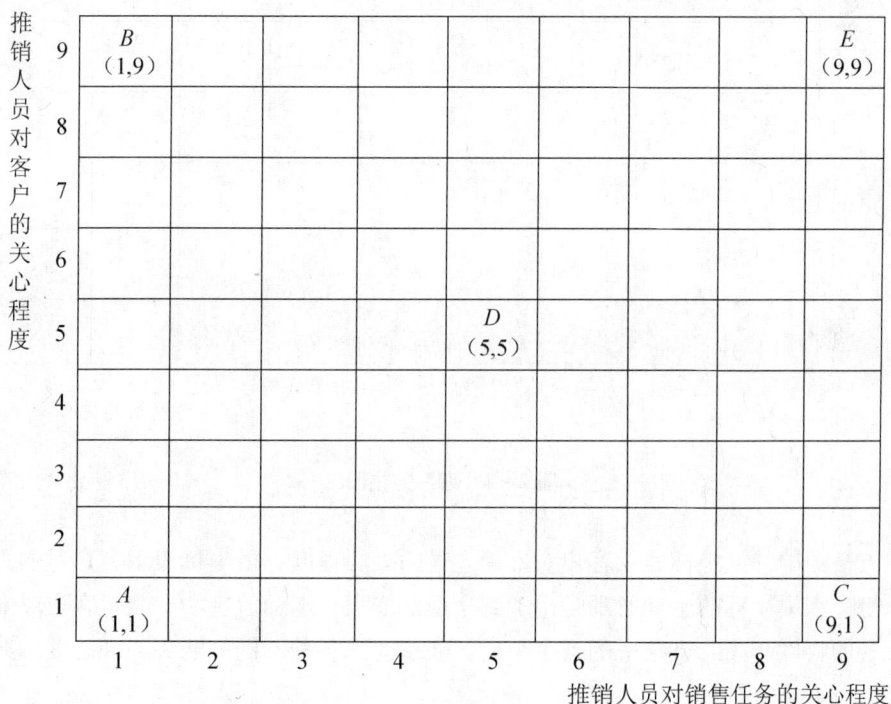

图 2-1　推销方格图

二、客户方格论

要进行推销，就必然与客户打交道。推销人员不仅要认识自己的推销心理，努力培养良好的推销心理态度，而且要善于洞察客户的购买心理，因人而异地开展推销活动。在实际的推销活动中，客户对于推销工作的看法和态度，往往起着举足轻重的决定作用。

客户在购买活动中，一般有两个具体目标：一是在条件有利时完成购买任务；二是希望与推销人员建立良好的人际关系。前一个目标关心的是"购买"，后一个目标关心的是"推销人员"。在具体的购买活动中，客户追求上述两方面目标的心理愿望强度是各不相同的，因而就形成了不同的购买心理态度（如图2-2所示）。

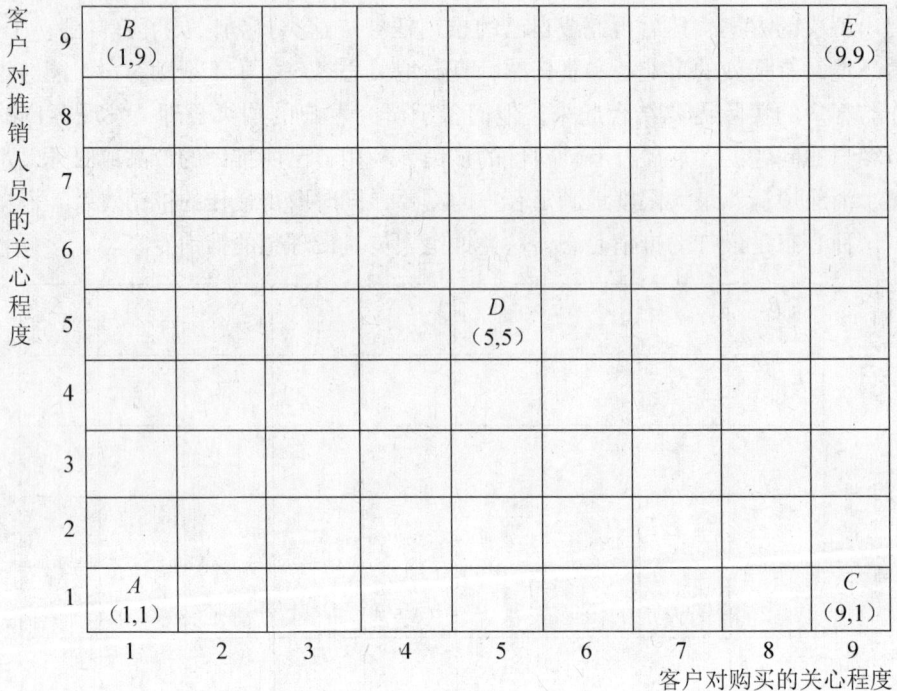

图2-2 客户方格图

客户方格图中的纵坐标表示客户对推销人员的关心程度，横坐标表示客户对购买的关心程度。纵坐标和横坐标的坐标值都是由1到9逐渐增大，坐标值越大，表示客户对推销人员或购买关心的程度越高。方格中的各个交点，表示客户各种不同的购买心理态度。典型的购买心理态度有以下五种：

1. 漠不关心型

漠不关心型如图2-2所示的A（1，1）方格。这种类型的客户既不关心推销人员，也不关心购买行为。具体表现为：视推销工作为麻烦，对成交与否、成交条件、产品本身等情况都漠不关心，尽量设法逃避推销人员，更不愿做购买决策。这类客户最难打交道，也是最难取得推销效果的推销对象。

2. 软心肠型

软心肠型如图 2-1 所示的 B（1，9）方格。这种类型的客户，重感情，轻利益，极容易被说服、被打动，对推销人员的关心胜过对购买的关心。具体表现为：重视推销人员的言谈举止，如是否热情有礼、是否尊重他人等，重视与推销人员的关系。这类客户往往禁不住推销人员的几句好言语，当处于一种极为融洽的气氛中，又受到热情礼遇时，便不会计较是否需要推销品及交易的条件如何，而拍板成交。

3. 保守防卫型

保守防卫型如图 2-2 所示的 C（9，1）方格。这种类型的客户对其购买行为十分关心，而对推销人员极存戒心，甚至抱有敌对的态度。具体表现为：对推销人员十分冷漠，认为推销人员都是一些不诚实的人，本能地采取防卫的态度。这类客户往往都存有传统观念的偏见，也可能有过不良的购买经验。

4. 干练型

干练型如图 2-2 所示的 D（5，5）方格。这种类型的客户既关心自己的购买行为，也关心与推销人员的人际关系。具体表现为：在购买过程中比较冷静，既重感情，也重理智；既会顾及与推销人员的关系，也会注意不使自己的购买吃亏，具有一定的产品知识和购买经验，制定购买决策较慎重。有时会与推销人员达成圆满交易，有时会买到自己非常满意的推销品。但有时也可能会为了自尊、身份及其他原因购买一些自己不十分需要或很不合算的推销品。对待这类客户，最好的说服办法是摆事实，及时出示证据，最后让客户自己做购买决策。

5. 寻求答案型

寻求答案型如图 2-2 所示的 E（9，9）方格。这种类型的客户既高度关心自己的购买行为，又高度关心与推销人员的人际关系。具体表现为：十分清楚自己需要的东西，又很了解市场行情。因此，十分欢迎能解决问题的推销人员。从现代推销学的角度来看，该类型的客户是最成熟的购买者。他们在做购买决策时，能够对推销人员及所推销的产品做出判断，而不轻信广告和推销人员的宣传与允诺，他们善于决策，又不独断专行，购买行为客观理智，如果遇到意外情况，他们会主动要求推销人员协助解决，但不会提出无理要求。

三、推销方格与客户方格的关系

前面我们分别介绍了推销方格和客户方格理论，并分析了几种典型的推销的心理态度和购买心理态度。一般来说，推销人员的心理态度愈是趋向于解决问题导向型（9，9），就愈可能收到理想的推销效果。根据美国《训练与发展》专刊报道，有人运用推销方格理论对有关推销人员进行推销心理态度和推销效果之间关系的研究，结果发现，在推销绩效方面，解决问题导向型（9，9）比推销艺术导向型（5，5）高3倍，比强力推销导向型（9，1）高75倍，比客户导向型（1，9）高9倍，比事不关己型（1，1）高75倍。但是，这并不说明其他类型的推销心态就一无是处。事实上，不同的购买心态对推销心态有不同的要求，有效推销的关键在于推销心态与购买心态是否吻合，推销方格与客户方格的搭配如表2-1所示。

表2-1　推销方格与客户方格的搭配

推销方格	客户方格				
	1，1	1，9	5，5	9，1	9，9
9，9	+	+	+	+	+
9，1	○	+	+	○	○
5，5	○	+	+	-	○
1，9	-	+	○	-	-
1，1	-	-	-	-	-

注：+　表示可以有效地完成推销任务；
　　-　表示不能完成推销任务；
　　○　表示介于以上两种情况之间。

　　表2-1是一个简单的搭配表，反映了推销方格图与客户方格图之间的内在联系。例如，一个客户导向型（1，9）推销人员，若面对一个软心肠型（1，9）客户，就可以克服其不计推销的弱点，而易于达成交易。

　　一个推销人员的推销心理不是先天形成的，更不会永久不变。由于影响推销心理态度的各种因素本身是相互联系与复杂多变的，如外界环境的变化等，推销人员的推销心理态度也显得复杂多变。推销方格里的五种推销心理态度并不是绝对的，只是相对的，因此，不应该绝对地看待推销方格理论，推销人员可以通过推销方格方法来检查自己的推销能力，找出自己推销工作中存在的问题，以改进工作，提高工作效率，把自己训练成为一个解决问题导向型的推销专家。

　　总之，推销方格方法具有一定的理论意义和实践指导作用。每一位推销人员都可以运用推销方格方法，检查自己的推销心理态度，培养正确的推销心理态度，提高推销效率。

　　即时思考： 如果你是客户，你喜欢哪种类型的推销人员？为什么？

第三节　推销模式

　　所谓推销模式，就是根据推销活动的特点及对客户购买活动各阶段的心理演变应采取的策略，归纳出一套程序化的标准推销形式。在推销实践中，由于推销活动的复杂性，市场环境的多变性，推销人员不应被标准化程序束缚，而应从掌握推销活动的规律入手，灵活运用推销模式。只有这样运用推销模式，才能起到提高推销效率的作用。

一、"爱达"模式

根据消费心理学的研究，客户购买的心理过程可以分为四个阶段，即注意（Attention），兴趣（Interest）、欲望（Desire）、行动（Action）。其英文缩写为"AIDA"，音译为"爱达"。国外心理学家和推销专家根据上述四个阶段的特点和他们的实践经验，研究出一套应付客户的方法和程序，这就是推销中的"爱达"模式。其内容可以表述为：一个成功的推销人员必须把客户的注意力吸引或者转移到其产品上，使客户对其推销的产品产生兴趣，这样客户的购买欲望也就随之产生，而后促使客户做出购买行动。该模式分为以下四个步骤：

1. 唤起注意

唤起注意就是要使客户的注意力从自我或他人转向推销方面。为了吸引客户的注意力，说好第一句话是至关重要的，心理学家在研究推销心理时发现，客户听第一句话比听以后的话认真得多。如果客户听到的第一句话是一些杂乱无章的刺激，那么往往会导致之后的推销谈话丧失效用，为了防止客户走神或者考虑其他问题，开头几句话必须生动有力，不能拖泥带水，支支吾吾，力求避免使用毫无意义的问句，如"很抱歉，打扰你了，但……""我只是想知道……""我到这里来的目的是……""我来只是告诉你……"等。一位钢铁产品推销人员对客户说："我们新近生产出一种新产品，这种产品可以降低你们的生产费用。现在我能问你几个问题吗？"哪一个生产厂商对能够减少生产费用的建议不感兴趣呢？最后，这位推销人员得到了大笔订单。

2. 诱导兴趣

诱导客户购买兴趣的关键是要让客户清楚地意识到接受推销的产品之后会得到利益或好处，推销人员要利用各种方法向客户证实所推销产品的优越性，以此引导他们的购买兴趣。一般来说，诱导客户兴趣的最基本的方法是示范。

示范具有如下功能：①它能够运用动作的刺激，使注意倾向优先地发生，并集中于推销的产品，防止注意力的转移和分散；②示范刺激是一种视觉刺激，视觉比其他知觉具有更明显的印象和效果；③示范更具体，比其他刺激更容易为人们所理解，因而也更容易在短时间内奏效。

在推销中常用的示范方法有对比、体验、表演、写画等。为了增强示范的效果，示范要有计划地进行，同时要给人以新颖感。例如，有一名胶水推销人员，让客户在一页纸的一端涂抹胶水，然后把带胶水的一端贴在一本厚厚的电话簿上，再用这页纸把号码簿提起来，以此向客户示范胶水的黏合力，使客户耳目一新，印象十分深刻。

3. 激发欲望

如果推销人员的示范令人信服，客户也明确地表示了这一点，但他还未采取购买行动，其原因之一就是购买欲望尚未被激起，兴趣和欲望毕竟不是一回事。因此，在这一阶段，推销人员首先应当尽量激发客户的购买欲望，然后再做说服工作，通过向客户介绍情况、讲道理，提出一些颇有吸引力的建议，让客户信服，使客户认识到这种购买是必需的，从而产生购买念头。

一般来说，客户对推销的产品发生兴趣后就会权衡买与不买的利益得失，对是否购买处于犹豫之中。这时推销人员若能巧妙地向客户说明购买了本产品后将会感到称心如意，并从中分享到乐趣，得到实惠，并强调产品的心理性使用价值，在物质的基础上描绘精神上的"图景"，这样就会大大增添产品吸引人的魅力，加强客户的购买欲望。

4. 促成交易

所谓促成交易，就是指推销人员运用一定的成交技巧来敦促客户采取购买行动。有些客户在产生了购买欲望之后，往往不需要任何外部因素的刺激就会自己做出购买决策。但在通常的情况下，尽管客户对推销的产品发生了兴趣并有意购买，也会处于犹豫的状态。这时，推销人员就应注意成交的信号，掌握有利时机，运用一定的成交技巧来施加影响，以促成客户尽快做出购买决策，而不是任其发展。

"爱达"模式是一种传统的推销手法，最早起源于美国。事实证明，这一模式的生命力是很顽强的。"爱达"模式四个发展阶段的完成时间是不固定的，可长可短；四个阶段的先后次序，也不是一成不变的。这一推销过程可能需要几个月的时间才能完成，也可能只需几分钟就能完成，有时也可以省掉其中的一两个阶段，但促成交易是其终极目标。

二、"迪伯达"模式

"迪伯达"模式是美国推销专家海因兹·M. 戈德曼从推销实践中总结出来的一种行之有效的推销模式，即发现（Definition）、结合（Identification）、证实（Proof）、接受（Acception）、欲望（Desire）、行动（Action），缩写为"DIPADA"。该模式的基本思路是：找出客户需求，促使客户想到需求，推销人员说明自己的产品可以满足其需求，并由此促使客户购买。与传统的"爱达"模式相比，"迪伯达"模式的特点是紧紧抓住了客户需要这个关键，使推销工作更能有的放矢，因而该模式具有较强的针对性。

"迪伯达"模式把推销全过程概括为六个阶段：①准确地发现客户有哪些需要和愿望；②把推销的产品与客户的需要和愿望结合起来；③证实推销的产品符合客户的需要和愿望；④促使客户接受所推销的产品；⑤刺激客户的购买欲望；⑥促使客户采取购买行动。"迪伯达"模式是一种较灵活、更高级的推销方式，按照这种方式进行业务洽谈看起来比较复杂，但效果是很理想的。

三、"埃德帕"模式

"埃德帕"模式将推销全过程分为五个阶段：第一阶段，把推销的产品与客户的愿望联系起来（Identification）；第二阶段，向客户示范合适的产品（Demonstration）；第三阶段，淘汰不宜推销的产品（Elimination）；第四阶段，证实客户已做出正确的选择（Proof）；第五阶段，促使客户购买推销的产品，使客户做出购买决定（Acceptance）。该模式的英文缩写为"IDEPA"。

"埃德帕"模式是"迪伯达"模式的简化形式，它适用于有着明确的购买愿望和购买目标的客户，是零售推销较适用的模式。当客户主动来到零售商店，提出要购买某些产品，或者手里拿着购货单，此时应采用"埃德帕"模式。总之，无论是哪种类型的购买，只要是客户主动与推销人员接洽，哪怕是通过电话询问某一产品的情况，"埃德帕"模式都是一种较为适合的推销模式。

四、"费比"模式

"费比"模式是由中国台湾地区中兴大学商学院院长郭昆漠总结出来的推销模式。"费比"是英文"FABE"的中文译音，而"FABE"则由英文单词"Feature""Advantage""Benefit"和"Evidence"的首位字母组成。这四个英文字母表达了"费比"模式的四个步骤：详细把产品的特征（Feature）详细介绍给客户；充分分析产品的优势（Advantage）；明确产品给客户带来的利益（Benefit）；以"证据"（Evidence）说服客户购买。

1. 详细介绍产品的特征

"费比"模式要求推销人员以准确的语言向客户介绍产品的特征。介绍的内容包括：产品的性能、构造、作用、使用的简易性及方便程度、耐久性、经济性、外观、优点和价格等，如果是新产品则应更详细地介绍。如果产品在用料和加工工艺方面有所改进，也应介绍清楚。如果上述内容多而难记，推销人员应事先打印成广告式的宣传材料和卡片，以便在向客户介绍时将材料和卡片交给客户。因此，制作好广告材料和卡片，成为"费比"模式的主要特色。

2. 充分分析产品优势

推销人员应针对在第一步中介绍的特征，寻找出其特殊的作用，或者是某项特征在该产品中扮演的特殊角色、具有的特殊功能等。如果是新产品，则务必说明该产品的开发背景、目的、设计时的主导思想、开发的必要性以及相对于老产品的差别优势等。当面对的是具有较高专业知识的客户时，则应以专业术语进行介绍，并力求用词准确，言简意赅。

3. 明确产品给客户带来的利益

这是"费比"模式中最重要的一个步骤。推销人员应在了解客户需求的基础上，把产品能给客户带来的利益，尽量多地列举给客户。不仅要讲产品外表的、实质上的利益，更要讲产品给客户带来的内在的、附加的利益。从经济利益、社会利益到工作利益以至社交利益，都应一一列举出来。在对客户需求了解不多的情况下，应边讲解边观察客户的专注程度和表情变化，在客户表现出关注的主要需求方面要特别注意多讲解、多举例。

4. 以"证据"说服客户购买

推销人员在推销中要避免用"最便宜""最合算""最耐用"等字眼，因为这些话已经令客户反感而没有说服力了。因此，推销人员应用真实的数据、案例、实物等证据解决客户的各种疑虑，从而促使客户购买。

五、"吉姆"模式

"吉姆"模式（缩写为GEM）是一种对培养推销人员的自信心，提高其说服力极有帮助的模式。其关键是"相信"，即推销人员一定要相信自己所推销的产品（Goods），相信自己所代表的公司（Enterprise），相信自己（Mam）。推销业务的"成交"是产品、公司和推销人员三要素综合作用的结果。

推销这种职业要求推销人员首先说服自己，然后再说服别人。在推销人员所拜访的客户中，有4/5的人会对所推销的产品不感兴趣。这就需要推销人员在精神上和感情上做出极大的努力。所以，推销人员必须完全相信他所从事的推销工作是大有作为的。只有相信自己的产品和公司才能充满信心，只有具备自信才会产生积极性，而积极性又可以使推销洽谈获得成功。对所代表的公司缺乏信任是非常危险的；对所推销的产品缺乏信心是十分有害的；而缺乏自信心则是最致命的。因此，"吉姆"模式可以说是推销洽谈的先决条件。

在多数企业里，要求推销人员掌握的只是产品知识、市场情况和一些必要的推销技巧，很少关心推销人员是否具有自信心。事实上，工作热情不是自发的，它需要帮助。不仅是推销新手，就是有经验的推销人员也需要得到别人的帮助。

1. 相信自己所推销的产品

公司及其各职能部门要向推销人员介绍有关产品的各类资料，使推销人员对本企业产品有全面、深刻的了解；同时，还要把所推销的产品同竞争产品相比较，使推销人员看到自己产品的长处，更加相信自己的产品。

2. 相信自己所代表的企业

要使推销人员相信自己的企业及其产品，公司和产品的信誉是基础，推销人员和企业的全体职工要共同创造企业的商业特征，树立企业的形象；创造企业的个性，确立企业的声誉；创造企业的成功，激发客户的购买动机。

3. 推销人员要相信自己

推销人员首先要相信自己是一个合格的推销人员，每次对产品的推销都要有必胜的信心；要相信自己的辛勤劳动会有成果；相信自己的工作对公司发展有重要推动作用。

即时思考：概述"迪伯达"模式推销过程的六个阶段。

小　结

按不同的划分标准，客户有不同的类型。按客户性质划分，可分为个人购买者和组织购买者；按客户价值划分，可分为关键客户（A类客户）、主要客户（B类客户）和普通客户（C类客户）；按客户的状态划分，可分为潜在客户、目标客户、准客户、成交客户、忠诚客户。

不同类型的客户呈现不同的购买行为特征。推销人员必须了解和善于分析不同类型客户的需求和购买特征，从而针对不同客户采取不同的推销策略。

借助马斯洛关于"需要层次论"的分析模型和方法，我们把客户的需求分为五个层次，它们从低到高依次是：产品需求、服务需求、体验需求、关系需求、成功需求。

从心理学的角度看，在交易中客户的心理主要有：求利心理、求实心理、求新心理、求名心理、求美心理、求便心理、面子心理、心理价位、偏好心理、仿效心理、安全心理、自尊心理、隐秘心理、疑虑心理。客户的购买心理是影响客户购买行为的内在因素，推销人员必须研究、了解客户的购买心理，并根据客户的购买心理与行为的脉络，因势利导地进行推销活动。时尚、名人效应、从众行为、晕轮效应是四种典型的消费行为现象，对此，推销人员应予以重视。

推销方格论是研究推销人员推销心理态度的一种理论。根据推销人员对推销的关心程度和对客户的关心程度两个因素可将推销心理态度在一个九等分的方格图中表示出来。典型的推销心理态度有：事不关己型、客户导向型、强力推销导向型、推销艺术导向型、解决问题导向型，这五种推销心理态度各有不同的特征和表现形式。

客户方格理论是研究客户购买心理态度的一种理论。根据客户对购买的关心程度和对推销人员的关心程度可将购买心理态度在一个九等分的方格图中表示出来。漠不关心型、软心肠型、保守防卫型、干练型、寻求答案型是五种典型的购买心理态度。推销人员应分别对待。

推销绩效的好坏与推销方格和客户方格的协调与搭配有关。

所谓推销模式，就是根据推销活动的特点及对客户购买活动各阶段的心理演变应采取的策略，归纳出的一套程序化的标准推销模式。主要有以下五种模式："爱达"模式、"迪伯达"模式、"埃德帕"模式、"费比"模式和"吉姆"模式。

案　例

真正的领带始于罗马帝国时代，那时，士兵们在脖子上戴着一种类似围巾的东西，直到1668年，领带在法国才开始变为今天这种式样，并发展成为男子服装的重要组成部分，不过，那时候的领带，要在脖子上绕两圈，领带两端随便地耷拉着，而领带下面还有三个或四个花结的皮条带。直到今天，领带成为各年龄层、各行各业的男子服装的常见组成部分。

鞋子和袜子是用来保护脚的，裤子、袜子的功能也是人所共知的，那么，领带有什么用处呢？可以说，它完全是多余的，至少，从实用的角度来看是这样的。

有位法国领带商，别出心裁地想给领带加点实用内容。他在领带背面印制了年历，结果，这年才过了一个月，他的货物就推销不出去了。还有一位商人，想在领带背面加一块柔软的绒布，以供使用者擦眼镜用，其结果比前者更糟。

由于对领带的意义得不到一个很好的解释，心理学家还通过种种民意测验，企求从中了解系不同领带的人的个性，结果表明：

——系短领带而结头又很宽大，表明此人是一个很自信、很了解别人心事的人。

——系斜线条领带，说明此人是个有组织能力的人。

——如果领带结头打得过分紧贴，则表明此人有自卑感。

由此可以分析出来，领带是象征男性的一种服饰。妇女，可以通过裙子来表现其女性特征；而男子呢，则可以借助戴在胸前的领带来表现自己。

事实上，领带之于每个人，甚至每一个民族，都有不同的心理效用。如阿拉伯人从来不买绿色领带，荷兰人从来不系橙色领带，法国人从来不系红、白、黄三色混合的领带。国际领带厂商联合会还专门召开了"领带习俗"讨论会。

请思考： 领带作为服装配件中的一件饰品，基本没有实用功能，但为什么能够在人们的生活中长盛不衰呢？

🔖 实训演练

选择一家商店，对进入商店的 5 位客户进行观察，从他们的言行中判断他们分别属于客户方格中哪种类型的客户。

第三章　推销沟通与推销礼仪

引　言

　　沟通是人与人之间、人与群体之间思想与感情的传递、分享和反馈的过程。沟通技巧在人的生活和工作中发挥着重要的作用。礼仪，是人们用于表现尊重的各种规范的、可操作的具体形式，即人际交往的基本规则。推销人员礼仪是指推销人员在推销过程中所遵循的表现对客户、对自己尊重的规则。沟通与礼仪是紧密相关的，成功的沟通离不开礼仪，同样，沟通技巧和策略又是礼仪的基础。推销人员在与客户交往时，仪表、礼节、言谈举止，对他人的态度、表情、说话的声调、语调、姿态等都非常重要。作为一名推销人员，必须善于沟通，通过仪表、仪态、品格来塑造自身的魅力，树立良好的个人形象。

学习目标

1. 了解沟通原则的主要内容；
2. 掌握沟通五要素的主要内容；
3. 掌握推销人员仪表礼仪的主要内容；
4. 掌握推销人员仪态礼仪的主要内容；
5. 掌握推销访问中商业礼仪的主要内容；
6. 重点掌握三种不同沟通方式的沟通策略；
7. 重点掌握电话与新媒体的沟通礼仪。

第一节　沟通要素与沟通原则

　　沟通是人与人之间、人与群体之间思想与感情的传递、分享和反馈的过程。人们在社会上安身立命离不开沟通，对于人类而言，沟通是一种自然而然的、必需的、无所不在的活动，它是形成人类关系的基本手段。沟通技巧在人的生活和工作中发挥着重要的作用。人们每天都会通过多种方式、多种通道与他人联系。在沟通过程中，人们最关心的问题就是能否采取更有效的方式进行沟通，比如：如何获得优质信息，时间安排是否恰当，应该采用何种沟通方式等。

一、沟通要素

任何沟通，通常都离不开以下五个方面的要素，即沟通五要素。

（一）为什么沟通

在沟通中首先需要考虑的是为什么沟通，即沟通的目的。沟通的目的不同，沟通的内容和方式也会有所不同。人们在进行沟通和交流时经常希望达到多种目的，例如发送信息、说服他人、咨询问题、对决策施加影响等。沟通之前必须清楚自己希望达到的最主要目的是什么。在推销活动中，沟通的目的一般是传递信息、说服购买等。

（二）跟谁沟通

跟谁沟通，即沟通的对象。明确沟通对象至关重要，在推销活动中，沟通对象通常是潜在客户。沟通对象可能很具体，也可能不够明确，面对不同的情况，需要有不同的策略。一旦确定了沟通对象，就要努力了解客户的特点，力图从客户的立足点出发，选择最合适的沟通方式进行沟通，使自己发出的信息更为有效。要做到这一点，推销人员需要明确：①客户购买的基本诉求是什么；②客户对其所要购买的产品或服务掌握多少背景知识；③客户的沟通习惯及其沟通风格。

（三）沟通什么

沟通什么，即沟通的内容。在沟通中必须考虑沟通信息包括哪些内容。如果沟通的主要意图和沟通对象的需求已经明确，就可以直截了当地提出信息的主要内容，以及关于这些信息的进一步说明。

在当今这个信息爆炸的时代，我们常常被大量的信息所淹没，很容易采用错误的方式获取和传递信息。所以，作为推销人员，应当善于传递和获取有用的信息，学会在庞杂的信息库中提取自己所需要的信息，学会向他人传递其所需要的信息。这就是所谓的优质信息。什么是优质信息？首先，内容有用。信息内容符合需求者的意图；信息必须真实准确，不能是虚假的、模棱两可的。其次，形式正确。好的信息必须繁简适度、格式恰当。最后，及时高效。信息贵在及时，时效性越强，信息的价值就越高。

（四）怎么沟通

怎么沟通，即沟通的方式。从信息的载体和渠道来看，沟通的方式主要包括以下三种：

1. 口头语言沟通

口头语言沟通是指借助语言进行的信息传递与交流，也就是面对面的语言交流。口头语言沟通的形式很多，如会谈、电话、会议等。口头联系是最简单有效的方法，比较有亲切感，可以用表情、语调增加沟通的效果，可以实时交换意见并得到反馈，使双方的交流更加充分，表达的信息更为丰富。

2. 书面语言沟通

书面语言沟通是指借助文字进行的信息传递与交流。书面语言沟通的形式也很多，例如，通知、文件、通信、报刊、备忘录、书面总结等，可以是正式的或非正式的，可长可短。词语可以经过仔细推敲，而且可以不断修改。书面语言沟通一般适用于需要保留记录或有大量信息需要传送的情况。使用书面形式进行沟通，会给信息接收者留出一定的时间，以便其对内容加以思考，考虑如何做出反应。目前，在某些组织内，电子邮件已经大量地替代了信件、传真和电话。

3. 非语言沟通

非语言沟通是指通过某些特定的媒介而不是运用语言文字的形式来传递信息，进行沟通。比如我们的眼神、表情、人际距离、身体姿态等。非语言沟通往往比语言沟通方式更加真实与直接，它也可以作为口头语言沟通的一种辅助，在沟通中它们通常同时使用。

表 3 - 1 列出了几种沟通方式的优缺点对比。

表 3 - 1　几种沟通方式的优缺点对比

沟通方式	优　点	缺　点
口头语言沟通	及时获得反馈，进行充分交流	不利于传达详细的信息；有时浪费时间
书面语言沟通	正式，方便，可传递复杂信息；可以提供永久记录	反馈慢；不利于评议、讨论，不能进行充分的意见交流
非语言沟通	真实，表达的内容更加有效；及时获得反馈	不利于传达详细的信息

（五）什么时候沟通

什么时候沟通，即沟通的时间。在安排沟通与交流的时间时，需要考虑以下各项因素：①沟通的目的及希望达到目的的时间；②参与沟通的人是否需要花费时间做准备；③自己在沟通中的任务是什么；④别人在什么时间方便沟通；⑤其他可能出现的事件，比如重大变化。

二、沟通的原则

1. 诚信原则

诚信原则是推销沟通中最重要的原则。在与潜在客户沟通中，必须讲究信用，严守诺言，诚实不欺，不能有虚伪、欺瞒和隐瞒等行为，不能强买强卖。只有诚实守信，以诚待客，才能赢得潜在客户的信任，取得销售活动的成功。

2. 尊重原则

尊重原则即对沟通对象要尊敬和重视，要有平等相待的心态和言行。尊重他人是一种高尚的美德，是个人内在修养的外在表现。在与潜在客户的交往过程中，必须做到以诚相待、友好合作。

3. 开放原则

开放原则指的是在推销沟通中心态要放开，要主动接近潜在客户，积极与客户建立联系，只有主动才能赢得机会；同时沟通的方式要体现开放原则，如多采用开放式的问题与客户沟通等。

4. 合作原则

推销沟通是为了一个明确的目标进行的沟通，所以沟通要围绕这个目标或者方向进行，为对方着想，与对方意见不同之处，尽量保持和谐一致，不能把自己的观点强加于人，要给对方留有余地和空间。

5. 适应性原则

不同的人有不同的沟通风格，营销界有个白金法则，即以别人希望的方式对待他们。作为推销人员，要能够调整自己，去适应客户的沟通风格，即尝试按对方的"频道"与客户沟通。

即时思考：一个优质的信息应该具有哪些特点？

第二节　不同沟通方式的沟通策略

一、口头语言沟通

口头语言沟通是沟通双方面对面的语言交流，因此，沟通的效果主要取决于信息发送者发送信息的质量以及信息接收者聆听的技巧和理解力。

（一）发送信息

在口头语言沟通中要注意提高信息发送者发送信息的质量，为此要做到以下几点：①展开话题前注意一下对方的行为态度，判断是否为展开交谈的好机会。如果与对方有眼神接触、对方面带微笑且表情自然，则说明适合与其进行交谈。②交谈过程中要做到吐字清晰，音量适中，语速平稳、语言简洁、用词准确得当。③交谈过程中要注意让对方说话，保持双向沟通，避免形成单方面的表达。④态度诚恳，营造和谐的沟通气氛，耐心回答对方的提问。⑤掌握好结束话题的技巧。当谈话停顿得太久或双方感到想结束话题时，就应该在适当的时候结束谈话。此时，先发出准备结束谈话的信息，然后提出再联络的表示，如"与你谈得很开心，下星期有时间再约啊！"最后，如果有需要，可进行一个简单的总结，一般一两句话足矣。

（二）接收信息

接收信息最重要的是准确理解接收到的信息。在口头语言沟通中，聆听的技巧和理解力非常重要，必须做到以下几点：①善于聆听。必须集中精力，全神贯注地听。②认真理解对方所讲的话，默默地用自己的语言复述对方讲话的内容。如有必要，可以用自己的语言向对方提问"你刚才的那段话意思是不是……"或请对方进一步明确所述内容并举例说明。③不要打断对方讲话或过早地对对方讲话做评价。

二、书面语言沟通

推销过程中，常常会用到书面语言。这里所说的书面语言，不仅指传统的以纸媒为载体的，也包含以现代信息传输手段传递的材料。在推销活动中常用的书面语言沟通的方式主要有电子邮件、信函、传真、便函、建议书、报告书等。在书面语言沟通中，保证信息正确无误是至关重要的，必须将信息表达清楚，这样才容易与对方达成共识。进行书面沟通时，同样要考虑沟通五要素。撰写书面文件还需要注意三个要点：主题、目标、要求采取的行动。

在书面语言沟通中，必须遵守相应的规则。虽然推销活动中的书面沟通一般比较简短，在写作和文字方面没有太严格的要求，但并不意味着怎么写都可以。撰写商务文件必须做到以下几点：①清楚明了，准确无误；②叙述简明，条理清晰；③直截了当，开门见山；④讲究礼貌，遵守礼仪。

三、非语言沟通

非语言沟通作为口头语言沟通的一种辅助，会通过自己的方式有意无意的影响沟通对象。非语言沟通主要有身体语言沟通和副语言沟通两种方式。

（一）身体语言沟通

身体语言沟通，即非词语性的身体符号，主要包括肢体语言、面部表情、姿态语言和人际距离。

1. 肢体语言

（1）头部的语言信息。头部的一些细微动作往往可以传达很多信息。例如，头部微微侧向一边，表示对谈话有兴趣，正在注意听；低头，表明对谈话不感兴趣或持否定态度。

（2）手部的语言信息。手部往往是身体语言沟通的焦点。手部语言相当丰富，例如，在与别人说话的时候，如果双手总在忙个不停，那么很可能正在表达一种无言的拒绝；人们在表示健忘或者为某件事后悔的时候，通常会用手拍前额。

（3）肩部的语言信息。肩部所表达的语言信息虽然不多，但在推销过程中也要给予充分的注意。当人的肩部舒展时，说明他有决心和责任感；肩部耷拉，说明心情沉重，感到压抑；肩部耸起，往往表明这个人处在惊恐或愤怒之中。

2. 面部表情

（1）眼部的语言信息。在身体语言沟通中，眼睛是最重要的。在谈话中，除了要把握眼睛的注视范围，还要注意眼睛注视的角度和方法。例如，眼睛东张西望，会给人一种不踏实的感觉；眼睛死死地盯视一个人，是一种不礼貌的表现；眼睛斜视表示轻蔑，正视表示庄重，仰视表示尊重或思索。

（2）嘴部的语言信息。这里指的是嘴部不发出声音而表达出来的信息。例如，噘嘴表示生气、不满意；嘴唇半开或全开表示疑问、惊讶；嘴唇紧绷表示愤怒。

3. 姿态语言

不同的身体姿态及其运动会传达出不同的信息。例如，身体前倾暗示对所讨论的问题感兴趣；张开双臂意味着坦率、自信与合作；双臂交叉、清嗓子则暗示有心理抵制倾向；抬着头，手托着下巴，暗示其在积极思考和评价；等等。

4. 人际距离

人们在接触时，都有自己的个人空间，对于接触的距离都会有本能的反应，若接触距离太近，会使客户感到窘迫而不自在；若相隔太远，又会使客户觉得受到冷落，缺乏一种亲切感，也不利于沟通。由于关系不同，所以在交流中人们彼此间的距离也不一样。人际距离对推销人员是相当重要的，推销人员与客户之间的距离必须适当。通常认为存在四种人际距离。

（1）亲密距离（0~0.5米）。这是亲人、夫妻和最亲密的朋友之间的距离，是最为敏感的区域。

（2）个人距离（0.5~1.2米）。这是朋友之间的距离。

（3）社交距离（1.2~3.5米）。这是彼此认识的人的交往距离，是新客户可以接纳推销人员进行推销洽谈的距离。

（4）公众距离（3.5~7.5米）。这是正式场合、演讲或其他公共事务中的人际距离，此时的沟通往往是单向的。如推销人员面向一个群体进行推销。

（二）副语言沟通

副语言沟通一般指说话的语速、音调、音量、停顿、声音补白等。

1. 语速

人们说话的速率会对信息的接收质量产生影响，正常沟通时，人的语速通常在每分钟

90～120个字。

2. 音调

音调是指声音的高低起伏变化。如果说话者使用较高的、富有变化的音调，往往给人一种自信、坚定的感觉；如果音调较低，会被人认为缺乏自信。

3. 音量

音量即说话的响亮程度。音量要适应说话者的目的、说话的场合。

4. 停顿

停顿有时是强调，以引起重视；有时是一种询问，以观察对方的反应；有时则是给对方提供一个思考的机会。

5. 声音补白

声音补白是指在搜索要用的词时，用于填充句子或做掩饰的声音，如"嗯、啊、呀"等。沟通中要注意这类词的使用，如果不停地使用，会分散听众的注意力。

应当注意的是，以上所介绍的都是一般意义上对非语言的解读。在生活中，非语言表示的信息并无标准，也不完全统一。推销人员把强有力的视觉形象传递给客户的同时，也要注意客户身体所传递和表达的信息，并且要谨慎解读，尽量不要误解客户所表达的真实信息。

即时思考：推销人员在与新客户交流时，适宜采用哪种人际距离？

第三节　推销人员的仪表礼仪

仪表，即一个人的外表。仪表礼仪是指个人修饰与打扮的基本规范。仪表体现出一个人的生活情趣、审美意识、对他人的尊重程度，甚至其知识水平和价值取向。可以说，仪表等于一份有力的自我介绍。研究表明，一个人感受到对方外表的魅力与产生再次与之会见的愿望之间呈正相关关系，比其他特征，如个性、兴趣等的相关度都要高。由此可见，要想做个优秀的推销人员，一定要讲究个人的仪表礼仪。

一、容貌

一个人的五官长相是天生的，但是一个人的容貌是可以由自己决定的。人的面容是一个综合的象征，它无法像服饰那样改变形状。但是，它的确是天天因自己所思所为在改变。经验的密度、知识的密度、思考的密度，以及驱使自己创造、实现某些行动的密度等，面容靠这些内在的积累，逐步被改造得与往日不同。富有魅力的容貌不等于漂亮的脸庞，人的五官不易改变，但以下三个因素可以使人的容貌变得完美。

1. 健康

作为一名现代推销人员，必须注重身体锻炼，拥有健康和健美的体质、体格、体形、体态和体貌，这样才能精神饱满，神采奕奕，给人留下美好的印象。有了健康的体魄，才能胜任需要常常四处奔走的推销工作。

2. 整洁

整洁是对仪表的最基本要求。着装要干净整洁，身体不能散发异味。女性推销人员，可以化一点淡妆，但切忌浓妆艳抹。会客前不要吃葱、蒜等有异味的食物，必要时，可在口中含一点茶叶或口香糖，以去除异味。

3. 卫生

要注意自己的卫生习惯，当着客人的面不要挖鼻孔、搓泥垢、剔牙齿、剪指甲，打喷嚏时应用手帕捂口鼻，背向客人，避免出大声，不要随地吐痰，不要乱扔纸屑、果皮。

二、服饰

穿衣打扮同样要讲究礼仪，所谓服饰礼仪，是人们在交往过程中相互为了表示尊重与友好，达到交往的和谐而体现在服饰上的一种行为规范。朝气蓬勃、庄重大方的衣着可以增强推销人员的自信心和自尊感。服饰在人际交往中的作用是微妙而深刻的。它显示的不仅是一个人的外表，还可以窥见他的文化素养、个性特征、心理态势等深层的内涵。所以，推销人员应重视自己的穿着，掌握一些着装的知识。一般来讲，着装应遵循以下原则：

1. TPO 原则

TPO 原则，即着装要考虑时间（Time）、地点（Place）、目的（Object）。这个原则要求人们在选择服装时，应当兼顾时间、地点、目的，并应力求使自己的着装及款式与出席活动的时间、地点、目的相协调。也就是说，推销人员应根据具体时间、地点、场合、走访对象及所推销的产品类型选择适宜的衣着。在正式、隆重而严肃的场合，多着深色礼服，男的多为西装，女的多为套装；一般场合则可穿便服；而在朋友聚会、郊游等场合，着装应轻便舒适。同时要注意与走访对象的服饰基本吻合。

2. 整洁原则

整洁原则即着装要整齐干净，这是服饰打扮的一个最基本的原则。穿着整洁既能给人带来积极健康的感觉，同时也表示出对交往方的尊重和重视。当然，整洁并不意味着时髦和高档，而是要求着装干净合体、整齐有致。一般来讲，推销人员的穿着应以稳重大方、整齐清爽、干净利落为基本原则。

3. 和谐原则

和谐原则即选择服装时要注意整体的和谐，包括两层含义，一是服装的尺寸和人的体型要相称，颜色、线条、样式和人的肤色、脸型、体态、气质要协调统一。要选择适合自己的服饰，显示出自己的风采，体现自己的个性。二是服饰整体搭配要和谐。人的服装是由多种因素综合在一起而形成的整体，既有颜色、款式、质地，又有与之搭配的饰物，如服装配件、首饰、围巾等。饰物只能起到"画龙点睛"的作用，而不应喧宾夺主。服装的配件如眼镜、领带、手帕、领带夹等，应讲究与整体着装协调搭配，着装者佩戴首饰的质地、款式、颜色、数量要注意与本人的身份、年龄、形象等相衬。同时要注意服装与服装、服装与饰物、饰物与饰物之间的色彩应色调和谐，层次分明。

服饰是一种艺术，推销人员要注意通过多种途径丰富着装知识，提高着装水平，借助于服饰，根据自己的特点，用心地选择适合自己的服饰，为推销成功奠定基础。

三、神采

神采指的是人面部的神气和光彩，它是一个人精神面貌的反映，是仪表的一个不可缺少的组成部分。作为一名推销人员，必须精神饱满、充满自信、积极乐观、亲切热情，要在尚未胜利之时，就以一个已经成功者的姿态率先行动。这样，才能赢得客户的好感。

推销人员必须永远像赛跑前的运动员那样充满自信，神采奕奕，充分调动自身的一切积极因素来感召客户。

即时思考： 自信对一名推销人员来说至关重要。你认为如何通过仪表表现出推销人员的自信？

第四节　销售人员的仪态礼仪

仪态指的是一个人的身体语言，包括人的手势、行为举止、站坐姿态及人体其他部位的活动。身体语言有时能表达口语无法表达的意思，因此，它也许比有声语言更能传情达意，在促进推销成功方面起到令人意想不到的作用。

一、手势

手势是人体语言中最丰富、最有表现力的体态语言。在日常生活中，人们借助于各种手势来表达个人思想和感情。职业人员适当地运用手势语，既可强化表达的形象性，又能增强感情。手势，可以表达介绍、引领、请、再见、夸奖等多种含义。同时，恰当地利用手势还可以起到强调交谈内容的作用。不同的手势在不同的国家有时也表示不同的含义。比如，国际上通用的"OK"手势，在日本表示钱，在法国表示零，在巴西等南美国家则表示骂人的意思。在涉外商务场合，必须适当了解相关国家常见手势的含义，才能够正确运用。

小资料

几种常见的手势

1. 请进

迎接客人时，站立一旁，手臂向外侧横向摆动，指尖指向被引导或指示的方向。微笑友好地目视来宾，直到客人走过，再放下手臂。

2. 引导

为客人引路时，应走在客人的左前方1～2步，小臂指引，手跟小臂呈一条直线，五指并拢，掌心斜向上方45度，指示前方，眼睛应兼顾方向和来宾，直到来宾表示清楚了，再把手臂放下。

3. 请坐

接待客人入座时，一只手摆动到腰位线上，使手和手臂向下形成一斜线，表示请入座。

4. 递接物品

递接物品时，应该用双手或右手，手掌向上，五指并拢，用力均匀，要做到轻而稳。注意：如果递送带刀、带刃或其他易于伤人的物品时，应使尖端向内。

5. 鼓掌

鼓掌是用以表示欢迎、祝贺、支持的一种手势，多用于会议、演出、比赛或迎接嘉宾。其做法是：右手掌心向下，以右手四指有节奏地拍击掌心向上的左手手掌部位。必要时，应起身站立。

6. 夸奖

这种手势主要用以表扬他人。其做法是：伸出右手，跷起拇指，指尖向上，指腹面向被称道者。此种手势在不同的国家可能含义不同，因此在涉外交往中要慎用。

在社交场合，手势的大小要适度。手势的上界一般不应超过对方的视线，下界不低于自己的胸区，左右摆的范围不要太大，应在人的胸前或右方进行。一般场合，手势动作幅度不宜过大，次数不宜过多，不宜重复。同时要自然亲切，多用柔和的曲线型手势，少用生硬的直线型手势，以求拉近心理距离。任何情况下的"手势"都要以大臂为主动，以肩和胸为主动源。这样会使举止文雅大方、爽朗有魄力。如果以肘部作为主动而带动手势动作，就会显得小里小气。

特别要注意避免不良手势，例如：与人交谈时，讲到自己不要用手指自己的鼻尖，而应用手掌按在胸口上；谈到别人时，不可用手指别人，更忌讳背后对人指点等不礼貌的手势。用手朝对方指指点点，或高举手腕指向别人脸部，都容易被视为对对方的轻侮与蔑视，是一种很不礼貌的行为；要避免抓头发、玩饰物、掏鼻孔、剔牙齿、抬腕看表、高兴时撸袖子等粗鲁的手势动作。

二、姿势

我国古代就有"坐如钟、立如松、行如风"的说法。可见，注意坐、立、行的正确姿势是很重要的。

1. 坐姿

坐姿的一般要求是"面正对而膝侧向"。具体来说：身体上半身稍微向前倾；前部勿靠住椅背，腰要直；手要端正地放在腿上，避免手部的小动作；如果是坐一般的椅子，臀部应坐满椅面；坐着时双脚平放，鞋跟要靠拢，不要抖脚；如果是坐大沙发，不要深陷进沙发里，或窝在沙发里面，那样会显得比较慵懒。正确的姿势是坐沙发2/3的面积，坐姿端正，自然放松。面对面时，身体稍倾斜而坐；双膝间的距离约为一拳头。"坐姿"中切忌将双腿分开，全身肌肉放松正对客户，尤其是女士，一定要保持双腿并拢，大腿、膝盖和脚跟不分开。

入座时，一般应从位子的左侧走到位子的前面，然后转身，轻轻坐下。动作要自然、优雅，不要大大咧咧。

2. 站姿

站立的一般要求是挺拔、端正，同时还应给人以放松、自然、宁静的感觉，不能让人觉得太过僵硬。同时要避免双手抱肘、叉腰或放在口袋里。

谈话时，要面对对方，保持一定的距离。尽量保持身体的挺直，不可歪斜。靠墙壁、桌椅而站，双腿分开的距离过大或双腿交叉，都是不雅观和失礼的行为。手中也不要玩弄物品，那样显得心不在焉，是不礼貌的行为。

若是与比较熟悉、可以亲近的人站着交谈，可适当地用手轻轻拍打对方的肩或背部，这样容易产生亲近感。

3. 走姿

"走姿"一般要求用双胯向上提的力量带动双腿，这样会显得轻快敏捷。如果以腿部为主动，尤其是以小腿为主动，便有身体下沉，步履蹒跚之感。

靠道路的右侧行走，遇到同事、领导要主动问好。在行走的过程中，应避免吸烟、吃东西、吹口哨、整理衣服等行为。上下楼梯时，应尊长者、女士先行。多人行走时，注意不要因并排行走而占据路面。

三、交谈的距离

在前面的内容中我们介绍了四种人际距离。一般来说，对客户最能产生影响力的距离是

1米左右。所谓的"1米影响圈"就是推销人员立足的地方，应该在以客户的立足点为圆心，以1米为半径所形成的一个圆周上。当然，在推销商谈过程中，推销人员和客户之间的距离远近，还应视双方采取的姿势而定：如果双方都采取站立的姿势，一般保持1米左右的距离；如果一方站着，一方坐着，则距离应该稍微接近一些，以0.6米左右为宜；如果双方都坐着交谈，为了能够"促膝交谈"，距离可进一步接近到0.5米左右；如果是在桌子旁边把说明书展示给对方看，则应把要看的资料递到对方容易看清楚的地方，这样距离自然可以接近一些；如果交谈时隔着比较大的桌子，则人与桌子之间的距离，可以保持在一个拳头左右。

四、目光交流

眼神可以传达复杂而微妙的情绪和难以言传的思想意识。所以不可忽视眼神的作用。人们常说，眼睛是心灵的窗户。目光的瞥、瞄、盯、瞧、眺、盼、望等，都可反映出内心的不同情感或多种意义。因此，交谈时，目光要柔和亲切、自然稳重，应正视对方，目光要放虚一些，好像能笼罩对方的整个人体。切忌长时间地死死盯住对方的眼睛或身体的某个部位，同时，也不可左右环顾、飘移不定，或低垂脑袋，直往下看。应做到恰到好处地"正视"，使表情、神态与姿态、行动协调一致，使神态与体态水乳交融、和谐一致。正确地运用目光传达信息、塑造专业形象，要遵守以下两个规律。

1. 三角定律

这个定律研究的是目光注视的部位。要根据交流对象与你的关系的亲疏、距离的远近来选择目光停留或注视的区域。关系一般或第一次见面、距离较远的时候，宜注视对方的额头到肩膀的这个大三角区域；关系比较熟、距离较近的，可以注视对方的额头到下巴这个三角区域；关系亲昵的，距离很近的，则注视对方的额头到鼻子这个三角区域。要分清对象，对号入座，切勿弄错！

2. 时间规律

这个规律指注视对方时间的长短。一般而言，每次目光接触的时间不要超过3秒钟。交流过程中用60% ~70%的时间与对方进行目光交流是最适宜的。少于60%，则说明你对对方的话题、谈话内容不感兴趣；多于70%，则表示你对对方本人的兴趣要多于对方所说的话。

五、微笑

在推销人员与客户的交往中，最有用的面部表情是微笑。对他人面露微笑，会使对方放松下来，缩短彼此的距离；在气氛比较沉闷的场合，微笑可使紧张的气氛缓和下来，使人们的心情舒畅起来；在他人陷入困境时，友好的微笑是一种鼓励，使人为之振作。当然，微笑必须是发自内心的、愉快的，而不是勉强的、虚假的。

微笑是全球共同承认的表情符号，推销人员若懂得微笑的价值，工作将更加得心应手。

小资料

希尔顿酒店的微笑服务

美国希尔顿酒店以"微笑服务"著称于世。其董事长问职员最多的一句话是："你今天对客户微笑了没有？"他确信微笑将有助于希尔顿酒店的世界性发展。因此，他要求员工切记这一信条："无论酒店本身遭受怎样的困难，希尔顿酒店服务员脸上的微笑永远是属于旅客的阳光。"事实果然如此，当1930年美国发生空前的经济萧条时，美国的酒店倒闭了80%，而希尔顿酒店则凭着服务员脸上永恒的微笑渡过了难关，跨入了经营的黄金时代，并终于发展成了显赫全球的酒店。

显而易见，微笑虽然是一条简单有效的社交技术，但是这种简单的行为会造成推销业绩的极大差别。但令人不安的是，许多推销人员并未意识到这一点。美国的一项资料统计：在一次服务质量检查中，就1 200宗商业交易对商业银行的客户服务员进行了调查，40%的雇员在平均18分钟的交易中向客户笑过一次。我们常有这样的感受，看到一个售货员表情沉重，本来想购买商品，但看到这令人丧气的表情，购买的想法也就放弃了。

身为推销人员，必须充分认识微笑的力量，养成一种见到客户立刻产生微笑的自动反应。然而，这种"自动反应"要靠自我培养和训练，才能表露得自然、得体，富有感染力。

六、握手

握手是现代社会一种非常重要的礼仪，第一次见面时的握手显得尤为重要。当手与手相握时，就如同一座桥梁将心与心连接，令人欣慰、鼓舞。握手对任何推销人员来说都是发展信任和消除隔阂的一种好方法。

独具魅力的推销人员的握手往往坚实有力，一次充满信心的握手把客户拉得更靠近你。

小资料

握手的礼节

1. 场合

一般在见面和离别时用。冬季握手应摘下手套，以示尊重对方。一般应站着握手，除非生病或特殊场合——但也要欠身握手，以示敬意。

2. 次序

一般来说，与妇女、长者、主人、领导人、名人打交道时，一般由他们决定是否愿意握手。但如果对方先伸了手，妇女、长者、主人、领导人、名人等为了礼貌起见也应伸出手来握。见面时对方不伸手，则应向对方点头或鞠躬以示敬意。见面的对方如果是自己的长辈或贵宾，先伸了手，则应该快步走近，用双方握住对方的手，以示敬意，并问候对方"您好""见到您很高兴"等。

3. 方式

握手时，要注意力度大小和时间长短。与新客户握手时，应伸出右手，掌心向左，虎口向上，以轻触对方为准（如果男士和女士握手，男士应轻轻握住女士的手指部分）。时间一般以 1~3 秒为宜，轻轻摇动 1~3 下。

4. 距离与力度

行握手礼时，一般距离为一步左右，上身稍向前倾，伸出右手，四指齐并，拇指张开，双方伸出的手一握即可。握手是双方面的，应根据对方的反应来决定握紧些或松些。一般与新客户握手应轻握，但不可绵软无力；与老客户应握重些，表明礼貌、热情。正确的握手方法是：时间宜短，要热情有力，要目视对方。女子同外国人握手时，手指与肩部要自然放松，以备男宾可能要行吻手礼。

握手时双目应注视对方，微笑致意或问好，多人同时握手时应按顺序进行，切忌交叉握手。在任何情况下拒绝对方主动要求握手的举动都是无礼的，但手上有水或不干净时，应谢绝握手，同时必须解释并致歉。

总之，几乎每一种体态，每一种动作都是一种特殊的语言，都表露了一个人的内心世界。美好的仪态，能够配合言语在与人交往中发挥强大的作用，帮助推销人员在推销中赢得客户的好感，取得推销的成功。因此，必须在各方面提高自己的修养，塑造自身体态的魅力，重视与客户交往的体态，建立顺畅的人际关系。

即时思考： 在与客户交谈时，推销人员一直死死盯住对方的眼睛，以此表示对客户的重视。这样做妥当吗？

第五节　推销访问中的商业礼仪

一、访问时间

推销人员对客户来说是不速之客，去得不"巧"，就会使客户产生受到搅扰的心理，所以应谨慎选择拜访时间。

一般来说，客户最闲的时间应当是最佳的拜访时间，而访问的最佳时间又因对象的不同而有所变化。因此，必须设法了解访问对象的生活、工作规律，这是确定访问时间的基础。推销人员应注意摸索和总结。若是有约在先，则一定要按时赴约。

二、开关门

开关门动作的轻重，可以看出一个人的教养、内涵和精神面貌。开关门用力过猛，会使房门发出大的响声，这是很不礼貌的。但用力过轻，则会给人一种畏缩、胆怯的印象。所以在访问前，应想好自己开门、关门的方式与动作，用力适度，大方利落。原则上不管以何种方式开门，在打开时，以自己能自由进入的程度为宜，不要太小，也不可太大。

推销人员在到达拜访对象门前时，无论门关闭与否，都应轻重适度地敲门，得到客户同意后，方可进入室内。看见客户时，应点头微笑，表示友好。

三、介绍和递（接）名片

（一）介绍

初次见面，需要介绍。可自我介绍，也可由第三者介绍。

1. 自我介绍

自我介绍，是指在必要的社交场合，把自己介绍给其他人，以达到使对方认识自己的目的。恰到好处的自我介绍是成功的向导和钥匙。在进行自我介绍时，应注意时机、内容、分寸等方面的问题。

推销人员的自我介绍一般是在前往陌生单位接洽业务、公共场合进行业务推广、初次登门拜访客户、利用媒介与不相识者进行联络等时候进行。

推销人员的自我介绍，一般属于公务式自我介绍，这是以工作为中心的自我介绍。这类介绍，应包括本人姓名、供职单位及部门、担负的职务或从事的具体工作等内容，这三项内容缺一不可。其中，姓名应一口报出，不可有姓无名，也不可有名无姓。供职单位及部门最好全部报出，具体工作部门有时也可暂不报出。对于担负的职务或从事的工作一项，有职务者最好报出职务，职务较低或无职务者，只报出目前所从事的具体工作即可。例如："你好！我叫刘丽，是乐华公司销售部经理。"

进行自我介绍，一定要掌握好分寸。一是力求简洁，以半分钟左右为佳；二是选择适当的时间进行，一般应在对方有兴趣、有空闲、干扰少、情绪好的时间进行；三是态度要自然、友善、大方、自信，做介绍时，要敢于正视对方的眼睛，不慌不忙，语速正常，语音清晰，不可含糊其词，吞吞吐吐；四是要实事求是、真实可信，不要过分谦虚，也不宜自吹自擂。

从接近客户的艺术角度来讲，自我介绍可在刚一见面时进行，也可以在交谈中进行。挨门挨户访问时，也可不做明确的自我介绍，但去客户办公室或参加推销洽谈会，客户为生人时，没有介绍人又不做自我介绍是失礼的。

2. 第三者介绍

第三者介绍有两种情况，一种是推销人员作为被介绍人，另一种是推销人员作为介绍人。

作为被介绍人，应站好并正面对着对方，表露出愿意结识对方的诚意和神态。介绍完毕时通常应先握一握手，并说声诸如"你好""久仰""幸会"之类的客套话。有时也可重复一下对方的姓名或其他称呼，如"你好，王经理"。

为他人做介绍时，有一个基本原则，即"尊者优先了解情况法则"。因此，为他人介绍的先后顺序应当是：先向身份高者介绍身份低者，先向年长者介绍年轻者，先向女士介绍男士等。介绍时，可以姓名并提，也可以姓与职务并提，要特别注意职务、职称的介绍。当双方年龄相当、地位相当又同性别时，可以向先在场者介绍后到者。

介绍时，除女士和年长者外，一般应起立。在宴会桌、会谈桌旁则不必起立，被介绍者可以微笑示意。

（二）名片

名片是现代化人际交往中的重要工具之一，在各种经济活动中被普遍使用。小小名片能编织广阔的关系网，使推销人员在推销活动中觅得出路，取得事业的成功。

1. 名片的交换时机

如果是在推销活动中初次相识，可在刚一结识时递上自己的名片，以加快交往进程；若是有约访问，可在告别时取出名片，以加深印象；如果是有介绍人介入商谈的场合，可不忙于交换名片，告别时递上名片显得更自然一些。

2. 名片的递法

名片的递法有三种：第一种，手指并拢，将名片放在掌上，用大拇指夹住名片一端，恭敬地递到对方胸前。名片上的名字反向自己，正向对方，使对方接过名片就可正读；第二种，食指弯曲与大拇指夹住名片递上；第三种，双手的食指弯曲与大拇指夹住名片左右两端奉上。切勿以左手递交名片，不要将名片背面向上或颠倒着面对对方，不要将名片举得高于胸部。将名片递给他人时，可以略做自我介绍，同时表示出继续联系的愿望，如"请多指教""请多关照""今后多联系""认识一下吧"等。

与多人交换名片时，应讲究先后次序。或由近而远，或由尊而卑，一定要依次进行，切勿挑三拣四，采用"跳跃式"。交换名片时，正规的做法是：位卑者应首先把名片递给位尊者，但在一般情况下，不必过分拘泥于这一规定。

3. 名片的接法

当他人要向自己递赠名片或交换名片时，应停止手中正在做的事情，起身站立，面带微笑，目视对方。应当双手捧接，或以右手接过，切勿仅用左手去接；接名片后，一定要专心看一遍，若有疑问，则可当场向对方请教。同时应口头致谢，或重复对方所使用的谦辞敬语，不可一言不发。不可漫不经心地往口袋一塞了事；看完后，放入名片夹或上衣口袋，不得玩弄或放入裤袋中；若名片放在桌子上，不能将其他东西压在上面。

接受名片后，应将自己的名片回敬对方，以示有来有往。但要注意，最好在收好对方名片后再递，切忌不要一来一往地同时进行。

4. 索取他人名片

如果没有必要，最好不要强索他人的名片。若要索取他人名片，不宜直言相告，而应采用以下几种方法之一：

（1）向对方提议交换名片。

（2）主动递上本人名片。

（3）询问对方："今后如何向您请教？"此法适用于向长辈索取名片。

（4）询问对方："以后怎样与您联系？"此法适用于向平辈或晚辈索要名片。

（三）称呼

推销产品，与客户见面洽谈，推销人员首先碰到的一个问题就是如何称呼客户。称谓是个较复杂的问题，它会因为民族、阶层、场景、区域等的差别而出现多种变异。因此，推销者应注意针对不同的客户，分别妥当地使用不同的称谓。

在商业往来中，对男性多称先生，女士则称夫人、女士或小姐，上述称呼的前面可冠以姓名。或者在职务前冠以姓名。在此需特别说明的一点是，记住客户的姓名是缩短与客户距离的最简单迅速的方法。如果你立志要成为一名成功的推销人员，不可不在记住客户姓名这方面下功夫。

一位美容店的老板说："在我们店里，凡是第二次上门的，我们规定不能只说'请进'，而要说'请进，×××小姐（太太）'。客户只要来过一次，我们就存有档案，要求店员记住她的姓名。"由于该店如此重视客户的姓名，因此，吸引了越来越多的新老主顾，其生意不用说是愈加兴隆了。

小资料

记住人名的六步骤法

记住姓名有许多窍门，这里介绍一个记住人名的六步骤法，你也可以总结自己的方法。

（1）听介绍时要专心，不可漫不经心、粗心大意。

（2）找出对方面容的特征。

（3）重复朗读对方的名字。听完介绍后，再重复一遍对方的名字。

（4）重复朗读时将对方的名字与脸部特征结合起来。

（5）多看几眼，加强名字与想象之间的关系，有机会还可以写在随身携带的笔记本上。

（6）每天临睡前，将今天所认识人的名字、身份、外貌和性格特征再回顾一遍，对重要客户可将其重要特征写在其名片的背面。

需要推销人员注意的小节还有很多，要想成为一位有魅力的推销人员，关键是要专注、用心，从一点一滴做起。

四、敬茶与饮茶的礼仪

敬茶、饮茶是人们日常社交和家庭生活中普遍的往来礼仪。俗话说"酒满茶半"。奉茶时应注意：将茶筒中的茶叶放入壶或杯中，应使用竹或木制的茶匙摄取，不要用手抓。若没有茶匙，可将茶筒倾斜对准壶或杯轻轻抖动，使适量的茶叶落入壶或杯中。茶不要太满，以八分满为宜。水温不宜太烫，以免客人不小心被烫伤。要将茶杯放在托盘上端处，并要左手捧着茶盘底部，右手扶着茶盘的边缘，双手奉上。若不用托盘，注意手指不要接触杯沿。将泡好的茶端给客人时，要说"请用茶"。也可伸手示意，同时说"请"。有两位以上的访客时，上茶的顺序一般应掌握以下原则：先宾后主、先长后幼、先女后男、先尊后卑。如有点心，应放在客人的右前方，茶杯应摆在点心右边。上茶时应以右手端茶，从客人的右方奉上，并面带微笑，眼睛注视对方。主人需待客人散去后，方可收茶。

以咖啡或红茶待客时，杯耳和茶匙的握柄要朝着客人的右边，此外要替每位客人准备一包砂糖和奶精，将其放在杯子旁或小碟上，方便客人自行取用。

饮茶的客人要以礼还礼，双手接过，点头致谢。如人多、环境嘈杂时，也可行叩指礼表示感谢。饮茶时，要小口慢饮。遇到漂浮在水面上的茶叶，可用茶杯盖拂去，或轻轻吹开。切不可用手从杯里捞出来扔在地上，也不要吃茶叶。用盖碗喝茶时，要一只手拿着托碟和碗，另一只手把盖轻轻掀开一道缝儿，然后举到嘴前小啜。千万不能把碗盖拿起来，像用杯子喝水那样。品茗后，应对主人的茶叶、泡茶技艺和精美的茶具表示赞赏。告辞时要再一次对主人的热情款待表示感谢。

即时思考：在为他人做介绍时，应注意什么规则？

第六节　电话与新媒体的沟通礼仪

随着现代信息技术的快速发展，移动电话、笔记本电脑、平板电脑以及其他便携式通信设备的普及，人们的沟通有了全新的方式，人际沟通发生了巨大变化。这些设备为各种客户关系的建立、维护和发展提供了低成本、高效率的沟通工具。越来越多的推销人员通过电子邮件、QQ、微信、视频会议等方式与潜在客户沟通，这样的方式不仅提高了沟通的效率，而且改善了沟通的质量。基于新媒体的沟通，本质上并没有改变沟通的性质和原理，但是其在具体操作上有一些不同于传统的面对面沟通的特点。使用电话和新媒体的沟通方式同样要讲究相应的礼仪规则。

一、电话礼仪

当今时代，电话早已成为人们生活和商务交往中必不可少的重要的沟通工具，同时也是社会组织及个人对外展现自己形象的窗口。通过电话，可以建立和维护良好的人际关系，同时可以达到有效推销的目的。推销人员必须学会正确地利用电话，这就要求推销人员不仅能够熟练地掌握使用电话的艺术，而且要掌握电话礼仪，善于维护自己的"电话形象"。拨打和接听电话，要注意遵守以下原则：

（1）讲究通话时间。要注意打电话的时间，不要影响客户的休息、办公、娱乐等，一般应在工作时间内。给客户打电话，尤其要避开早晨、深夜或节假日，不至于让客户感到不悦或尴尬。

（2）要主动说明自己的身份、打电话的目的。

（3）打电话是以确保约见成功为首要原则，而不是推销。推销人员在使用电话约见客户时，不要在电话里介绍产品，更不能向客户介绍产品的效果。

（4）要集中注意力。切勿在打电话时吃东西、吸烟；同时与身旁的人聊天；玩弄摆放在电话台面上的小东西，如打火机、订书机等。这些小动作都会被对方感受到，而这都是失礼的表现。

（5）坐姿要正确。打电话时不要东倒西歪、摇摇晃晃。因为摇晃着发出的声音和坐好了发出的声音是不一样的。

（6）电话用语要简洁明了，主题集中。打电话要口齿清晰、音量适中、语言简洁。不要用长句，也不要用专业性很强的语言。切勿在电话里分析市场大事，评论各家公司的短长，更不要在电话里进行批评，无论是优点还是缺点，都避免在电话里提及。此外还要注意，不在电话中与客户发生争执，更不要教人做事的方法。

（7）约定时间要主动、明确。约定见面时间，是电话约见的关键环节。原则上，拜访客户的日期、时间应该由推销人员主动决定。如果问客户"您看什么时候去拜访您？"则极有可能得到比较含糊的回答。

（8）准备备忘录，便于必要时记录通话的内容。

（9）使用"请""谢谢"等礼貌用语。当通话完毕时，应向对方致谢，在对方挂断电话后再轻轻地挂断电话，切忌话说完就急匆匆地挂断电话。

二、微信和 QQ 沟通礼仪

如果信息比较简短，而且需要充分地交流和迅速回复，那么，即时信息沟通可能是一种比较合适的方式。它能在使用者之间实现实时的互动沟通。目前，这种即时沟通方式已经大量地进入工作场所，比较常用的主要有 QQ、微信。这些即时信息沟通工具不仅可以进行文字的沟通，还可以实现图像、视频等的交流。

收发微信和 QQ 信息也必须讲究礼仪规范，这里就用于工作的微信和 QQ 主要遵循的礼仪做几点归纳：

（1）昵称要用真实姓名，加上公司名称或者公司加产品名称；签名要尽量给出一些有用的信息。

（2）打招呼不要说"你好""在吗"，要直接说明来意。

（3）加好友要说明自己的身份和目的，邀请对方进群之前，一定要征求对方的意见。

（4）原则上不发语音。

（5）文字要简洁明了、开门见山、条理清楚、标点准确。通常一件事情放在一条信息里，多件事情就发多条信息。

（6）不能泄露他人隐私；不发涉及国家和工作单位机密的信息。

（7）不发广告链接。

（8）慎用语音聊天功能，也不能随便发起视频通话。

（9）不在别人休息的时间发微信。

（10）工作沟通最好说明要对方做什么，如发通知时，可在最后说"收到请回复"；发请示时，可在最后说"请领导批示"等。

（11）及时回复。如果不方便回复或者没想好怎么说，可以回复"等一下再看""考虑一下"之类的话。

（12）把重要的人或群置顶，这样不容易遗漏重要的信息。

（13）如果接收到语音类的信息，在不方便接听的时候，可以回复"现在不方便接听语音，如有急事，可以发送文字"，或者用微信的"语音转文字"功能。

（14）注意礼尚往来。看到别人精彩文段和图片意欲转发时，应先点赞，后转发。

三、邮件礼仪

电子邮件（E-mail）在沟通中的应用非常广泛，是推销活动中常用的沟通方式，发挥着重要作用。一封邮件的表达往往反映了销售人员的职业素养、专业程度、可靠性，既代表了推销人员的个人形象，也代表了公司的形象。当需要进行重要的工作沟通或传递比较正式的信息或文件时，一般可采用邮件的方式。一封完整的邮件包括主题、称呼、正文、附件、结尾、署名、日期、收件人等，与传统的纸质信件有诸多相似之处。

（1）邮件主题。邮件主题即在主题栏用几个字概括邮件的内容，这是与传统信笺不同的地方。要注意主题不要空白，同时也不要用字太多，要精练、明确，反映出文章的内容和重要性。一封邮件原则上只有一个主题。

（2）关于称呼和问候。要恰当地称呼收件人，一般可用收件人的"姓氏＋职务"的写法，第一行顶格写，称呼后面要问好。

（3）正文。正文的撰写要注意格式、文体和语句的规范，可遵循书面沟通的规则和信笺撰写的格式。同时要注意突出主题，语言准确明了，用词、用语友好、诚恳。结尾一般应根据邮件的内容，另起一段，写上"妥否，请批示""如有问题，请与我联系"等类似语句，同时要有致谢。

（4）附件。如果邮件有附件，要提醒对方查看附件。

（5）如果是重要的或时间紧急的沟通事项，应在邮件发出后电话提醒和确认。

小 结

沟通是人与人之间、人与群体之间思想与感情的传递、分享和反馈的过程。沟通有沟通的目的、沟通的对象、沟通的内容、沟通的方式、沟通的时间五个要素；沟通必须遵循相关的原则；沟通主要有口头语言沟通、书面语言沟通、非语言沟通三种形式，不同沟通形式有不同的沟通策略。

礼仪，是人们用于表现尊重的各种规范的、可操作的具体形式。推销人员礼仪是指推销人员在推销过程中所遵循的表现对客户、对自己尊重的规则。包括仪表、仪态、风度、品质、处世原则和价值观念等方面的内容。

推销人员的仪表礼仪体现了推销人员的生活情趣、审美意识、对他人的尊重程度等。整洁的容貌，得体的服饰，神采奕奕的精神面貌都是仪表礼仪的重要组成部分。

推销人员的仪态指的是推销人员在推销活动中的身体语言。包括手势、行为举止、站坐姿态等。一个人的手势、姿势、交谈距离、目光交流、微笑、握手等身体语言都在表达着口语所无法表达的意思，对推销起着意想不到的作用。

在与客户接触中，推销人员还要讲究必要的交际礼仪，在访问时间、开关门、介绍和递（接）名片等方面都要遵守一定的商业礼仪。

电话和新媒体的沟通，虽然本质上没有改变沟通的性质和原理，但是在具体操作中也有一些不同于传统的面对面沟通的特点。因此，使用电话和新媒体的沟通方式同样要讲究相应的礼仪规则。

案 例

某公司经理解释他为什么要聘用一个没有任何人推荐的一位小伙子时说："他神态清爽、服饰整洁；在门口蹭掉了脚下带的土，进门后随手轻轻关上了门；当他看见残疾人时主动让座；进了办公室，其他的人都从我故意放在地板上的那本书上迈过去，而他却很自然地俯身捡起并放在桌上；他回答问题落落大方，简洁明了，干脆果断，面带微笑。这些难道不是最好的推荐信吗？"

（资料来源：胡善珍. 现代推销：理论、实务、案例、实训. 北京：高等教育出版社，2010：64.）

请思考： 经理话中的"推荐信"指的是什么？小伙子为什么在应聘中获得了成功？

实训演练

分小组做一次拜访与被拜访的表演。

要求：1. 分组进行，每组2～3人，时间3～5分钟，分拜访者与被拜访者两类角色。

2. 内容：包括敲门、开关门、做介绍和递（接）名片、握手、表明来意等。

第四章　客户的寻找与评估

引　言

　　客户是推销人员的推销对象。然而，谁是客户？谁是真正的客户？这是一个至关重要却又非常复杂的问题。整个推销过程中的第一步就是寻找客户，确定推销对象，这是一个基础性和关键性的环节，特别是在工业品市场、保险市场这些领域，如果仅靠等待客户主动上门求购，是很难有良好业绩的，因此，推销人员必须走出去，主动寻找并善于识别客户。在茫茫的消费者或成千上万的企业中，找到理想的推销机会，选择最有成交希望的客户。

学习目标

　　1. 熟悉寻找客户的程序、途径及应遵循的原则；
　　2. 掌握寻找客户的各种方法，熟悉每种方法的优点及其局限性；
　　3. 掌握客户评估的法则。

第一节　寻找客户的含义、程序与原则

一、寻找客户的含义和必要性

（一）寻找客户的含义

　　寻找客户，就是寻找潜在客户的全部过程。潜在客户，又称准客户、可能客户，指对推销人员的产品或服务确实存在需求并具有购买能力的个人或组织。

　　潜在客户的寻找是从寻找销售线索开始的。所谓线索，就是某一个人或组织。通过对线索的资格进行审查后，个人或组织才可能入选潜在客户名单。线索要成为潜在客户，需具备三个基本条件：①该个人或组织确实需要某种产品，并能从产品的消费中受益；②该个人或组织具备购买某种产品或服务的货币支付能力；③该个人或组织必须拥有购买权，或得到授权，具有在产品生产者、种类和具体型号等方面的选择权。

（二）寻找客户的必要性

1. 寻找客户是维持和提高营业额的需要

客户多，产品需要量就大；客户新，对产品的需求也就复杂。因此，客户的不断增加，是推销人员保持业务量的有效保证，也是产品更新换代、激起市场新需求的长久动力。要提高推销业绩，就要不断地、更多地寻找客户。

2. 寻找客户是保证基本客户队伍稳定的需要

在各种因素的作用下，客户的流动性越来越大，维持与老客户的关系越来越困难。竞争、人口流动、新产品的不断出现、企业产品结构的改变、分销方式或方法的变化，使大多数企业都不可能保持住所有的老客户。老客户的流失是必然的，这就要求有大量的新客户补充到客户队伍中来。没有足够的客户资源，企业的生存与发展就无从谈起。

3. 寻找客户是提高推销成功率的保证

寻找客户的过程，就是收集客户资料，并进行详细分析的过程。通过分析，对客户进行选择。如果不经选择，盲目地去推销，只能浪费时间和精力。通过客户选择，推销人员可以充分利用有限的时间和费用，集中精力说服那些有强烈购买欲望和较大购买潜力的客户，从而大大减少说服的盲目性，提高推销的效率。

二、寻找客户的程序和途径

（一）寻找客户的程序

客户的选择与发展要经历一个系统化的程序，如果推销人员认为某一个人或组织可能存在对产品或服务的需求，但这种可能性又尚未被证实，那么，把仅仅有可能购买产品或服务的客户称为可能的潜在客户或称为准客户。可能的潜在客户如果被证实确有需求，则成为潜在客户。之后，推销人员要对潜在客户进行评估，了解其是否有足够的购买力和购买决策权，评估合格后的潜在客户才成为实际的推销对象，即目标客户。寻找到合格的潜在客户，推销过程也就正式开始了。但是，推销过程并不随成交而结束，所有推销人员的目标都是获得长期稳定的客户，当潜在客户成为现实客户之后，推销人员还在努力，使新客户成为不断重复购买的客户，也就是满意客户。这一客户选择与发展的过程如图 4 - 1 所示。

图 4 - 1　客户选择与发展的过程

　　寻找客户的过程像一个倒三角形，经过逐层筛选，选择对象越来越窄，因此，有学者形象地将客户的寻找挖掘过程称为"销售漏斗"或"销售管道"。这个寻找或挖掘过程一般包括以下步骤：

　　1. 发现销售线索

　　发现销售线索即最大限度地确定可能购买所推销产品的组织或个人。假如销售人员推销的是消防设备，那么，需要消防设备的任何一个组织都可能成为销售线索。

　　2. 确定潜在购买者

　　在此阶段要依据成为潜在客户的三个基本条件进行筛选，确定哪些线索是所推销产品的真正潜在购买者。这个过程也称为确认合格的销售线索。符合标准的进入下一轮筛选，不符合条件的将被淘汰。

　　3. 对潜在客户进行排序，确定自己的潜在客户

　　被选中的潜在客户并非代表同等的销售机会。推销人员可以确定一定的标准，根据标准对潜在客户进行排序，从中选出最有销售前景的销售机会，同时放弃不具销售前景的销售机会。

（二）寻找客户的途径

　　一般情况下，一名推销人员要找到合适的潜在客户，可以采用"由内而外"的策略。即先从企业内部获得有关客户的信息资料，再扩散到现有客户，直至社会范围，产生一种联动效应。

　　1. 公司资源

　　公司资源即从本企业内部，如公司数据库、公司广告、参加会议和贸易展览等，获得有关潜在客户的资料。按照这条线索寻找推销对象，既准确又快捷，但其数量是有限的。

　　2. 现有客户

　　如果从企业内部找不到满意的推销对象，目光自然要转向现有的客户，通过目前有业务关系的客户介绍潜在客户。按这条线索寻找推销对象，需要良好的推销技巧和较多的时间，而且在某些领域，由于竞争等因素，现有的客户可能不愿意为推销人员介绍新客户。

　　3. 社会网络

　　推销人员可以利用多种网络有效挖掘潜在客户，如加入公共团体或专业组织。与无竞争关系公司的推销人员结成的网络，也能帮助推销人员挖掘潜在客户。

　　推销人员还可以根据相关群体、市场调研等线索，在更大的范围内寻找潜在客户。推销人员必须提高工作效率，用尽可能少的时间和精力找到尽可能多的潜在客户。

　　4. 出版物

　　各种印刷品和电子出版物对销售人员挖掘潜在客户非常有用。公开出版的名单和目录提供了廉价、方便的识别销售线索的方法，如电话簿、行业协会名单等。

　　5. 网站

　　网站是公司相关消息的集合体，推销人员可以通过各类网站搜集销售线索。同时，公司

也可以在网上广泛地开展各类促销活动。

三、寻找客户的原则

1. 寻找范围的限制性

在寻找准客户之前，首先要确定推销对象的范围，也就是要进行市场细分。每一种产品都有特定的消费市场和消费对象，不同品种、性能、用途的产品，其适用的对象也不同。因此，在寻找客户之前，必须根据产品的特点，确定推销对象的范围，以便有针对性地寻找客户，保证在一定的范围内准客户的相对集中，从而提高寻找客户的效率。

2. 寻找途径的灵活性

寻找客户有多种途径，究竟通过何种途径、采用何种方法，也要结合推销商的特点加以考虑，并根据所确定的推销对象的范围以及产品的推销区域，选择最为合适的推销途径。寻找客户的合适途径不止一条，而是多条。所以在实际工作中，往往采取几种方法并用的方式寻找客户。

3. 寻找意识的随时性

企业的推销人员，要想在激烈的竞争中为本企业开发更多的客户，就必须培养一种随时意识，要注意培养敏锐的观察力和正确的判断力，即养成随时随地寻找客户的习惯，随时随地眼观六路，耳听八方，不放过任何一条寻找客户的线索。

4. 寻找方式的连锁性

要学会通过客户发展客户，即通过老客户发展新客户，如此不断地发展下去，犹如化学连锁反应，这就是连锁性原理。掌握这一原理，寻找客户就会事半功倍。

5. 寻找活动的有序性

对于已确定的客户，必须建立准客户资料档案，以加强对准客户的管理。根据新掌握的实际情况，对准客户进行分类，列出重点与次序，以便有计划、有步骤地开展推销活动，这样可以使推销工作标准化、规范化、程序化，避免忙乱、毫无头绪的推销。建立准客户档案是现代推销的一项重要基础工作，也是一项细致的工作，必须踏实认真地去做。

即时思考：销售线索要成为潜在客户需要满足哪三个基本条件？

第二节　寻找客户的方法

推销人员开始具体的业务活动时，首先必须考虑的是如何寻找心目中的客户，刚从事推销工作的推销人员常常会感到无从下手，即使经验丰富的推销人员也常常为自己掌握的客户数量能否满足企业的推销需要而感到不安。因此，如何寻找客户是每一位推销人员必然面临的问题。寻找客户是有方法可循的，根据国内外成功推销人员的经验，学者们总结了很多寻找客户的方法。这里我们重点介绍以下方法。

一、资料查询法

资料查询法是指推销人员通过收集情报和查阅资料来寻找客户的方法。资料查询法是国内外推销人员经常采用的一种方法。取得资料的途径大致分为两类，即企业内部资料和企业外部资料。

（一）企业内部资料

企业内部资料，包括财务部门的账目表、推销部门的推销记录、服务部门的维修记录、广告反映记录、客户服务电话记录、客户名册、公司网站等，这些都是寻找潜在客户的重要线索；销售人员也可以从公司内部其他职能部门或科室机构寻找潜在客户的线索。如从财务部门提供的与客户的往来账目中，可以发现许多虽已很少往来但极富潜能的客户。

1. 财务部门的资料

企业财务部门往往保存着大量的历史资料。在过去的账目中，可以找到不少企业过去的客户，通过将这些客户列入名单、重新整理，就可以形成一个新的潜在客户群。在此基础上推销人员分别进行访问，查明他们与企业中断往来的原因，并设法排除目前依然存在的不利于恢复往来的各种因素。请回一个过去的客户，就等于发现了一个新客户。

2. 推销部门的资料

企业一般都对以往的推销情况保留着记录，如出库报表，客户订购表，订货合同，退货记录等。推销人员应对这些资料给予相当的重视，在分析研究的基础上，对影响客户与企业交往的不利因素提出改进的措施。这样就能不断发现新客户，并巩固现有的客户群。

3. 服务部门的资料

服务部门的维修服务人员常常在售后服务中与客户保持接触，因此，可以为推销人员提供极好的客户线索。如家电行业的定期维修，维修人员在登门拜访客户的过程中能了解到许多有价值的信息。客户在所使用的产品需要更新的时候，其购买行为或多或少都会受到维修人员的影响。

（二）企业外部资料

推销人员可以通过搜索各种外部信息资料来识别潜在的客户以及客户信息。

1. 互联网

推销人员可利用搜索引擎如百度、搜狗、360 好搜等，通过关键词进行搜索，在使用时不要固定用一个搜索引擎，同样的关键词，在不同的搜索引擎搜索的结果不完全相同；也可以通过企业网站、个人网站、企业博客、个人博客、企业微博、个人微博、微信等进行查找。在网上搜索客户资料也有一些技巧，掌握这些技巧，才能起到事半功倍的效果。

2. 报纸、期刊

很多报纸都有商业板块，里面有商业新闻、广告、招聘信息等，可以通过报纸查找你想要的企业的名称、地址和联系方式等；工业类期刊的针对性都比较强，读者都是非常有针对性的，对产品的宣传可以起到事半功倍的效果。

3. 工商企业名录

我国历年都出版各类全国性的工商企业名录，包括中国工商企业名录、中国大型企业名录、中国大中型企业名录、中国中小企业名录、中国新注册企业名录、中国国有企业名录、中国民营企业名录等，各行业、各地方、各部门也都编写了区域性、行业性的企业名录，还有各类国际买家目录等。推销人员可以根据自己的需要，查阅相关名录，从中查寻自己所需要的潜在客户。

4. 统计资料和各类年鉴

推销人员可以根据推销产品的行业、部门的性质，查阅相关的统计资料和各类年鉴。通过对统计资料的分析、比较、研究，找出新的客户。各类经济年鉴中有相当丰富的内容，推销人员可以在图书馆或网上数字图书馆中查找，从中可以得到许多重要的信息。

5. 产品目录、样本

各生产企业有自己编印的产品目录、产品样本，并向各界广为散发，以求推销产品。这些产品目录、产品样本都是潜在客户的极好来源。

6. 工商管理公告

国家工商行政管理局和各地方工商行政管理局，每年都要发布各种类型的公告，如商标注册公告、企业登记注册公告等。这些公告中都有有关企业情况的简要说明。推销人员可以在各工商行政管理部门查到这些公告。

7. 专业团体会员名册

我国有许多行业性的专业团体组织，如中国工商界联合会、各地方企业家协会等。这些团体组织一般都有会员名册，有的还编印了会员通信录。这些资料都可为推销人员提供一些有用的客户资料。

8. 企业公告和广告

许多企业常常在一些专业性的报纸或地方报纸上刊登企业广告。一些企业也常在报纸上刊登企业公告，内容有更改企业名称、企业搬迁、聘请某某为企业的法律顾问等。推销人员可以从这些广告和公告中寻找自己的潜在客户。

9. 电话簿、邮政编码等

我国各大中城市都有专用的公用电话簿，其中详细登载了本地区企事业单位的名称、地址、电话号码。因此，推销人员可以从电话簿中寻找客户，另外，我国出版的《中国邮政编码大全》（行业分卷）也是可以利用的资料。还有各种交通旅游图册亦可加以利用。

10. 行业目录

许多行业都有专门印制的行业目录，内容一般包括企业规模、经营地址、负责人的姓名、管理人员名单、年销售收入、生产线情况和主要联系人等，从行业目录里面很容易获得自己想要的客户资源。

11. 图书馆

图书馆内有大量的商业期刊、行业年鉴、区域经济蓝皮书等，从这些资料中也可以收集到大量的客户资源。

12. 行业协会

国内的各类行业基本都有自己的行业协会，比如律师协会、医药协会、工程协会等，可以通过协会获取会员的名单。也可以考虑加入一些有价值的协会，如果在协会表现好，很容易给其他会员留下深刻的印象，这些会员可能是最直接的客户资源。

13. 个人观察及社会交往

生活中处处用心，留意周围的环境。比如，路边的广告牌上的信息；每个写字楼的大厅都有企业的名牌，可以记下这些公司的名字，了解一下各个企业的情况，筛选出有价值的客户名单；邻居、社区组织、社会团队、同学会等，也会带来有用的客户资源。

14. 相关行业从业人员

相关行业的从业人员手中都拥有一定量的客户资源或者资料，熟悉客户的特性，可与他们搞好关系，分享资源，相互协助。

15. 商业展会

每年各个地方都会有展会或者交易会，如中国进出口商品交易会、中国国际高新技术成果交易会、中国国际中小企业博览会等，只要符合行业属性、产品属性的展会，销售人员都可以去光顾。在会展上可以搜集到大量的客户资料，甚至现场寻找客户，联络感情，沟通了解。

总之，利用查阅资料的方法寻找潜在客户，能够减少寻找工作的盲目性，节省寻找客户的时间和费用，同时，还可利用资料了解潜在客户，做好推销访问的准备。但是由于现代市场瞬息万变，各种资料的有效期限日渐缩短，加之有些资料难以得到，所以这种方法的使用具有一定的局限性。

小资料

　　福瑞德·鲍尔是英国著名的工业品推销人员，以善于推销机器设备而著称。为了便于推销工作，鲍尔总是勤做笔记。看到在商业杂志或有关报刊上登载的与自己工作有关的任何信息，他总是用笔记下来，如客户的名称、地址、电话号码、工厂规模等。在他的笔记本里记满了企业经理、采购人员、秘书、门卫等人的姓名及有关信息，这些在工作上都带给鲍尔很大的帮助。

二、广告开拓法

广告开拓法是指推销人员利用广告媒体来传播推销信息、寻找新客户的方法。通常这种方法采取如下形式：

1. 函询

企业为了促销产品，普遍采用广告与推销并举的推销策略。推销人员可以利用本企业开展的广告宣传活动来促进自己的推销工作，因为有些潜在客户受其广告宣传的启示，会主动函询产品价格和相关的资料。对于潜在客户的函询，推销人员应及时分析研究，对于那些需要强烈和自己有机会、有能力赢得的客户，先按其要求回信答复，函邮有关资料，介绍本企业的情况，有条件的还应做到亲自拜访。

2. 邮荐

邮荐俗称广告信件，是指推销人员以自己企业的名义，直接将产品的有关资料，寄给经过挑选的潜在客户。如果邮寄的资料设计合适，文辞得当，而选择的潜在客户又恰好有这方面的需求，那么邮荐也是推销的一种好方式。

3. 电话

电话如同邮荐一样，是打开客户大门不可缺少的一种手段。利用电话寻找客户比函询和邮荐的方式速度更快，更加节省时间；推销人员在拜访客户之前先打电话，就可以事先了解客户急需什么产品，以利于做成有针对性的推销。

广告开拓法，可以提高推销人员的影响力和对客户的说服力，节省大量推销费用。这种方法有助于改变推销的被动局面。但是这种方法也有一定的局限性，如有的产品不宜做广告，或者不允许做广告，而且广告媒介的选择也并不容易，一旦失误，会造成巨大浪费。

三、网络搜寻法

网络搜寻法，是指推销人员运用各种现代电子信息技术与互联网通信平台来搜寻潜在客户的一种方法。近年来，随着国际互联网技术的不断发展与完善，各种形式的电子商务与网络推销也开始逐步盛行起来，市场交易双方都在利用互联网搜寻客户、寻找产品。通过各种搜索引擎、大型商业门户网站、行业网站、官方网站、企业网站和其他各种形式的市场信息网站，推销人员可以搜寻到大量的潜在客户。

一般来说，国内常用的搜索引擎有百度、360搜索、搜狗等。如果目标客户群是中小企业，尤其是制造型企业，通过阿里巴巴这样的 B2B 平台更适合。

使用搜索引擎最常用的是关键词搜索法，关键词搜索的重点在于关键词的使用。关键词搜索的具体方法包括：①输入"产品名称＋其他客户类型"进行搜索；②输入"产品名称＋行业著名买家的公司简称或者全称"进行搜索；③输入目标客户群体所在"地域名称＋产品名称"进行搜索；④搜索行业知名 B2B、B2C 网站，然后输入关键词，使用站内搜索寻找潜在客户；⑤搜索目标客户群体的营业范围，找到企业联系人、联系方式等信息。

在互联网销售占据主导的当下，我们要更新一种观念，不能只考虑去哪里寻找客户，怎样才能找到客户，而要从客户的角度出发，考虑客户有需要时，会到哪里去寻求答案。

企业需要定位、选择好使用的核心平台（如天猫、京东等），充分利用各种新媒体（微博、微信、公众号等）主动出击，将客户引流到核心平台上。客户在互联网上找答案、解决自己问题的过程，也是企业提供信息吸引客户的过程。

运用好这种方法，推销人员可以搜寻到大量的潜在客户。这种现代化的搜寻方法，具有便捷、高效和经济的特点，但也存在一些缺点：①一些重要资料在网上是查不到的，包括目标准客户及其相关资料，以及一些官方资料、企业内部资料等。②由于网络是个虚拟的世界，推销人员在网上查找客户资料时，难免会遭到虚假情报的干扰，从而不能完全保证资料的真实性和可靠性。③网络搜寻要求推销人员具有很强的身份识别能力。因为互联网很容易掩盖客户的真实身份，这就需要推销人员具有很强的鉴别能力。

随着信息化技术的不断进步与完善，网络搜寻法无疑是一种简捷高效的寻找客户的方法。推销人员要善于观察学习和利用新知识、新方法、新科技。

四、市场咨询法

市场咨询法是指推销人员利用各种技术、信息咨询公司的有偿服务和国家行政管理部门的咨询服务，来寻找客户的方法。

随着市场经济的发展，我国的咨询业越来越兴旺，信息类服务公司大量涌现。有综合性咨询、产业性咨询、法律咨询、技术咨询、广告咨询、经营管理咨询等各类咨询公司。推销人员可以利用这些咨询公司来寻找客户，推销人员只花少量的信息费，就可得到所需的宝贵资料。

除了专业的咨询公司，推销人员还可以到有关的政府部门去咨询，例如，工商局、统计局、财政局、税务局、银行；大专院校、科研单位等。另外，还有很多全国性的经济会议，推销人员千万不可错过机会。如各种产品展销会、供货会、工商贸易洽谈会，以及各种含有商贸目的的节日，如旅游节、文化节等。凡与推销自己产品相关的经济活动，推销人员都应积极参加。在会议期间，推销人员可充分与各阶层人士进行接触，以便发现更多的潜在客户。

市场咨询法的优点是：方便迅速，费用低廉，信息可靠。专业咨询人员拥有丰富的经验和知识，能够提供较可靠的潜在客户名单，收取的咨询信息服务费比较低，与推销人员自己寻找客户所需费用相比较，可以节省推销费用。此外，市场咨询法可以节省推销人员的推销时间，使推销人员可以全力以赴地进行实际推销。

当然，市场咨询法也有不足：①推销人员处于被动地位。若推销人员过分依靠咨询人员提供的信息，容易丧失开拓精神，失掉许多推销机会。②咨询人员所提供的信息具有间接性。其中有的信息是第二手资料，会存在主观片面的因素，甚至出现一些与实际情况大相径庭的错误信息。③市场咨询法的适用范围有一定限制性。其主要适用于寻找某些选择性较强的潜在客户。④有许多重要的市场信息是咨询人员无法提供的。因此，对于这种方法，推销人员需酌情选用。

五、链式引荐法

链式引荐法，即通过老客户的介绍来寻找有可能购买该产品的其他客户的方法，又被称为无限连锁介绍法、连锁介绍法、客户引荐法等。这是寻找新客户的有效方法，是黄金客户开发法。

这种方法要求推销人员设法从自己的每一次推销洽谈中，了解其他更多的新客户的名单，为下一次推销拜访做准备。客户之间有着相似的购买动机，也有着一定的联系和影响，链式引荐法就是依据各客户之间的社会联系，通过客户之间的连锁介绍，来寻找新客户。客户和客户引荐人是未来推销的极佳来源。介绍内容一般为提供名单及简单情况。介绍方法有口头介绍、写信介绍、电话介绍、名片介绍等。推销人员在得到现有客户的推荐时，可以直接请客户写一封正式的推荐信，将推销人员的姓名、厂名、产品使用情况等简单写上，使被推销对象读后，对推销人员所推销的产品有一个概括性的认识和印象，这样，被推销的对象就容易成为你的新客户。因此，了解和掌握每一个客户的背景情况会随时给推销人员带来新的推销机会。运用这种方法，可以不断地向纵深发展，使自己的客户群越来越大。

（一）链式引荐法的操作

掌握链式引荐法的关键，是推销人员能否赢得现有客户的信赖。这种方法的具体操作如下：

1. 请现有客户介绍新客户

在请求现有客户介绍新客户之前，应先打电话给客户，了解他们对提供的产品或服务的评价。千万不要在给客户打电话时试图卖掉什么，只需真诚地询问他们对产品或服务的印象如何。对于满意的客户，可以请他们写信给你，并要求对方为你写引荐信。获得客户引荐信的最简单的做法是：

（1）电话中与客户商讨后，由你代替客户执笔，以节省对方的时间。

（2）得到允许后，由你代为执笔，可以电子邮件的形式发给客户，请他们修改确认，对不习惯使用电脑的客户，可以请他们确认后誊抄。

2. 请不满意的客户介绍

成功的推销人员懂得向不满意的客户提要求。这些不满意的客户常会发现你的产品或服务要远远优于他们正在使用的产品或服务，并且从长期来讲，你们的价格更优惠。即便如此，他们也不愿致电要求订购产品或预约服务。与这些人电话联系时需告诉他们，你非常惦念以前双方的良好关系，表达你重修旧好的真诚。这样，不满意的客户就有可能重新考虑其最初的决定。回头客正是因为确信了你的产品或服务的质量和价格才回头的，因而他们也是重要的举荐人。人们都希望别人能倾听他们的意见，客户也是如此，他们希望自己的观点得到重视。如果你对他们关心的问题表现出应有的礼貌和专业水平，下次他们必然会再来找你。

3. 请新客户推荐

不要忘了新客户也是你最重要的推荐人，一旦他们决定购买你的产品或服务，就会不断地向别人介绍和宣传你及你的产品或服务，以此来强调自己的决定是正确的。

欲从新客户那里获得被推举人，最好的时机是推销完成时。当你与客户讨论产品或服务的价格时，首先，大致描述你的产品或服务的价格和支付条件，再告诉他们，如果在几个月之后他们对所购买产品或服务非常满意，就请他们推荐几位愿意购买产品的新客户。

4. 请那些拒买你产品的客户介绍

拒绝过你的客户，心理上或多或少会有些愧疚，尤其是在你服务十分热情的时候。因此，你可以请他们告诉你，有哪些人可能需要你的产品，他们或许知道谁需要你所推销的产品。

5. 请你的竞争对手介绍

当某些与你们公司业务相近的大公司客户过多，无法全面顾及时，你就可以从中捡漏。竞争对手也是新客户的重要来源。与不具备你们的专业技术或无暇顾及某个项目的大公司签订这方面的合约也是可以的。

6. 请亲友介绍

别人认识的人，有很多你并不认识。每个人都会有一些关系网。通过家人和朋友的帮忙，你可以获得更多的新客户。

7. 请同事介绍

与你共事的同事，有时也可能给你推荐新客户。

8. 请你的推销商、供应商和专业咨询人士介绍

你所在机构提供服务的人中，有些人可能与你希望向其推销产品或服务的某家公司中的决策者有关系。跟你的会计师、律师、中介公司代理人联系，请求他们向你举荐客户。

9. 请其他推销商介绍

有时候，也可以从其他专业推销人员那里获得推荐的客户，或从他们那里获取你正在寻找的新客户的有关信息。同时，了解他们寻找什么样的新客户，并持续不断地给他们介绍客户、为他们创造条件的同时，你也可以从中受益。在建立了自己的大型社交关系网之后，就可以从其他专业推销人员或服务人员那里找到新客户。

10. 请陌生人介绍

在交际场合总会遇到一些未曾结识的陌生人，与其谈话的最后，都应转到讨论你们如何谋生这一主题上来。这些陌生人或许知道需要你的产品或服务的人。这时，要毫不犹豫地请他们帮你介绍客户。对此，许多人会觉得难以启齿，这就要求推销人员努力克服心理障碍，要大胆、有勇气，不要怕被拒绝，即使被拒绝了也没什么损失，就当是一次磨炼意志的训练。

（二）运用链式引荐法的注意事项

使用连锁介绍法时，应当注意以下事项：

1. 取得现有客户的信任

只有诚恳的推销态度与诚挚的服务精神，才能赢得现有客户的信服、敬重，以及工作上的配合，从而获得现有客户的帮助。

2. 使客户明白自己寻找新客户的要求

在请他人介绍新客户时，为了避免听到"我此时想不起任何人"之类的回答，必须将自己正寻找的新客户的类型尽可能准确、具体地告诉对方。这将有助于对方从其潜意识里找到符合要求的个人、企业或一些相关的情况。

3. 要评估新客户

对现有客户所推荐的新客户，推销人员应进行详细的评估和必要的推销准备，应尽可能多地从现有客户处了解新客户的情况。

4. 感谢现有客户

虽然不是所有的行业都有对引荐者付费或给予佣金的惯例，但在某些行业里，这一做法确实能极大地增加从引荐者处获得新客户的数量。付费额不必太大，但如果能找到新客户，必须及时向引荐者支付费用。另外，亲手书写的感谢信或便条也非常有意义。而且，不论被举荐的潜在客户是否转为准客户，对那些持续提供新客户的朋友，送一些表达感谢的小礼品，也有利于建立良好的关系。

（三）链式引荐法的优点和缺点

1. 链式引荐法的优点

（1）链式引荐法可以避免推销人员寻找客户的盲目性。因为现有客户推荐的新客户大多是他们较为熟悉的单位或个人，甚至有着共同的利益，所以提供的信息准确、内容详细。同时，由于各个客户之间的内在联系，使链式引荐法具有一定的客观依据，可以取得新客户的信任。一般人对不速之客存有戒心，若经过熟人介绍，情况则不同。

（2）链式引荐法既是寻找新客户的好办法，也是接近新客户的好办法。如果推销人员赢得了现有客户的真正信任，那就有可能赢得现有客户所推荐的新客户的信任。

（3）成功率比较高。现有客户所推荐的新客户与现有客户之间存在某种联系，根据这种内在的联系来寻找客户，会取得较高的成功率。

2. 链式引荐法的缺点

（1）事先难以制订完整的推销访问计划。通过现有客户寻找新客户，因推销人员不知道现有客户可能介绍哪些新客户，所以事先难以做出准备和安排。现有客户会时常在中途改变访问路线，从而打乱整个访问计划。

（2）推销人员常常处于被动地位。既然现有客户没有进行连锁介绍的义务，那么现有客户是否介绍新客户给推销人员，完全取决于现有客户。若推销人员向现有客户推销失利，或者现有客户出于某种考虑不愿意介绍新客户，推销人员便无可奈何。

六、向导协助法

所谓向导协助法，就是推销人员利用其他人员寻找客户的方法。在西方发达国家，用向导协助法寻找客户，是推销人员常常采用的方法。有些推销人员，特别是干练的推销人员，常花钱雇用某些人充当向导，自己则集中精力从事具体的推销访问工作。这些向导一般接触人多，交际机会多，获悉的信息也多，很有可能捕捉到推销人员所需要的客户。他们充当推销人员的耳目，一旦发现有价值的目标，立即作为向导，向推销人员报告，推销人员则对他们的服务付给一定的报酬。这些接受雇用，被委托来寻找客户的人士，一般被称为"推销助手"，所以，这种方法也叫"委托助手法"。

现代社会生活节奏快，信息来源广，市场纷繁复杂。因此，利用向导来发掘潜在客户、拓展市场，是一种行之有效的方法。例如，在全国各地与推销品有关的行业、部门、单位里招聘业余或兼职推销信息员，这些信息员可以是各类人员，如专家、学者、厂长、经理、工程技术人员、管理人员、采购人员，也可以是推销人员的亲朋好友等。这些人分布广泛，他们对本地区、本行业的情况以及当地的市场行情、消费需求都比较了解和熟悉，所以往往能找到大批的潜在客户，提供有价值的市场信息，为企业开拓新的市场。

向导协助法有其明显的优点。首先，寻找客户是一项既费时又费精力的工作，有时往往徒劳无益。因此，依靠助手去寻找客户，可以优化推销人员的时间配置，避免把宝贵的时间、精力浪费在低效的访问上。同时，利用向导协助法寻找客户，有利于克服盲目性，增强推销的针对性，及时把握推销机会，掌握推销工作的主动权。而且，随着向导、助手的增多，推销人员的推销地区也可以不断增大，在保持原有推销成果的基础上，进一步开拓新的区域和范围，扩大推销面，提高推销绩效。但是，推销人员在利用向导、助手上难度较大，如果选择不好，便有可能影响推销的顺利开展，增加推销费用，降低推销效益。

七、中心开花法

中心开花法就是推销人员在一个地区或社区有目的地选择一批有一定影响力的中心人物，取得这些中心人物的帮助，使他们发挥核心影响力。这些人既可以是推销人员的客户，也可以是愿意合作的朋友。这些中心人物往往可以利用自己的地位去对拥有购买决策权的人施加影响，促使他们购买产品。这种方法实际上也是一种链式引荐法。

在运用中心开花法时，推销人员应注意以下两方面的问题：

首先，中心人物的选择。推销人员选择的中心人物必须具备这样一些条件：在一定的范围内有较大的影响力和带动性；有着广泛的联系和较强的交际能力；信息灵通；与企业或推销人员本人有密切的联系；等等。有两类人员是推销人员应作为重点选择的：一类是银行等金融机构的管理人员，这些人交际广，对企业界的发展状况了解得比较透彻，对投资行情也比较了解；另一类是某一行业的经理及其他高级管理人员，他们通常是该行业行情的最佳消息来源。推销人员特别应注意与那些既了解情况又喜欢畅谈的经理交朋友。

其次，推销人员必须与中心人物保持一种融洽的关系。推销人员除了经常征询这些人对企业、产品和各种业务活动的意见，还应该随时联络感情，给他们的服务予以一定的报答。报答的方式有：赠送节日礼物、周年纪念贺卡等，定期表示谢意。做这些工作有利于推销人员与中心人物融洽关系，这是计划成功的基础。

八、竞争替代法

竞争替代法是指推销人员在寻找客户的过程中，分析竞争对手的推销渠道，了解其产品的购买对象是哪些客户，然后努力把竞争对手的客户拉过来。这种以自己取代竞争对手与其客户业务关系的方法又被形象地比喻为"第三者"插足法。在市场竞争中，谁能及时满足客户不断变化的需求，谁就有资格与客户结成新的关系。

采用竞争替代法的前提是企业必须从各方面适应市场需求，强化自身的竞争实力。同时，推销人员必须细致地研究对手的产品性能、质量、价格、服务，以及客户的需求特点、购买习惯、同竞争对手的合作程度等。只有在自己的产品和推销条件优于竞争对手的条件下，才能有的放矢，运用适当的推销方法将对方的客户拉过来，取得成功。

九、个人观察法

个人观察法是依据推销人员个人的职业素质和观察能力，通过察言观色，运用逻辑判断和推理来确定潜在客户。这是一种古老且基本的方法。

利用个人观察法寻找潜在客户，关键在于培养推销人员的职业素质。潜在的客户无处不在，有心的推销人员随时随地都可找到自己的客户。例如，汽车推销人员整天开着新汽车在住宅区街道上转来转去，寻找旧汽车。当他发现一辆旧汽车时，就通过电话和该汽车的主人交谈，把旧汽车的主人看作一位潜在客户。在利用个人观察法寻找客户时，推销人员要积极主动，既要用眼，又要用耳，更要用心。在观察的同时，运用逻辑进行推理。

使用个人观察法时，首先，推销人员要善于用眼睛看，即用眼睛去观察一切可能捕捉到的信息。互联网、各类出版物等都是提供目标客户信息的很好的来源。其次，推销人员还要善于用耳朵听，从广播、别人的谈话里发现信息。有时一位朋友无意中谈起的一条信息，对你寻找客户可能起到很好的作用。

个人观察法的优点：可以使推销人员直接面对现实，面对市场，排除一些中间干扰；可以使推销人员扩大视野，跳出原有推销区域，发现新客户，创造新的推销业绩；可以培养推销人员的观察能力，积累推销经验，提高推销能力。

个人观察法的缺点：推销仅凭推销人员的直觉、视觉和经验进行观察和判断，受推销人员个人素质和能力的影响；由于事先完全不了解客户对象，失败率比较高。

不同推销人员的个人观察能力不同，使用的方法也有所不同。这里所讲的个人观察法只能作为一种提示，而推销人员要培养自己的观察能力，确定适合自己使用的观察法。只要推销人员时刻留心，细心观察，就会发现到处都有客户。

十、地毯式寻找法

地毯式寻找法也称全户走访法、普遍寻找法。其要点是，在推销人员特定的市场区域范围内，针对特定的群体，用上门访问、信函、电子邮件或者电话等方式对该范围内的组织、家庭或者个人无遗漏地进行寻找与确认。例如，将某市某个居民新村的所有家庭作为普遍寻找对象，将上海地区所有的宾馆、饭店作为地毯式寻找对象等。

地毯式寻找法的优势：①地毯式的铺开不会遗漏任何有价值的客户；②接触面广、信息量大，各种意见和需求、客户反应都可能收集到；③可以使更多的人了解自己所推销的产品。

当然，其缺点也很明显：①成本高，费时，费力；②容易使客户产生抵触情绪。由于客户没有思想和心理上的准备，他们会感觉突然，无所适从，进而对推销人员产生冷漠感和戒心，这会加重推销人员的精神负担和心理压力，从而影响推销工作的顺畅进行。

因此，如果采用地毯式寻找法会对客户的工作、生活造成不良干扰，一定要谨慎进行。

地毯式寻找法可以采用推销人员亲自上门访问、发送邮件、打电话，以及与其他促销活动结合进行的方式展开。

采用地毯式寻找法的关键是选择好一个目标地区，确定一个走访范围。然后在这一特定区域，逐一走访，从中找到潜在客户。在特定范围内的全面出击，既能通过对实际情况的了解，寻找到客户，又能在保证全面的同时有相当程度的选择，减少盲目性。为了提高效率，采用这种方法时应注意以下几个问题：

（1）减少盲目性。推销人员在上门访问前，应根据自己所推销产品的特性与使用范围等因素，进行必要的可行性研究，从而确定比较适当的行业范围或地区范围。

（2）提高有效性。要在总结以前经验的基础上，多设计几种谈话的方案与策略，尤其是斟酌第一句话的说法与第一个动作的表现方法，提高上门访问的有效性。

（3）从熟人开始。若要成为一名成功的推销人员，并非一定从最大的客户开始访问，而应该从认识的人开始，即彼此之间感觉"温暖"与轻松的人，一般不会拒绝你，尤其是当推销的产品对他们有利时，他们会更加投入。

（4）锁定1米。有经验的推销人员会自动将距离他们约1米范围内的人视为潜在客户。

对自己周围认识或不认识的人进行推销，很可能会发现一大批的潜在客户。当然，推销人员一定要做有心人，电梯、走廊、社区便利店、发廊、俱乐部等地都是寻找潜在客户的合适场所。当推销人员对某一地区内的推销对象不能确定或无法确定的情况下，这种方法不失为一种有效的方法。通过普遍地、逐一地访问特定地区内的所有住户和单位，再从中最后确定自己的客户。

十一、停购客户启动法

在从事推销工作的过程中，推销人员不断寻找到新的推销对象，结识新的客户，同时也在不断失去一些老朋友、老客户。那些原本由你提供产品的客户不再到你这里买东西，这就是停购客户。在寻找推销对象时，对停购客户必须予以充分重视。因为，他们往往有相当的购买潜力，由于你们曾经有过交往，除去不可能恢复关系的个别客户外，与他们打交道比与新客户要容易得多。停购客户启动法，就是在寻找潜在客户时要搞清哪些客户已经停购，分析停购原因，把具有重新购买可能的客户列入潜在客户名单，通过启动措施，使他们成为目标客户。使用这种方法，一是要及时发现停购客户，二是要主动拜访，弄清原因。如果是对你的服务不满意，你就该做出改进服务的保证；如果双方有误解，就该想办法消除误解。这不但可以启动停购的客户重新购买，还可以防止竞争对手乘虚而入。

十二、即时通信寻找法

即时通信（Instant Messaging，IM）是一种透过网络进行实时通信的系统，允许两人或多人使用网络即时地传递文字消息、文件、语音与视频交流。通常以网站、计算机软件或移动应用程序的方式提供服务。典型的代表有：微信、QQ、百度 Hi、Skype、Gtalk、新浪UC 等。即时通信软件具有多任务作业、异步性、长短沟通、介质转换迅速、交互性、不受时空限制、可再现性等特质。

由于拥有众多的用户群体，即时通信工具已经成为主要的在线广告媒体之一，并且相对于一般基于网页发布的网络广告有其独到的优势，如便于实现用户定位、可以同时向大量在线用户传递信息等。例如，国内用户所熟知的在线聊天工具 QQ 就有多种广告形式，最有特色的系统广播功能就比一般网站上的横幅广告、文字广告等更能吸引用户注意。

十三、商业活动寻找法

企业的公共关系活动、市场调研活动、促销活动、技术支持和售后服务活动等，一般都会直接接触客户，在这个过程中可以对客户进行观察、了解，并深入地沟通，是一个寻找客户的好方法。

十四、电话或短信寻找法

电话或短信寻找法是指推销人员在掌握了潜在客户的名称和电话号码后，用打电话或发短信的方式与潜在客户联系而寻找准客户的方法。电话或短信寻找法能突破时间与空间的限制，是最经济、有效率的接触客户的方法，推销人员如果能运用好这一方法，就能大大增加与潜在客户接触的机会。

第三节 客户评估

一、客户的识别

由于目标市场客户的个性特征各不相同，不同客户与企业建立并发展客户关系的倾向也不同，他们对企业的重要性是不同的，因此，必须对潜在客户进行识别。客户识别就是在确定好目标市场的情况下，通过一系列技术手段，根据大量客户的特征、购买记录等数据，从目标市场的客户群体中识别出对企业有意义的客户，了解客户的需求是什么，哪类客户最有价值等，并把这些客户作为企业客户关系管理的实施对象，从而为企业成功实施客户关系管理（Customer Relationship Management，CRM）提供保障。

通常情况下，客户识别有两层的含义：一是它定义了客户范围，这里的客户不仅指产品的最终用户，还包括企业供应链上的任何一个环节，如供应商、分销商、经营商、批发商和代理商、内部客户等成员；二是它明确了客户的类别和属性，不同客户对企业利润贡献差异很大，满意度和流失性都不同。那么，在企业资源有限的情况下，如何把有限的资源分配在对企业贡献较大以及非常具有潜力的客户群体上，放弃或部分放弃那些对企业利润没有贡献，甚至使企业亏损、浪费企业资源的客户，将成为企业管理者不得不考虑的问题。

二、客户评估的法则

要从销售线索中找出潜力最大的客户，必须做好客户评估工作。进行客户评估要遵循一定的法则，常用的评估法则有二八法则、STP 法则、MAN 法则。

（一）二八法则

80/20 法则，是 20 世纪初意大利统计学家、经济学家维尔弗雷多·帕累托发现的，该法则的中心意思是：在任何大系统中，约 80% 的结果是由该系统中约 20% 的变量产生的。这个原理经过多年的演化，已变成当今管理学界所熟知的二八法则——80% 的公司利润来自

20% 的重要客户，其余 20% 的利润则来自 80% 的普通客户。

二八法则指出，在原因和结果、投入和产出，以及努力和报酬之间，本来就是不平衡的。典型的模式是：80% 的产出，来自于 20% 的投入；80% 的结果，归结于 20% 的起因；80% 的成绩，归功于 20% 的努力。

在推销活动中，这一法则表现为，20% 的客户涵盖了约 80% 的营业额；或者是，20% 的客户带来 80% 的利润。这一法则引导推销人员在寻找客户的过程中锁定关键客户，找对努力的方向。

作为一名推销人员，必须成为一个能区分轻重缓急、合理使用资源的人。换句话说，必须充分利用自己的时间资源，客户管理与时间管理和产品管理一样重要。

（二）STP 法则

STP 是市场细分（Market Segmentation）、目标市场（Target Market）和市场定位（Market Positioning）的英文缩写。企业根据消费者之间需求的差异性，把一个整体市场划分为若干个消费者群体。因为客户很多，需要有效地细分，所以 STP 的目的是帮助企业寻找自己的优势。在市场细分的基础上，对细分市场进行评估，根据企业设定的战略计划，选定可行的市场，即选择目标市场。企业根据目标市场上同类产品的竞争状况，针对客户对该类产品某些特征或属性的重视程度，为本企业产品塑造强有力的、与众不同的鲜明个性，并将其形象生动地传递给客户，取得客户的认同。这是市场营销学的一个重要原理。

在寻找客户的过程中，同样需要运用这一原理，只有对市场进行适当细分之后，才能找出自己的目标客户。

（三）MAN 法则

作为推销人员，可以从以下三个方面判断某个人或组织是否为潜在客户：一是该个人或组织是否有购买能力；二是该个人或组织是否有购买决策权；三是该个人或组织是否有购买需求。

这个认定的过程也就是评估潜在客户的 MAN 法则。MAN 法则由资金（Money）、决策权（Authority）和需要（Need）等构成。

1. 资金

资金，即推销对象是否有钱，是否具有消费此产品的能力。尤其是高档产品，如房地产、汽车、大型电器等。推销人员在推销前主要要掌握对方的购买力情况。如果是在朋友间推销，假如对方没有购买能力，贸然推销，就可能引起对方的不满，以为你在讽刺他。所以，推销人员要事先了解对方的经济实力，再开展工作。

2. 决策权

决策权，即推销对象是否有购买决定权。如果对方没有购买决策权，那么任何推销努力都是没有意义的。在成功的推销过程中，能否准确掌握真正的购买决策人是推销成功的关键。

一个家庭中，究竟谁是购买决策者，取决于家庭类型。一般来说，根据家庭权威中心的不同，可把家庭分为四种类型，即独立自主型、丈夫支配型、妻子支配型和共同协商型。一般来讲，出面商谈的多半是决策者，但也有例外。必须注意决策者周围的每一个人可能对他产生的影响。在一个家庭或公司里，千万不可以看不起人，要对每个人都客气礼貌。另外，还需要注意决策者周围的人，如秘书、助理、司机等。

3. 需要

需要是指存在于人们内心的、对某种目标的渴求或欲望。它由内在的或外在的、精神的或物质的刺激所引发。在这里也有需求的意思。如果对方不需要这种商品，即便有钱有权，也不会购买该产品。客户需求具有层次性、复杂性、无限性、多样性和动态性等特点，它能够反复刺激每一次的购买决策，而且具有接收信息、重新组织客户需要结构和修正下一次购买决策的功能。

需要的弹性很大，一般而言，需求是可以创造的。普通的推销人员是去适应需求，而专业的推销人员是创造需求。

即时思考：运用二八法则评估潜在客户有什么意义？

小　结

寻找客户是整个推销过程的第一个环节，是维护和提高营业额的需要，是保证基本客户队伍稳定的需要，是提高推销成功率的保证；潜在客户来源分为内部来源和外部来源；寻找客户的过程，也就是收集客户资料，并进行详细分析的过程，通过分析对客户进行选择。如果不经选择，盲目地去推销，只能浪费时间和精力。

对于推销人员如何运用有效的方法寻找到自己的目标客户，本章介绍了资料查询法、广告开拓法、网络搜寻法、市场咨询法、链式引荐法、向导协助法、中心开花法、竞争替代法、个人观察法、地毯式寻找法、停购客户启动法、即时通信寻找法、商业活动寻找法、电话或短信寻找法十四种寻找客户的方法。在实际工作中，应注意各种方法的配合使用。

客户识别对企业具有重要意义。要从销售线索中找出潜力最大的客户，必须做好客户评估工作。进行客户评估要遵循一定的法则，常用的评估法则有：二八法则、STP 法则、MAN 法则。

案　例

一次，有人问一位出色的推销人员，他的成功之道是什么？他回答说："很简单！我把时间用在物色最有希望的可能买主身上，在希望不大的人身上，从不浪费光阴。"这位推销人员回答了任何一位推销人员都必然遇到的问题，那就是，我把东西卖给谁？这个问题实际上就是寻找选择推销对象的问题。它直接关系到推销人员的推销能否成功，以及其推销绩效的好坏。我们不妨看下面的推销实例：

有老王和老赵两位推销人员，他们同时接受了多功能语音器的推销任务，这是一种带有录放音功能的喊话器。人对着话筒喊话，语音器在扩音的同时，可以把声音录下来，重复播放。老王接受任务后，带上产品走街串巷，逢门就进，见人就介绍，引起了不少人的好奇和围观，但看的人多，买的人少，推销数量极微。老赵接受任务后，采取了与老王不同的做法，他推销的对象，一是工商行政管理部门，尤其是各个市场管理所；二是集贸市场的小商贩；三是公共汽车的司乘人员。结果，他在短期内就取得了很高的推销业绩。老王和老赵在推销时同样卖力气，对产品的宣传介绍同样头头是道，引人入胜，可效果大不一样。老王与老赵推销活动对比如表4-1所示。

表4-1　老王与老赵推销活动对比

推销人员	老赵	老王
推销次数	200	200
订货概率	70%	30%
订货次数	140	60
平均金额/万元	5	4
总推销额/万元	700	240

由表4-1可知，老王和老赵的推销次数一样多，可推销额大不相同。对此，老赵的解释是："我主要是在拜访前，分析客户的资料，对那些购买可能性大的客户进行重点拜访，并且根据其特点详细制订访问计划，这样把握性就大多了。"可见，老赵的成功之处，就在于重视了对推销对象的选择。

请思考：为什么老王和老赵一样辛苦，推销的业绩却相差悬殊呢？

✥ 实训演练

你可以一个人，也可以2~3人组成一个小组，到附近的家居卖场、大型超市等场所，选择一个区域，确定一种产品，观察走近你所在区域的顾客，从顾客的穿着、服饰、气质、眼光视线等方面大体判断他（她）的收入状况、职业、消费类型、个性等，设计一个开场白，主动与顾客打招呼，在与顾客的接触、交谈中进一步了解顾客的状况及顾客需求，判断顾客有无购买意愿。做一个表格，将顾客的性别、年龄，以及你所判断的顾客的收入、家庭状况、对你选定商品的需求状况、有无购买意愿等填入表格中。至少完成3~5人的交谈。

第五章　推销接近

引　言

经过寻找客户阶段，推销人员基本确定了潜在客户的范围，下一步就要正面接触客户了，我们把这个阶段称为"推销接近"。无数的实践证明：推销成功与否，往往取决于洽谈的头几分钟，也就是初次接触目标客户阶段。这个阶段是推销洽谈的前奏，是整个推销过程的一个重要环节。为此，推销人员必须做好相关工作，正确运用接近的艺术，使整个推销工作有一个精彩的开场，以便于后续的各个推销环节在此基础上顺利地进行下去。

学习目标

1. 了解推销接近的目的与原则；
2. 了解与客户建立和保持良好关系的重要性与原则；
3. 掌握接近准备工作的内容；
4. 掌握约见的内容和方式；
5. 掌握接近的方法与策略。

第一节　接近潜在客户

推销接近是推销人员为了同目标客户进行推销洽谈，而对其进行的初步接触或再次访问。推销人员确定推销对象后，要利用各种资料与方法分析客户的情况，准备接触客户。这是正式开展推销洽谈的前奏。在销售市场上，良好的人际关系的培养和建立至关重要。特别是 B2B 市场，许多产品或服务价值高、技术复杂、客户规模大，往往多人参与决策的制定过程，所以，需要推销人员具有较高的沟通技巧和建立关系的能力。与潜在客户的接近，就是与客户建立关系的第一步。

一、推销接近的目的与原则

推销接近是整个推销过程的一个重要环节。推销接近一般包括接近客户准备、约见客户与正式接近客户三个环节。

（一）推销接近的目的

推销接近的最终目的是说服客户，并与之建立关系，最终促成交易。具体表现在如下三方面：

1. 引起客户的注意

只有当目标客户集中注意力听推销人员的推销说明时，才有成交的可能性。在现实经济生活中，一般被访问的客户都有比较重要的职责，尤其是工业产品的推销对象，经常处于各种事务的包围中，精力难以集中在推销人员身上。因此，推销人员接近客户，最关键的一步就是引起客户对自己的注意，并争取到客户未经分散的注意力。

2. 引起客户的兴趣

注意力能否持久、稳定地保持下去，取决于推销人员能否引起客户的兴趣。由于人的兴趣千差万别且不断变化，推销人员在进行接近准备时，应对客户的兴趣和爱好有所了解，只有这样，才能在接近中有针对性地采用一些方法来引起客户注意，使其产生兴趣。

接近客户时，为了避免客户已被激发出来的兴趣再消失，必须善于创造条件，提供充足的理由促使客户继续听你的建议，并让他知道他将获得哪些利益，你能为他解决什么问题，以及你能帮他获得多少收益。这样才能保持客户的兴趣，为洽谈打好基础。

3. 引导客户转入洽谈、达成交易

接近与洽谈并没有明确的界限，它们只是同一过程的不同阶段。接近的所有工作内容都是为了给洽谈顺利进行扫清障碍。为此，推销人员就要把接近轻松地转入洽谈，这种转换应是非常自然的，让客户基本上无察觉。推销人员应特别注意这种转换，尤其是在争取注意和引起兴趣发生脱节，或者出现紧张与胁迫气氛时。

（二）推销接近的原则

1. 勇于面对困难原则

推销过程就是不断被拒绝的过程，接近阶段可能会遇到各种困难，所以销售人员必须有充足的心理准备，充分理解客户，正视失败，正确看待目标客户的拒绝，坦然面对困难，善于调整自己，正确发挥自己的能力和水平。

2. 充分准备原则

知己知彼，百战不殆。销售人员在接近客户时，必须对客户进行充分的了解和分析，以不同的方式接近不同的客户群体。面对不相同的客户，销售人员要有不同的接近策略，努力适应客户。

3. 把握节奏、控制时间原则

销售人员必须善于控制接近时间，不失时机地顺利转入洽谈。

二、接近前的准备工作

"接近客户的前30秒，决定了推销的成败。"这是成功推销人士共同的体验。接近客户前的准备，简称接近准备，是指推销人员在接近某一特定客户之前所进行的工作，是进一步了解、掌握、分析客户情况而进行的预先准备的过程。接近准备的基本内容包括推销人员心理的准备、客户资料的准备、企业及产品知识的准备、推销辅助器材的准备、确定拜访计划等。接近客户前要重点做好以下准备工作。

1. 明确主题

每次接近客户都有不同的主题，或是想和未曾碰过面的潜在客户约时间见面，或是想约客户参观演示，等等。需要注意的是，主题一旦明确，就一定要非常清晰、突出，在和客户接近时，始终贯彻这一主题，既不要有变更，也不要随意拓展，否则可能会冲淡主题，从而影响接近目标的达成。

2. 做好心理准备

在接近阶段可能会遇到各种困难。因此，在接近客户之前，推销人员一定要做好心理准备，既要做最好的打算，也要做最坏的打算。胜不骄，败不馁，成功不得意忘形，失败也能泰然处之。推销人员在推销过程中要建立信心，做好推销准备工作，充分理解客户，坦然面对困难，善于调整自己，正确发挥自己的能力和水平。

3. 选择接近客户的方式

接近客户的方式主要有：打电话，发电子邮件、微信、QQ、短信、信函，直接拜访等。主题与选择接近客户的方式有很大的关联。例如，你的主题是约客户见面，电话、微信和QQ都是很好的接近客户的工具。但要留意的是，最好不要将主题扩散到推销产品的特性或讨论产品的价格上，因为，若是推销的产品比较复杂，则不适合用这些方式切入上述的主题。

4. 掌握必要的信息

对于客户来说，推销人员本身就是公司，因此在与客户见面之前，推销人员必须充分了解与推销有关的情况和资料。为此，必须掌握客户的情况，熟悉公司和所推销产品的情况以及竞争对手的状况。所有这些都必须依靠信息的收集来解决，而这其中的重点是对客户情况的掌握。营销专家乔尔·拉斐尔森说："在上门推销前，你要尽可能弄清客户的情况，你在这类调查中所花去的每一个小时，将会给客户留下深刻的印象，从而有助于你的成功。"

接近前的准备工作中收集哪些信息，取决于推销对象。推销人员的推销对象包括个体客户和团体客户。二者特点不同，对应的准备工作重点亦有所不同。

三、个体客户的接近准备

接近个体客户前，应注意收集以下资料：

1. 姓名

在接近客户之前，必须再次确认客户的姓名，包括读音和写法。姓名写错、读错都是失礼的，必然会引起客户的不满。许多姓氏的读音与日常读音不同，不注意便会造成尴尬。

2. 年龄

不同年龄段的客户的消费需求、心理和性格特征常有较大差异。他们的文化背景、兴趣点、价值观等都是不同的。如老年人希望得到应有的尊重，身居高位的年轻人则希望别人承认自己的成就等。推销人员应该学习一点心理学，研究分析不同年龄段人群的心理和性格特征，从而使自己的接近准备工作更有针对性。

3. 教育水平

教育水平是决定谈话内容、方式、话题的重要依据。若推销人员与目标客户所受教育相同，便容易拉近与客户之间的距离。

4. 居住地点

居住地点有可能反映出目标客户的社会地位、所属群体，甚至家世。

5. 家庭状况

家庭状况包括家庭成员组成、家庭收入水平等。在家庭生命周期的不同阶段，人们的消费重点有所不同。在一个家庭中，不同成员在购物决策中的地位和作用也常有区别，对此应予以足够的注意。

6. 职业

不同的职业，体现了不同的身份、地位和不同的购买意向，在接近准备阶段，推销人员应予以调查。

7. 个人特点

个人特点包括性格、习惯、兴趣和爱好、客户的沟通风格等。如果推销人员了解将要接近的目标客户的个人特点，应予以主动适应。如某推销人员知道一位目标客户喜欢运动，他便设法让对方知道他也喜欢运动。

8. 拜访对象的作息习惯

每一个人都有自己的生活习惯，不希望别人打乱。如果能挑选目标客户的空闲时间拜访，推销人员就易于受到友善的接待。

9. 是否需要所推销的产品

如果需要，推销人员要了解客户购买的主要动机、需求特点以及目标客户能否正确使用它；如果不需要，那么这个人就不是目标客户。

10. 购买能力

推销人员应针对不同层次购买力的客户推销不同的产品。

11. 购买决定权

推销人员要搞清楚对方在消费者决策中处于何种地位，有没有购买决定权？是否仅仅是目标客户的前站代表？

四、团体客户的接近准备

团体客户是指除个体准客户之外的所有准客户，包括各种企事业单位及社团组织。团体客户的购买人往往不具有购买决策权而仅为团体代理人。对团体客户的接近准备也就是对团体代理人的接近准备。由于团体客户较之个体客户有较大的区别，购买行为也有明显差异，在接近准备中，推销人员除了考虑个体客户的准备内容，还应注意收集以下资料：

1. 组织名称、组织性质、组织规模和所在地

组织名称包括全称和简称；组织性质是指组织所属的性质是公司法人还是行政法人、事业法人，是营利性组织还是非营利性组织；组织规模指其资本、员工、生产能力、技术水平等；所在地不仅包括组织总部及其分支机构所在地，还包括网站网址、邮政编码，通信地址、电话号码、传真号码、E - mail 及交通运输状况等。

2. 组织机构设置与人事

组织机构设置与人事包括机构的设置、组织所有人、决策机构成员、各自职责权限决策人、购买决策人及对购买行为具重大影响的人员等。

3. 经营状况

经营状况包括该组织的生产规模、经营管理水平与能力、技术装备水平、市场状况等方面的情况。

4. 购买情况

购买情况包括购买的方式、购买的时间、订购次数、订购批量、订货要求、满意程度以及购买的可能性、难度、竞争态势、互惠性和收益性等情况。

除上述内容外，接近准备还须根据要接近的不同客户所关注的重点内容来收集资料。不同团体客户所关注的重点不同，有的将重点放在经济效用上，有的将重点放在价格合理上，有的则放在服务周到上。推销人员必须对收集到的客户资料精心规划，选择恰当有效的接近方式。

此外，在推销接近准备中不能忽略应有的精神和物质准备。前者的关键在于要时刻保持一种旺盛的精神和不灰心、不气馁的心理状态，以应付推销过程中可能出现的种种障碍。后者则主要指推销人员的仪表、物品准备。推销人员应以风度翩翩、笑容满面、信心十足、干净利落的形象出现在客户面前，各种洽谈所需物品，如票据、合同、订货单等应随身必备，做好随时成交的准备，以免贻误时机。

五、信息来源

当决定了应该去获取何种信息后，下一个问题就是怎样去寻找这种信息。关于目标客户的信息来源是十分广泛的，关键是怎样将它们找出来。一个成熟的推销人员只要细心观察，做到这一点并不困难。关于目标客户信息的来源主要有：

1. 同行

要善于与同行也就是其他推销人员建立友好关系，推销人员之间的信息交换对双方都有好处。尤其是在非竞争性的推销人员之间交流，既能做到互相帮助，又不破坏各自的机会和利益。向工厂采购员推销燃料油的推销人员完全可以放心地将知道的情况提示给办公用品推销人员。有时甚至相互竞争的推销人员也可交流珍贵的信息，尤其是他们在同一个客户面前碰壁后，可能会就此敞开心扉、交流信息。有时，推销人员也可诱导与之竞争的推销人员一起畅谈某个客户，他可能会无意中透露一些可以利用的信息。

2. 客户

目标客户本身与其他信息源一样，具有同等重要的意义。许多关键性的信息只有目标客户自己知道，因而只能他自己提供。为此绝不能怯于向目标客户征询有用的信息。只有既能掌握秘密又能保守秘密的推销人员才能知晓更多有价值的信息。只有充分收集这种信息，才能把握接近、洽谈的主动权。

另外，从已有客户那里还可以了解到许多值得推销人员前去拜访的目标客户。刚刚购买了某种产品的客户通常总喜欢让其他人也去购买这种产品，以此证明自己选择的正确性。他们觉得这样做是在帮朋友的忙，因而，此类客户常常会介绍推销人员去拜访他们所熟悉的人。客户的现身说法最具说服力，能消除待购客户的种种疑虑，因而通过此途径获得的信息大多较为可靠，且易成交。此外，一些与各类团体组织交往甚密的客户也是应该充分利用的信息源。

3. 专兼职信息员

企业对营销信息的收集有两条主要途径：一是以计算机为手段的市场营销信息系统，对各类来源的信息进行贮存、检索和处理；二是通过遍布各地的专兼职信息员网络，收集第一手信息，他们提供的线索一般详细、真实、及时。

4. 电话、互联网和社交媒体

电话、互联网和社交媒体是非常重要的信息渠道，这类渠道成本低、效果好。推销人员应当充分利用电话、互联网和社交媒体等渠道了解客户信息和需求。如打电话、运用搜索引擎（百度）、通过其他各类网站等，搜集自己所需要的信息。

5. 报纸和杂志

推销人员要充分利用报纸和杂志这一信息来源。阅读各地报纸，往往可以发现大量的信息，包括目标客户的广告、所在地理位置及当地人的习俗，这对于首次拜访目标客户，并与之建立友好关系十分有益。

工业产品推销人员经常阅读技术杂志和商业刊物上的文章，能找到与目标客户的共同兴趣。绝大部分优秀推销人员都是工商出版物的热心读者。

6. 名人录

市面上有许许多多的名人录，可提供各行各业有一定地位和建树的人的资料。这种名人录按领域划分，可以分为商业、工业、教育、科学等各种名人录。如果目标客户有资格被列入这些名人录中的任何一册，推销人员就可到任何一家规模较大的图书馆查到他们的个人信息。工业部门经常出版花名册和人物小传，介绍所属公司的高级经管人员或经理，只要留意，这也是重要的信息来源。另外，同学录、企业目录、俱乐部会员名单、电话簿和邮政编码簿也可提供大量可以利用的信息。

7. 实地观察

推销人员在目标客户的活动地点通过观察常能了解许多情况。

拜访零售商的推销人员首先应格外注意目标客户货架上陈列商品的商标，商标可充分显示出目标客户的经营思想和经营策略；其次是观察货架的摆设、商品配置和店铺的气氛，从而判断目标客户的经营风格；最后推销人员要观察下属对老板的态度与老板对推销人员的态度，这样就可以看出老板的为人。

工业产品推销人员应注意对目标客户工作环境的观察。如判断一个大企业的经理是否真正拥有权力，可观察他办公室的摆设和风格，看写字台上的东西和办公室的布置就能洞察其工作习惯；看他使用的办公设备就可以了解其管理现代化的意识和水平。此外，通过观察还能了解目标客户的个人背景，如是否吸烟、个人兴趣、毕业于哪个学校等。一名优秀的推销人员应善于将所观察到的各种迹象综合到一起，从而全面勾画出目标客户的真实形象。

六、准备必备的推销材料

在接近客户之前，要备齐所有能促进推销的资料。这类资料主要包括：①产品目录、样品、图片、视频资料、手提电脑等，携带这些资料有利于向客户直接展示产品的实物形态，从而吸引客户的注意，使客户直观感受产品。②各种宣传资料。包括广告、说明书、价格表、检验报告、鉴定证书等，这些资料可以增强推销的说服力。③各种票据、印章、订货单、合同文本等，方便在达成交易时随时办理有关订货手续。④其他辅助物品。包括名片、笔、记事本、计算器、身份证明、小梳子等。

七、设计访问计划

在接近客户前，推销人员应根据不同的客户设计规划好推销访问计划。访问计划是指推销人员设计、规划并准备向客户做推销介绍时所要阐述的主题、观点以及陈述的程序。也就是与客户见面后，该说些什么？怎样说？怎样达到拜访目的？等等。访问计划主要包括拜访对象的姓名、业务范围、拜访时间、场所、谈话主题、访问目的、开场白、应该强调的产品的优点和特点、样品展示、可能的反对意见、收尾艺术等内容。不能在没有准备的情况下走进潜在客户的办公室或家里。实践表明，推销访问越有计划，准备越充分，促成交易的机会就越大。

即时思考：都说同行是冤家，相互竞争的推销人员之间不能交朋友，你同意这种说法吗？

第二节　约见客户

所谓约见客户，是指推销人员事先征得客户同意见面的过程。约见是整个推销过程中的一个重要环节，它既是接近准备工作的延续，又是接近过程的开始。现代推销活动中，常见的约见方式主要有：电话约见、网络约见、信函（电子邮件）约见、委托约见、广告约见等。

一、约见内容

通常，约见的主要内容就是"4W"，即确定约见对象（Who），明确约见事由（Why），安排约见时间（When），选择约见地点（Where）。

1. 确定约见对象

首先要明确约见的人是谁。约见对象必须是对购买行为具有决策权或者对购买决策有重大影响的关键人物。如果是个人客户，约见对象比较容易确定。对于组织客户，如果是小型企业，可以直接约见企业的总负责人；如果是大中型企业，这类组织机构健全、分工明确，约见对象应该是合适的部门负责人。当无法直接约见负责人时，也可以约见直接负责购买事宜的办事人员。

2. 明确约见事由

显而易见，约见的最终事由是为了推销产品，但由于推销活动进展情况不同以及其他因素的影响，每一次约见的具体目的必然有所不同。通常约见目的有以下几种：

（1）结识客户。第一次与目标客户见面时的主要目的是彼此认识，留下良好的印象，为以后的合作打下坚实基础。

（2）沟通信息。一方面，可以市场调查的名义约见客户，收集相关信息；另一方面，在交谈中顺便传递有关企业和产品的信息，推介新产品等。如果时机合适，可以直接进入正式推销阶段。

（3）正式推销。推销人员可以开门见山，开诚布公地向约见对象说明来意，重点介绍产品，以吸引客户，达成约见。

（4）提供服务。推销人员可以主动约见客户，解答问题，代办业务，提供技术支持，从而树立推销人员的商业信誉，顺利实现推销的目的。

（5）走访客户。走访客户以增进感情、建立亲密的个人关系为目的。这类走访可选择在重大节日或与客户有关的重要日子进行。

3. 安排约见时间

这是约见的一个重要内容。时间的选择很可能决定着推销工作的成败。最好由客户确定见面的时间，或者推销人员根据约见对象的情况，选择一个双方都合适的时间。确定约见时间，要综合考虑各种相关因素，如客户的工作节奏和习惯、约见的目的、产品的特点、客户的职业、天气和交通的状况等。

4. 选择约见地点

约见地点对推销效果有重要影响。一般可遵循"方便客户，利于推销，避免干扰"的原则选择恰当的约见地点。推销人员可选择的约见地点主要有：工作地点、社交场所、公共场所等。需要注意的是，当今社会，人们一般不欢迎推销人员进入家庭，因此，除非是客户主动提出在家里见面，一般不宜把客户家作为约见地点。

二、约见方式

在互联网时代，约见的途径和方式丰富、便捷，相隔万里也可以随时视频聊天，各种关系管理的工具和软件简便好用。

1. 电话约见

对善于利用电话的推销人员而言，电话是与潜在客户沟通的非常有效的工具。电话没有界限，可以通过电话与潜在客户直接对话，这样既节省时间和精力，成本又比较低廉，在单位时间内电话约见比面对面直接约见能接触更多的客户。数据显示，一个电话销售人员每天可以接触 20～30 位决策者，而登门拜访的销售人员平均只接触 4 位决策者。在当今数字化、移动化和社交媒体的大环境下，相比于曾经必需的高成本登门拜访，很多客户倾向于甚至可以说是更喜欢通过电话和网络进行联系。

小案例

　　金属切割领域的制造商——美国裕博国际公司的 5 名销售工程师每天大约联系 30 个潜在客户，并能通过广告、邮件以及企业的 Facebook（脸书）、Twitter（推特）、YouTube（优兔）账号及其他社交网站追踪销售线索。销售工程师每次沟通后更新潜在客户的资料，注明对方的合作意愿情况、新要求、下次沟通的时间以及个人认为重要的内容等。与潜在客户进行第一次接触时，裕博国际提供带有销售工程师照片的名片，公司的客户信息系统也给予销售代表权限，使他们可以随时访问由外勤销售队伍（在外奔波、上门拜访客户的销售人员）和服务人员输入的客户信息。凭借完备信息的准备，销售代表得以和每位客户建立牢固的关系。

　　（资料来源：阿姆斯特朗. 市场营销学：第13版. 赵占波，孙鲁平，赵江波译. 北京：机械工业出版社，2019：351.）

电话一般在三种时机下使用：①与关键人士预约会面的时间；②直接信函的跟进；③直接信函前的提示。

电话约见成功的关键是推销人员必须懂得通过电话建立自己的形象，赢得对方的好感。为此，要学习打电话的艺术，熟悉电话约见的原则，掌握电话约见的正确方法。

近年来日益普及的微信，也属于电话约见的一种特殊方式。据统计，近九成的中国手机用户都在使用微信。使用手机联系客户已成为商务人士日常工作的一部分。微信在与客户沟通时有独特的作用。微信约见是一种非正式的沟通方式，通常适用于双方比较熟悉的老客户。可以作为电话约见的补充。例如，双方已在电话中约好了时间、地点，通话结束后可再发一条微信确认。约见结束后，可以给对方发一个致谢微信。微信约见有时也可用于约见新客户。例如拜访一位新客户而未能见到时，可发微信告诉对方，并表达自己希望对方能再次安排见面时间等愿望。

2. 网络约见

网络约见是指推销人员利用互联网和移动互联网与客户进行约见和商谈的一种方式，具有快捷、便利、费用低、范围广等优点。当前在我国比较常用的网络约见的方式有微信、QQ等。电子邮件虽然也属于网络约见，但在这里按其传递内容的特点把它归到信函约见部分。

3. 信函（电子邮件）约见

这是求得客户约见的重要方法。信函约见是指推销人员通过信函或电子邮件来约见客户。现代信息技术的发展出现了许多新的传递媒体，但许多人认为信函约见仍然有着自身的优势，有较大的使用空间。

信函约见的优点是适应性广、成本低廉、简便快捷，同时表达内容广泛，更能表达推销人员的诚意。但是信函约见也有一定局限，由于是单向的信息沟通，许多客户对推销信函约见不感兴趣，甚至不去拆阅，因此成功率低，且由于其速度较慢，不适于快速约见。

常见的信函约见形式主要有：个人信件、单位公函、会议通知、请柬、广告函件等，这些信函可以发送纸质的，也可以以电子邮件发出。使用信函约见可以将广告、商品目录等一起寄上。撰写推销信函的主要艺术手法有三点：

（1）简洁扼要，重点突出，内容准确，中肯可信，文笔流畅。

（2）要引起客户的兴趣及好奇心。

（3）不要过于表露希望拜访客户的迫切心情。

在信函发出一段时间后要打电话联系，询问客户的想法和意见。把电话约见和信函约见结合起来使用，可大大提高约见效果。

4. 委托约见

委托约见是指委托第三者约见客户的方法，也叫托约法。所委托的人应是与推销人员或推销对象本人都有一定社会联系和社会交往的人，例如同学、同事、朋友、亲戚、秘书、邻居、接待人员等，也可以是各种中介机构。委托约见可以借助第三者与推销对象的特殊关系，消除目标客户对陌生推销人员的戒备心理，取得目标客户的信任与合作，从而有利于进一步的推销接近与洽谈。在实际生活中，每个人周围都有一个接近圈，无数的接近圈交织在一起，构成许多无形的接近网。因此，只要推销人员善于进行托约，便可以抓住客户的接近网，打进客户的接近圈，成功地接近客户。

当然，托约法也有一定局限性：一是推销人员一般不会有足够众多的与目标客户有联系的亲朋、熟人；二是托约往往不受客户重视；三是托约容易引起误约。如果托约人不负责任，常常引起误约。因此，推销人员要注意把握时机，看准对象后找到合适的托约人进行托约。

5. 广告约见

广告约见是指推销人员利用各种广告媒介约见客户的方式。常见的广告媒介有广播、电视、报纸、杂志、路牌等。利用广告约见可以把约见的目的、对象、内容、要求、时间、地点等准确地告诉广告受众。在约见对象不具体、不明确或者约见客户太多的情况下，采用这种方式比较可靠。在约见对象十分明确的情况下，也可以通过广告媒介进行集体约见。这种约见方式的优点在于：约见对象多，覆盖面广，节省时间，提高约见效率等。其不足在于：针对性较差，费用较高等。

上述约见方式各有优劣，推销人员应根据具体情况确定约见方式，可以单一使用某一方式，也可几种方式同时并用。只要推销人员坚定信心、大胆约见，认真准备、灵活运用各种约见方式，取信于人，就一定能够成功地接近推销对象，使推销获得成功。

即时思考：近年来，微信日益普及，微信约见一般在什么情况下使用？

第三节　接近客户

约见成功，推销人员就可以按照预先约定的时间与地点会见准客户。这是推销人员正式接触客户的一个步骤，我们称之为接近。这是正式开展推销洽谈的前奏，与洽谈紧密相连。所谓接近客户，是指推销人员为推销洽谈的顺利开展而与推销对象正式接触的过程。

成功的接近是推销成功的关键。推销人员应特别重视这一环节的工作内容。

一、接近客户的方法

接近客户的方法是多种多样的，而这些方法的运用也是一门艺术。在大多数情况下，推销人员可以几种方法结合使用。因此，熟悉所有的接近方法并加以熟练运用是一个合格推销人员应具备的基本能力。

1. 自我介绍法

到目前为止，推销人员最常用的方法就是自我介绍，即推销人员走入目标客户的办公室后表明自己的身份。

这种方法通常只能引起目标客户的轻微注意，除非他正盼着此人的到来。如果目标客户并未意识到自己有什么问题急需这家公司解决，他对来人的兴趣就会很小。如果他头脑中的反应仅仅是："你好，你有何贵干？"推销人员继续交谈的前景就不容乐观了。因此，绝大部分推销人员都会感到有必要在进行简单的自我介绍后马上换用其他方法。

如一个采购员对这种自我介绍方法做出的反应就十分典型，他说："我既不关心你是谁，也不关心你代表哪家公司，我只关心我的采购任务和你准备为我做些什么？"事实表明，接触之初推销人员做的绝大部分自我介绍是无意义的，客户根本不去记他们的名字，只有在建议内容令他感兴趣以后，才重新查问推销人员的姓名或查看推销人员的名片。因此，在推销活动中，推销人员最好在顺利地接近了目标客户之后再做自我介绍。只有在目标客户已经决定要了解产品详情时，推销人员才应做些适当的自我介绍。

2. 他人介绍法

这种方法是利用与客户十分熟悉的第三者，通过写引荐信、打电话或当面介绍的办法来接近客户，客户碍于人情面子不得不接近推销人员。因此，推销人员必须在接近后用各种方式和技巧尽快让客户对产品产生兴趣。

3. 产品开路法

这种方法的特点是以静为动、以逸待劳。应用时，推销人员只要把产品塞到客户手中，其余要做的就是洗耳恭听，对客户的每一个反应都认真分析，并做出相应的处理。服饰工艺品推销人员往往一言不发地将最诱人、最畅销的小玩意递给客户。客户自然会观看这个物件，如果有兴趣就会问："你还有别的品种吗？"

用产品开路的方法最适合于推销那些显得十分独特的产品，因为这种产品很容易吸引人的目光和诱发人的询问，推销人员可以很轻易地看到客户的倾向性，对方的心理活动也可察觉到。这样推销人员在推销洽谈中便可以针对客户的各种反应，灵活机动地进行推销说明，并逐步诱导整个洽谈向自己希望的方向发展。

有时，推销人员推销的产品无法带入会谈室，如成套的机器设备、汽车等，这种情况下只能将实用的小册子、技术资料、宣传资料等带在身边。这种情形与前面的情况相比显得有缺陷，为弥补这些缺陷，可制作精致的模型来开路。

应用产品开路法必须注意的是，带到会谈室的产品、样品或模型应是最佳的。只有这样，才会吸引人的注意。因为，即使你的产品全部是最佳的，但客户一般不会这样认为；如果你的样品有小毛病，客户就会认为你的全部产品均是二三流货色。鉴于此，推销人员在使用这种方法时必须做好充分准备，以确保万无一失。

总之，人们喜欢摆弄和检查产品，他们不仅喜欢亲手操纵，而且喜欢分解和组装。用产品开路的方法就是顺应人的这种喜好而产生效益。

4. 利益接近法

这种方法就是推销人员着重把产品给客户带来的利益放在第一位，首先告诉客户，从而使客户产生兴趣。如桑塔纳轿车的推销人员开口会问："一天到晚付汽油费，你不烦吗？"没有不想节省费用的车主。推销人员在应用这种方法时要言简意赅，点到为止。如喋喋不休，客户反而会反感，以为你是"王婆卖瓜、自卖自夸"，你所做的努力就前功尽弃了。

这种方法符合消费者中的求利心理，把客户购买产品能获得的利益摆出来，有助于客户正确认识自身的利益，增强购买信心。不少客户常掩饰求利心理，有时不了解情况又不愿主动询问，这就妨碍客户对自身利益的认识，推销人员点破这方面的问题，有助于迅速达到接近的目的。点明利益的主要艺术，就是在见面之初直接向客户说明情况并提出问题，将其思想引到可能为之提供的好处上。通常，推销人员只需简单地提出一个问题或观点，让客户对此进行认真的思考。例如：一个保险员递给一位女客户假意开给她的 600 美元模拟支票，问："你退休后若每月收到这样一张支票，觉得如何？"女客户承认她求之不得，自然会要求保险员详细解说。

使用这种方法应注意的是，在一般情况下，专业术语应少用或避免，尤其是在未弄清楚客户是否通晓它们之前。要知道这是谈生意，不是专业考试，也不是毕业论文答辩。如果必须使用一些专业术语，应当谨慎行事，好让客户明白。否则客户会认为你是在故弄玄虚，觉得没有共同语言，接近自然也难以进行下去了。

5. 好奇接近法

这种方法主要利用客户的好奇心理来接近客户。一家公司的推销人员在走进可能购买产品的客户的办公室时，手持一个信封说："我这里有一个小小的备忘录，它可以告诉你，上个月你们失去了 250 名客户。"这位客户会马上好奇地问为什么，这样就达到接近的目的。

这种方法是在掌握人们的心理规律的基础上，采用了有效的措施，达到了接近的目的。好奇心是种原始性动机，人们日常生活中许多行为都是好奇心驱使的结果。推销人员利用人类的好奇心来接近客户，常常会收事半功倍之效。

好奇接近法经常与利益接近法同时使用。如一位推销人员是这样做的："××先生，这些是我们公司最新产品的资料，使用这种产品可使公司办公费用降低 25%。你对这种产品感兴趣吗？"即使对方是个不十分关心本公司经营业绩的人，也会对 25% 办公费用的节减感到好奇："真的能做到吗？到底是怎么回事？总不会是不办公吧？"如对方是事业心很强的领导者，会更加好奇，产生的想法和疑问会更多，这时接近就成功了。

使用这种方法应注意的是，切不可过分卖弄技艺，当诱发客户好奇心的方法变得近乎耍花招时，即使争取到机会，也难以获益。

6. 赠送礼品接近法

在许多推销场合，推销人员赠送样品和小礼品相当普遍。利用这种方法可以缩短推销人员与客户之间的心理距离，换取他们的注意，从而达到接近客户的目的。

一个电冰箱推销人员买了许多小型温度计，在第一次拜访客户时送给他们，让他们将其放入正在使用的冰箱里。下次拜访时他便请冰箱的主人看一下冷藏温度是否符合标准。如果温度达不到要求，就会很自然地引出是否需要购买新冰箱的话题；如果客户觉得没必要更换，他就马上离开拜访另一家。

如果你是高档香水生产公司的推销人员，你不妨慷慨地送客户一小瓶香水，并详细告诉他使用时的注意事项；如果你是某制药厂的推销人员，你可以送对方一些供全家使用的消暑药品或卫生驱虫药剂等。客户收到这些礼品后往往会认真听取推销人员的介绍。

日本人最懂得赠送小礼物的奥妙，大多数公司都会费尽心机地制作一些小赠品，供推销人员初次拜访客户时赠送给客户。小赠品的价值不高，却能发挥很大的效力，不管拿到赠品的客户喜欢与否，相信每个人受到别人尊重时，内心的好感必然会油然而生。

以上各种赠送礼品的方式都能使潜在客户对销售人员立即产生好感，若能把这些方法当作立身处事的方式，让它成为一种自然的习惯，相信销售人员在哪里都会成为一位受欢迎的人物。

7. 戏剧接近法

戏剧接近法是指推销人员利用各种戏剧性的表演或演示来接近客户。一位美国推销人员在他客户上下班必经之路的广告牌上买下一块地方，用大字写下这样一行字："邓肯先生：你不见我，每天要损失 150 美元！埃克米工具公司的 R. 赫夫。"在另一个例子中，日本一个铸砂厂推销人员为了向铸铁厂推销铸砂，在见到采购课长时，一声不响地将包中取出的一袋铸砂突然倒在摊开的报纸上，顿时尘土飞扬，课长大惊。推销人员才说："这是贵公司目前用的铸砂……"推销人员又另取一袋铸砂倒在另一张报纸上，却不见尘土飞扬，课长十分惊异，便引起注意并产生兴趣，于是和推销人员开始洽谈。用这种方法接近客户，表演道具最好为推销产品或与其有关的物品，表演应自然合理，能使客户参与最好。

8. 提问接近法

提问接近法是指推销人员通过向客户直接提问来接近客户。见面首先提问，这本身是一门艺术。这种方法可以与其他方法结合一起使用，尤其是利益接近法，也可以单独使用。比如："你的生产规模有多大？使用自动生产设备划算吗？"这个问题可能会迫使一家正在发展的制造公司的总经理做如下回答："我不清楚，我应达到何种生产规模才合理？"于是推销原料的推销人员就可以谈论问题的核心了。

用提问的方法发动心理攻势可以迅速抓住客户的注意力、兴趣和参与意识，将他们的思想集中到推销人员将提到的问题的核心，从而为推销活动创造良好的开端。

一家包装公司教它的推销人员这样说："如果你回答我一两个问题，我就能知道我的产品能否改善贵厂包装。"对方通常都会做出回答："你的问题是什么？"

一家生产自动售货机的美国公司让其推销人员随身携带一张 60 厘米×90 厘米的纸，让他们见到客户后把纸铺在柜台或地板上，说："如果我告诉你怎样做，能使这么大的货位每年可产生 250 美元的价值，你一定会感兴趣的，是吗？"

运用提问法，问题必须精心考虑。艺术地、恰当地提出问题可以达到以下目的：①迫使客户按你选定的话题交谈；②诱使客户讲出极有价值的信息，进一步充实前期准备的内容；③将客户的注意力集中在他们最急于解决的问题上，推销人员帮助其研究问题，并提供解决办法，如此，成交的概率就会提高。

为了准备好提问，有几条基本原则必须遵守。首先，提问应尽可能具体。"你愿节省几千元的劳务费吗？"和"你愿意在明年的产品加工中节省 5 000 元费用吗？"显然后一个问题更能引起客户的兴趣，从而顺利转入推销洽谈。其次，认真地准备前期的资料，然后根据客户的实际情况提出问题。再次，提出的问题应是针对客户感兴趣的主要消费利益。提出的问题应对准他的基本购买动机而不是次要购买动机。最后，有些问题能否提出，应三思而后行，如公司的财务状况等。要想获得这种信息，推销人员必须让客户确实感受到你要知道这些资料是为他着想，并能为他保密。

9. 直言相告接近法

一见面就直言告诉客户有什么好处等着他，这样开场较易引出话题。相告的内容可是产品的有关事实，也可以是产品给他人带来的利益，还可以是自己产品的性能。说完后往往需提一个问题试探对方的反应。如：

电视机推销人员说："最近某牌电视机全国评比又获第一名，你们商店购买一批吗？"

邮递工具推销人员说："光明图书公司的老王说，我们的新邮袋不但使他们每月节省400 多元，而且使他们的发送量增长了至少 5 倍。"

应注意的是，所有这些直言相告的话都有一个出发点，用自己产品的突出优点来迅速打动客户的心，但这些陈述必须都有事实依据。

10. 赞美接近法

每个人都希望得到赞美和肯定，接近时可利用这种求荣心理适当称赞客户，以引起客户的注意和兴趣，展开推销洽谈。如："这间接待室装修得真够富丽堂皇！""你的写字台真漂亮！"需注意的是，推销人员的赞美必须真诚、适度，不要过分吹捧。要讲究方式，对严肃型的客户，应自然朴实、点到为止。对夸大型客户，则应不吝惜赞美之语。

总之，接近的方法很多且没有固定的模式，必须不断创新。不论何种方法，其基本原理都是一个，即摸透客户心理，引起客户的注意和兴趣，与客户建立联系，为双方关系的进一步展开奠定良好的基础。

二、进入推销主题的艺术

当推销人员见到关键人士并透过成功的接近方法获得客户的基本认同之后，便可抓住时机，进入推销的主题。

1. 进入主题的时机

进入推销主题的最好时机是：①推销人员已经把自己推销出去了；②客户已经消除戒心。

2. 进入主题的艺术

了解客户购买心理的七个阶段，可以帮助推销人员引导出进入推销主题的开场话语。

购买心理的七个阶段：

阶段一：引起注意。

例："有这回事！以前从没听说过。"

阶段二：产生兴趣。

例："真能这么快？它能分页、装订一次完成？"

阶段三：产生联想。

例："我穿上这套衣服，宴会上一定成为众人瞩目的焦点。"

阶段四：激起欲望。

例："有了这部新车，可以邀她去海边兜风。"

阶段五：比较。

例："再和别的类型比较看看，这是不是最值得买的？"

阶段六：下决心。

例："有了这台手提电脑，我随时都能查到任何资料，让我的工作在任何地点都能发挥最大的效率，我应该买下它。"

阶段七：引起注意。

例："今天总算不虚此行！"

进入推销主题前，虽然经由艺术性的准备和接近，使推销人员与潜在客户之间有一些基本的认识，但这个阶段还无法掌握客户真正的购买动机。客户的购买动机是非常复杂的，例如，一位推销汽车的高级推销人员曾说："当客户想要购买一部车子时，他也许会告诉你，为了上班方便，但实际理由也许是隔壁邻居买了一部或者为了追女朋友方便。"

3. 开场白艺术

由于推销人员不知道客户购买的真实动机，有时客户自己也不清楚他真正想要的是什么，因此，推销人员的开场白最好以能引起客户的注意、醒悟的方式，陈述本企业的产品能带给客户的一般性利益。在陈述一般性利益时，要注意客户对哪些地方特别注意或对哪些方面容易产生兴趣。

掌握了客户的关心点后，才能有效率地进行接下来的推销活动。

小案例

以下是几例开场白范例与点评，请思考其各自的特点：

开场白：一般人购买汽车考虑的项目有安全、速度、舒适、外形、服务和价格。就安全性来说，这是我们企业最关心的一项重点。在安全性上，我们从设计时就开始考量……重要的措施有……

点评：推销人员以介绍产品及企业的方式入手，观察客户的反应，探求客户的关心点。这种开场白，使推销人员能主动控制话题，并有条理地让客户获得一般性资讯。

开场白：今天是打折的第一天，式样尺寸较全，卖掉就没有了，请把握机会。

点评：店面推销常常以价格的优势引起客户的注意及刺激客户的购买欲望。

开场白：本企业以独特的出租方式经营，因此，你不需一次性投入大笔的资金，即可满足使用的需求，我们的出租制度是这样的……他能带给你如……好处。

点评：这是在以独特的经营方式引起客户的注意。

三、与客户建立和保持良好关系的重要性与原则

（一）与客户建立和保持良好关系的重要性

接近和约见客户是与客户建立关系的开始，这个环节顺利与否直接关系后续工作的质量。在销售市场上，良好的人际关系的培养和建立至关重要，越来越多的销售人员注重与客户建立长期的伙伴关系。特别是 B2B 市场，许多产品或服务价值高、技术复杂、客户规模大，往往是多人参与决策制定过程，所以，需要推销人员具有较高的沟通技巧和建立关系的能力。这里讲的建立关系是指有助于或可能有助于完成推销工作相关目标的人，建立或维持友善、温暖、长期的关系或联系网络。推销领域的关系建立，主要有两个层面的含义，一是建立新关系，推销人员要能够快速地与新的潜在客户建立融洽的关系，这样，他的推销就有更大的成功概率；二是关系保持，推销人员必须善于与客户保持长期的良好关系，这样才能取得更大的成功。在互联网时代，建立关系的途径和方法丰富、便捷，相距万里可以随时视频聊天，各种关系管理的工具和软件简便好用。

（二）与客户建立和保持良好关系的原则

在接近与约见客户的过程中，为了与客户建立和保持良好关系，需要遵循若干原则，主要包括以下内容：

1. 诚信原则

诚信原则即诚实信用原则，这是一种行为标准。诚信原则是市场经济的道德准则，它要求一切市场参加者在不损害他人利益和社会公益的前提下，追求自己的利益。目的是在当事人之间的利益关系和当事人与社会之间的利益关系中实现平衡，并维持市场道德秩序。推销人员在销售活动中必须诚实、守信用，不隐瞒、欺骗客户。这既是对推销人员的素质与道德的要求，也是对推销人员的职业规范的要求。

2. 包容原则

包容原则即要求推销人员在推销活动中胸襟宽阔、宽怀大度，不与客户斤斤计较。

3. 积极主动原则

积极主动原则是指推销人员在与客户建立和发展关系时，要主动、积极、有意识地与客户等相关人员建立和保持融洽关系。

4. 互利共赢原则

互利共赢原则是指在推销过程中，推销人员要以交易能为双方都带来较大的利益或者能够为双方减少损失为出发点，不能从事伤害一方或给一方带来损失的推销活动。这是培养长久客户之计，是客户不断购买的基础和条件，也是赢得客户口碑的基础和条件。要成为受欢迎、被期待的推销人员，就必须设法为客户提供利益，也就是设法使客户从购买中得到其预期的好处，要做客户的顾问。

5. 持久原则

持久原则即与客户建立长久的伙伴关系，要把推销视为过程，而不是单一事件，售后要努力维持高质量的关系。

小案例

著名企业家包玉刚从小就受到"做人诚实可靠，做事规规矩矩"的训诫，并受益终生，成就了辉煌业绩。他把讲信用看作企业经营的根本，看作与客户之间创建和谐人际关系的首要条件。

1965 年，埃及总统纳赛尔把苏伊士运河收归国有，并用沉船阻塞运河，使亚、非、欧三大洲海上运输受到了极大影响，船运资费猛增，租船生意兴隆。包玉刚把船租给了一家日本公司，从印度装煤，运到日本港口。他与日本公司签订了长期供货合同，费用低廉，薄利长租避开了淡季无事可做的"萧条期"。他信守承诺，与客户建立了良好的人际关系，深得用户好评。

由于包玉刚信誉卓著，经营作风好，在不到两年的时间，他的船队像滚雪球似的越滚越大，从一条船很快发展为七条船。

（资料来源：卢晶. 推销理论与技巧. 北京：清华大学出版社，2015：16.）

即时思考： 为什么在与客户建立关系中必须坚持互利共赢原则？

🗐 小结

正确选择推销对象后，就进入了实质性的阶段，即正面接触客户。推销人员必须做好接近前的准备工作，在此基础上正确运用约见的方式和接近的方法，这样才能使推销活动顺利地进行下去。本章主要对接近准备、约见方式和接近方法三大方面的问题进行了探讨。

所谓接近准备，是指推销人员在接近某一特定准客户之前进一步了解该客户情况的过程。接近准备工作的主要目的是搜集更多的准客户资料，为推销访问和洽谈做好准备。接近准备的内容因推销对象的不同而不同。

约见即商业约见，指推销人员事先征得客户同意接见的过程，也是接近行动的开始。约见的方式主要有：电话约见、网络约见、信函（电子邮件）约见、委托约见、广告约见。

接近是指推销人员正式接触推销对象的第一个步骤，它是洽谈的前奏。其目的是引起客户的注意、激发客户的兴趣、引导客户转入洽谈，最终达成交易。常用的接近方法有：自我介绍法、他人介绍法、产品开路法、利益接近法、好奇接近法、赠送礼品接近法、戏剧接近法、提问接近法、直言相告接近法、赞美接近法。

与客户建立和保持良好关系至关重要。在这个过程中应当遵循诚信原则、包容原则、积极主动原则、互利共赢原则和持久原则。

🗐 案例

小李是一家酒业公司负责开拓集团消费（团购）业务的一名销售人员，他经常跟我说起他拜访客户时的苦恼。他说他最担心拜访新客户，特别是初访，新客户往往避而不见或者在面谈两三分钟后表露出不耐烦的表情。听他说了这些，我问了他下面一些问题：

（1）你明确地知道初次拜访客户的主要目的吗？

（2）在见你的客户前，你做了哪些细致的准备工作？

（3）在见你的客户前，你通过别人了解过他的一些情况吗？

（4）在初次见到你的客户时，你跟他说的前三句话是什么？

（5）在与客户面谈的时间里，你发现是你说的话多，还是客户说的话多？

结果小李告诉我，他明确地知道他初次拜访客户的最主要目的是了解客户是否对他们公司的产品有需求，当然他做了一些简单的准备工作，如准备产品资料、名片等。不过，在见客户前，他没有通过别人去了解客户的情况，见到客户时的前三句话自然就是开门见山，报公司名称和自己的名字、介绍产品，然后询问客户是否有购买产品的兴趣；在与客户交谈时，小李说是自己的话多，因为机不可失嘛。

（资料来源：胡善珍. 现代推销：理论、实务、案例、实训. 北京：高等教育出版社，2010：143.）

请思考： 造成小李苦恼的原因是什么？怎样的接近能够为成交打下良好的基础？

🔲 实训演练

　　把学生分成两部分，一部分是某种产品（产品种类可根据当地情况自行确定）的推销人员，另一部分是某公司的副总，进行接近客户的练习。可根据学生的人数将其分为几个小组，每一组都由这两种角色组成。

　　要求：扮演推销人员的学生从外面进来，在最短的时间内成功接近副总，引起副总的注意。（提示：推销人员与副总可以是熟悉的，也可以是陌生的。见面之前已经通过电话约见。）

第六章 推销洽谈

引 言

接近客户之后，推销人员就应迅速转入洽谈。洽谈是整个推销过程的一个关键性环节。洽谈的核心是沟通。这种沟通是双向的、合作的，即买卖双方交换信息和想法，使双方形成最大共识。推销人员要利用有效的沟通艺术识别客户的需求，并向客户证明他所推荐的方案比竞争对手更能满足这些需求。高效推销洽谈所需要的重要能力包括有效的倾听、恰当的提问、洽谈中的答复和说服。

学习目标

1. 掌握洽谈前的准备工作的内容；
2. 熟悉洽谈的基本原则；
3. 掌握洽谈的内容；
4. 掌握洽谈中的推销艺术及洽谈技巧，并能初步运用这些技巧。

第一节 洽谈前的准备、洽谈的原则与内容

一、洽谈前的准备

为确保洽谈能取得预期的效果，必须做好充分的准备。洽谈前的准备工作主要包括以下几个方面：

（一）了解洽谈对手

了解洽谈对手是为了更好地与之合作。在开始洽谈之前，必须了解以下潜在客户的信息：姓名、年龄、职务、性格特点、工作作风、经济状况以及客户本人及其所在部门和公司

的问题、愿望和要求等。从而大致判断出洽谈对手是怎样一个人，他在公司起什么作用，是否有决定权等，据此制订相应的推销对策。

（二）了解推销产品

推销人员必须掌握推销产品的性能、品质、用途、使用方法等，明确它能够为客户带来什么好处。这样便于进行准确、全面的推销介绍，一旦客户提出问题，就能够对答如流，从而增强客户对产品的信心。

（三）确定洽谈要点

洽谈要点是指在推销洽谈中用来重点说服的、对促成交易具有决定性影响的产品特性及其他因素。在推销洽谈中，推销要点并不是多多益善，而是应该能够切中对方的"要害"。洽谈中的推销要点是由产品因素和非产品因素组成。产品因素主要是指产品的特性。一项产品（或服务）通常具备多方面的特性，究竟选择哪些特性作为推销的洽谈要点，主要应考虑：洽谈对象是什么样的人？推销的产品是干什么用的？能够为客户解决哪些问题、满足哪些要求？

在推销要点中，非产品因素主要包括产品价格、付款方式、服务项目等。这些因素在现代推销过程中常常起着决定性的作用。例如，在几家厂商同时向一位客户推销某项产品，而且产品质量相差不大时，产品价格和服务项目就成为达成交易的关键因素。又如，当客户资金紧张时，付款方式便成为推销成败的关键因素。

（四）准备洽谈资料

洽谈资料是洽谈中不可缺少的产品推销媒介，适时使用洽谈资料，可以有效地激发客户的潜在需求，刺激其购买欲望，改善洽谈条件，活跃洽谈气氛，促进洽谈深入，增强洽谈的说服力。推销过程中的洽谈资料主要包括：

1. 推销手册和产品说明书

以文字为基本内容的推销手册，包括公司情况简介、产品种类、产品价目表等资料；产品说明书主要突出产品的功能、特性，从技术参数、质量保证和售后服务措施上宣传产品的可靠性。

2. 推销证明资料

可以作为推销证明资料的有生产部门的生产许可证、经销部门的专营证书、技术检测中心的检测证、专利证书、产品的质量检查卡、鉴定书等。出示推销证明文件，是现代推销工作中必不可少的辅助手段，其优点是可以从各个不同侧面保证产品的可靠性。

3. 产品样品、模型

"百闻不如一见。"从推销心理学上讲，产品本身就是最正确、最可信的推销信息源；

在产品难以携带的情况下，利用产品的模型来代替，其作用也不会比产品本身差多少。让客户亲眼看一看，亲手摸一摸，可使客户产生新奇感和购买兴趣，同时，通过真实可信的推销实物的展示，能增强客户的购买信心。

4. 图片和照片

与产品实物模型相比较，图片和照片不仅制作费用低廉，而且携带方便。生动、形象的图像能产生良好的说服力和感染力，使客户通过视觉加深印象，激发客户的购买欲望。

5. 幻灯、录音和录像等资料

采用录音、录像等音响、影视资料，可以最大限度地调动客户的各种感觉，特别是视觉、听觉的有效办法。推销人员利用这些辅助手段进行推销介绍，可以生动、真实地塑造产品形象，使推销具有强烈的感染力。采用这类资料，必须准备相应的设备，如笔记本电脑、投影仪等。同时，事先对这些设备要进行检查和测试。

二、洽谈的基本原则

洽谈是指推销人员运用各种方式、方法和手段去说服客户购买的活动过程。洽谈与人们的日常交往一样，不同的推销总是采取不同的洽谈方式。不管采用什么方式，为取得好的洽谈效果，达到推销产品的目的，都要遵循以下原则：

1. 客户导向原则

客户导向就是推销产品必须以客户为中心，满足客户需求是第一要旨。推销目的的实现应当建立在客户满意的基础上，推销洽谈应该服从于推销的这一根本目的。为此，推销人员应做到：

（1）认真了解和研究客户的需求，针对客户的购买目的和动机展开洽谈。客户的购买动机多种多样，有的求名，有的求美，有的求实……洽谈之前，推销人员要准确掌握客户的购买动机，了解客户的真正需求是什么。在洽谈中，推销人员应针对客户的购买动机，着重介绍推销产品使用价值中最能满足其购买动机的部分。

（2）针对客户的个性心理开展洽谈。客户个性心理对推销洽谈的影响不容忽视。只有针对不同个性的客户采用不同的洽谈策略，才可能取得洽谈的实效。

（3）突出产品中符合客户需求的特点开展洽谈。推销人员应围绕产品最能满足客户需求的特点设计洽谈方案，突出产品特色，增强洽谈说服力。处在激烈商品竞争市场条件下的推销人员，必须善于分析、说明产品特性，推销与众不同的观念和产品，使自己处于有利地位。

2. 鼓动性原则

推销洽谈既是说服的艺术，也是鼓动的艺术，洽谈的成功与否，关键在于推销人员能否有效地说服和鼓动客户。推销人员必须从下述几方面努力，以求得洽谈的鼓动性。

（1）以自己的信心和热情去鼓舞和感染客户。推销人员的鼓舞力量来源于对本职工作、对客户和对所推销产品的信心和热爱，只有热爱本职工作，并坚信自己的工作有益于他人，相信客户需要自己的帮助，而且自己的产品能满足客户的需要，才有可能鼓动客户的购买信心与热情。

（2）以自己丰富的知识去说服和鼓动客户。推销洽谈须以丰富的知识为基础，离开了丰富的推销知识，推销信心、推销热情均成为一句空话，鼓动和感染就只是一种幻想。

（3）使用鼓动性的推销语言进行洽谈。洽谈中，推销人员既要善于用逻辑语言去准确地传递理性信息，更要善于运用情感性语言去生动形象地传递非理性信息。非理性的感情因素在购买活动中常常起着重要作用，影响客户的购买决策，因此，感性语言往往具有更大的感染力和鼓动性，更容易打动客户的心。

3. 参与性原则

参与性原则即推销人员应设法引导客户积极参与推销洽谈。客户参与洽谈的程度直接影响客户接受、处理、反馈信息和制订购买决策的水平。客户的积极参与也是促进推销的双向沟通，增强洽谈说服力的必要条件。推销人员应努力做到：

（1）同化客户，消除客户的戒备心理。推销人员与客户做朋友，加深对客户的了解，寻找和客户相同或相似的因素以影响客户，使客户产生认同感，消除客户的心理防线，提高洽谈效率。

（2）认真听取客户意见。认真聆听既是尊重客户的起码要求，也是进行成功洽谈的基本技能。认真聆听，能使客户产生一种心理上的满足感，有利于客户积极参与洽谈并做出购买决策。

在坚持参与性原则的同时，推销人员须注意掌握洽谈的主动权，要在控制洽谈局面和发展进程的前提下，充分调动客户的积极性，以保证洽谈不致因客户的参与而改变方向。

4. 诚信原则

诚信原则即推销人员切实对客户负责，诚实洽谈，不玩弄骗术。现代推销是诚实的推销，诚实是现代推销人员起码的行为准则，唯有诚实，才能取信于客户，并赢得客户。坚持诚实性原则就要讲真话、卖真货、出实证。

（1）讲真话。讲真话也就是要真实地向客户传递推销信息，争取客户的信任，让客户在正确分析判断的基础上做出购买决策。

（2）卖真货。推销信誉要靠卖真货才能树立，而信誉是推销的法宝，以假充真，以劣充优，只会害人害己。在造假仿冒技术日益高明的今天，保护消费者的利益，很大程度上要靠推销人员把关，推销人员对此绝不能掉以轻心。

（3）出实证。实证包括推销人员身份证明和推销产品证明。真话真货要靠实证来证明，只有出示真凭实据，才能打消客户对推销人员、推销产品和推销信息的各种疑虑，坚定客户的购买决心。因此，在实际推销中，推销人员必须适时向客户出示真实可靠的推销证明，以增强推销洽谈的说服力。

三、洽谈的内容

洽谈涉及面广，内容丰富。不同产品的推销，有其不同的内容，但基本内容是大致相同的，主要包括产品的品质、产品的数量、产品的价格、销售服务、保证条款。

1. 产品的品质

产品品质是产品内在质量和外观形态的综合，是客户购买产品的主要依据之一，也是影响价格的主要因素。所以，产品品质是洽谈的主要内容之一，推销人员必须全面地向客户介绍产品的质量、功能和外观特点，让客户对产品有一个全面的了解，也可以把产品获得的品质标准（如国际标准，国家标准，部颁标准，通过了 ISO 9001、ISO 9002、ISO 14000 国际认证等）介绍给客户。

2. 产品的数量

产品的数量是指按照一定的度量衡来表示产品的质量、个数、长度、面积、容积等的量。成交产品数量的多少直接关系着交易规模和交易价格。在洽谈中，买卖双方应采用协商一致的计量单位、计量方法，通常情况下是将数量与价格挂钩。成交数量大时，通常产品的价格都会有一定的优惠。

3. 产品的价格

成交价格直接影响交易双方的经济利益，所以价格是洽谈中最重要的内容，也是极为敏感的问题。买卖双方能否成交，关键在于价格是否适宜。在洽谈中，买卖双方要考虑与价格相关的成本、付款条件、通货膨胀状况、彼此信任与合作程度等有关因素，商定一个双方都满意的价格。

在产品交易中，货款的支付也是一个关系到双方利益的重要内容。在洽谈中，双方应确定货款结算方式及结算使用的货币、结算的时间等具体事项。

4. 销售服务

销售服务是客户非常关心的内容之一，洽谈中，推销人员和企业应尽量满足客户的正当要求，以解除客户的后顾之忧。所涉及的服务项目有：

（1）按时交货。这是客户的基本要求。推销人员能否按时交货，受生产和经营能力、运输能力、供应能力等因素制约，客户提出交货时间后，推销人员要汇集各种综合因素，加以考虑。

（2）送货、运输方式、地点等方面的服务。

（3）售后维修、养护、保管等方面的服务。

（4）技术指导、操作使用、消费需求等方面的服务。

（5）零配件、工具、供应等方面的服务。

5. 保证条款

保证条款的主要内容是担保。在商品交易活动中，卖主对售出的产品要承担某种义务，以保证买方的利益，这种卖方的义务和责任称为担保。一项日期较长，数量、金额较大，风险较大的商品交易，权利方都会要求义务方提供担保。为限制卖方售货后不执行担保行为，有必要在洽谈时说明保证条款。

为了预防意外情况和随机因素对合同执行的影响，应就合同的取消条件以及履约和违约等有关权利、义务进行洽谈，并对合同纠纷中引起的诉讼及处理办法进行协商，以免引起不必要的麻烦。

即时思考：推销洽谈要点是多多益善吗？为什么？

第二节　洽　谈　策　略

一、先声夺人策略

人们对某人的第一印象往往会影响以后对此人的看法及感情。许多客户认为，推销人员的形象往往代表了其所属公司的产品服务质量和合作态度。因此，对于推销人员来说，给客户留下什么样的第一印象，对将来是否成交会产生非常大的影响。这个第一印象可能是推销人员给客户的资料，也可能是电话中推销人员的声音和语气。当然，最重要的是推销人员与客户当面洽谈时留给客户的印象。

建立良好的第一印象有三个必不可少的要素，即良好的外表、身体语言和开场白。前两个因素已在前面的章节中做了详细分析，这里重点分析第三个要素：开场白。恰当的开场白对于建立良好的第一印象有着十分重要的作用。

（一）恰当的开场白

恰当的开场白非常重要，如果开场白选择不恰当，很可能会导致全盘皆输。因此，一般来说，要避免那些涉及客户个人隐私和其他一些容易引起争议的话题。以下几方面的话题都可作为开场白的题材。

1. 客户的个人爱好

从客户的个人爱好入手，有助于迅速找到可以与客户产生共鸣的话题，从而消除彼此间的陌生感。

2. 对客户所在行业情况的探讨

对客户所在行业情况的探讨非常关键，因为很多时候推销人员往往对本行业的发展状况比较熟悉，如果适时地把所知道的信息与客户进行探讨，就会很快拉近与客户之间的距离，也容易获得客户的反馈。但不要谈及自己不熟悉的领域，更不要不懂装懂地妄加评论。

3. 对客户的赞美

喜欢听赞美的话是人的本性。自然、得体的赞美会消除彼此的陌生感，但是，如果矫揉造作或者言过其实，则会让客户感到别扭、反感。赞美客户时要注意语言得体、自然，具体，不抽象。赞美之言适可而止，见好就收。

4. 时事性的社会话题

时事性的话题也会变成生意场上的谈资，而且容易与客户产生共鸣。这就要求推销人员不仅专注所推销的产品及所处的领域，同时要注意关注时事资讯，拓宽知识面。

5. 与客户相关的行业信息或令人振奋的消息

与客户相关的行业信息或令人振奋的消息是特别受欢迎的话题。这些话题往往能立即吸引客户，提高客户的兴奋度。

6. 天气与自然环境

天气与自然环境是一个非常适合作为开场白的话题。在天气很冷或很热，有很强烈的天气变化，或在适宜的出游季节时，比较适合以天气或自然环境作为开场白的话题。

小案例

专门推销建筑材料的推销人员小李，有一次，他听说一位建筑商需要一大批建筑材料，便前去谈生意，可很快被告知已有人捷足先登了。他不死心，三番五次请求与建筑商见面。那位建筑商经不住纠缠，终于答应与他见一次面，但时间只有5分钟。小李在会面前就决定使用"趣味相投"的策略，尽管此时尚不知建筑商有哪些兴趣和爱好。当他一走进办公室，立即被挂在墙上的一幅巨大的油画吸引。他想建筑商一定喜欢绘画艺术，便试探着与建筑商谈起了当地的一次画展。果然产生了共鸣，建筑商兴致勃勃地与他谈论起来，竟谈了1小时之久。临分手时，建筑商允诺小李，下一个工程的所有建筑材料都由小李的公司供应，并将小李亲自送出门外。

（资料来源：吴健安. 现代推销理论与技巧. 北京：高等教育出版社，2005：166.）

（二）营造轻松的气氛

推销人员要善于创造一个轻松、愉快的环境，这样有利助于缓和气氛，促进交易的达成。如果洽谈是在客户办公室等比较正式的场合进行，推销人员要注意以下细节：一是未经许可不能进入客户的安全距离范围之内。通常1米的距离被认为是安全距离，安全距离之内的位置只留给特别亲近的人。因此，在与客户洽谈时，一定要保持安全距离。如果洽谈是在办公室，那么，客户面前的办公桌就是客户安全距离的界限。除非被要求，否则，千万不可以走进客户办公桌之内的范围。二是避免疏远距离。在办公室里，客户往往习惯让推销人员坐在办公桌对面的椅子上，在这种情况下，推销人员可能会感到有压力，从而导致气氛紧张，这是因为距离过于疏远。因此，在客户的办公室，如果有机会，最好与客户坐成 L 形，即坐在客户右手或者左手的位置，这样在洽谈时，距离比较近，容易营造轻松气氛。在与客户交谈时，要做到以下几点：

1. 说话声音的大小要适度

在谈话时，要注意自己声音的大小。声音太小，显得缺乏自信，而且也会使客户听不清甚至误解你的意思。当然，声音也不宜过大，过大的声音容易引起客户的反感。

2. 话不要太多或太少

说话太多，容易使客户产生喧宾夺主的感觉，造成对方的反感；说话太少又容易使客户感到压抑、尴尬。因此，如果推销人员是一个健谈的人，应多运用总结性的方式恰当地来与客户交流；如果推销人员是一个安静的人，应多增加一些形容词，以使气氛活跃一些。

3. 运用相同的谈话方式

相同的谈话方式会让客户感到非常舒服，愿意多说话，推销人员本人也会感觉舒服。谈话的方式包括谈话的口气、语速、音调等。有的客户说话快，有的则慢一些，那么推销人员就要从语速上与客户保持一致，这样客户听起来会感到舒服。我们可能都有过这样的经历：与一位说话速度非常慢的人对话时，我们会感觉很苦恼而且不舒服，从而失去耐心，想尽快结束这场谈话。因此，要保持和客户相同的谈话速度，同时也要注意客户音量的大小，同客户的音量要尽可能相当，这样会更加有利于沟通。

（三）善于转移话题

推销人员要善于转移话题。进行洽谈的目的是促进推销的实现，再精彩的开场白也不过是业务的铺垫。因此，开场白不宜太长，要及时转移话题。作为一名推销人员，在与客户交谈的时候，一定要主动控制谈话的方向。因为拜访客户是推销人员的工作，推销人员必须能够控制谈话，使谈话朝着对推销有利的方向发展。千万不要让客户左右谈话的方向，甚至无意间把话题带入一个对推销很不利的方向。如果谈话时客户引导你转入"公司要控制费用""公司正在裁员"等话题，就对推销非常不利，因此要时刻控制谈话的主题。

同时，能及时地转移话题也显示了推销人员是一个主动的、善于掌控现场的人，这样更容易引起客户与推销人员合作的兴趣。转移话题一般有三个步骤：首先，提出议程，即向客户说明自己前来拜访的目的，也就是向客户展示自己的产品或服务。其次，陈述议程对客户的价值。向客户说明自己的产品或服务能真正给客户带来哪些价值，给客户带来哪些实实在在的好处。陈述议程往往能引起客户的兴趣。最后，求得客户的同意。征求客户同意自己的议程，为具体的会谈做准备。

小案例

有一位推销新型号复印机的推销人员，得知某公司的采购科长急于采购一批复印机，但这位采购科长思想比较保守，喜欢选购老型号的复印机，对新型号复印机有怀疑。于是推销人员找到这位科长说："我知道您对采购很有经验，不愿在型号的选择上冒风险，但我想像您这样的老行家绝对不会一概排斥新型号的产品，因为现代科技的发展太快了，复印机的更新换代也是很快的，一旦一种新型号产品的质量与功能被大家认可后，价格就会提高，老旧型号也将被淘汰。这样来看，求稳本身不也是一种风险吗？现在我接触的许多客户都已改变了过去那种片面求稳的思想，不知您是否同意这种观点？我曾为您设想过，这批新型号复印机会给您带来好运的……"

（资料来源：岳贤平. 推销：案例、技能与训练. 北京：中国人民大学出版社，2018：109.）

二、有效讲解策略

（一）概述产品益处

我们在购物时也许有过这样的感受，推销人员对我们做了一番讲解之后，我们却一点儿也不明白自己从所要购买的产品中究竟能得到什么利益。这是推销讲解中最常见、最突出的错误，即推销人员只从自己的角度，陈述自己感兴趣的部分，而没有从客户的角度，强调客户通过购买产品可以获得的实实在在的利益。一名优秀的推销人员在推销讲解时，一定要想到客户的需求，从客户的角度出发，强调客户能实际得到的各种利益，这样才能打动客户的心，引发客户的购买兴趣。

概述产品益处即用最简单、最亲切的语言概述所推销的产品将会给客户带来什么样的利益，让客户理解他们将得到的益处。概述产品益处可以调动客户的兴趣，抓住客户的注意力。同时，概述产品益处也是从建立联系到产品推销对话的一个过渡点。这是一条时时刻刻都有可能运用的艺术——在客户失去兴趣的时候概述诸如"我们的产品正在打五折""我们的产品现在保修可以达到两年"之类的可带给客户的利益，往往能抓住客户的注意力，所以，一名推销人员应该尽量使概述产品益处成为习惯甚至口头语。

（二）FAB 法则

F 即产品的特性（Feature），是指产品设计上给予的特性和功能。在推销时把它理解成一种特点或属性，即一种产品能看得到、摸得着的东西，这也是一个产品最容易让客户相信的一点。销售人员可从各种角度展示产品的特性，例如，从材料着手，如衣服的材料是棉、麻、丝、混纺；从功能着手，如录影机具有定时录影的功能；从式样着手，如流线型的设计。每一样产品都有其独有的特性，不管你知不知道它是什么，或会不会使用，它已经是产品不可分割的特性。

A 即产品特性中的优势（Advantage）。例如，棉的衣服能吸汗，毛的温暖，丝的较轻；传真机有记忆装置，能自动传递到设定的多数对象；组合的隔间能随时移动；等等。

B即产品优势会给客户带来的利益（Benefit）。例如，每天都要和国外各分公司联络，因此使用传真机的速度较快，能节省大量的国际电话费；牙膏有苹果的香味，闻起来很香，让家里的小朋友每天都喜欢刷牙，避免小朋友生蛀牙；虽然是在正式场合穿的鞋，但鞋底非常柔软并富有弹性，很适合喜欢步行上下班的人穿；等等。

上述产品的特性和优势是从厂商设计、生产产品的角度，赋予产品能满足目标市场客户喜好的特性和优势。但是，在现实生活中，每位客户都有不同的购买动机，真正影响客户决定购买的因素，并不一定是产品的特性和优势。客户并不是因为产品特性和优势加起来最多而购买该产品，而是因为某种产品最适合其需要而购买。产品本身有再多的特性和优势，若不能让客户知道或不被客户认可，对客户而言，都不能算作有价值。

反之，若能发掘客户的特殊需求，找出产品的特性和优势，满足客户的特殊需求，或解决客户的特殊问题，那么，这个特性就有无穷的价值，这也是推销人员存在的价值。而推销人员对客户最大的帮助，就是能够满足客户的特殊需求或帮助客户解决实际问题。

在介绍产品的时候，一定要按FAB法则的顺序来介绍。实践证明，按这样的顺序介绍产品，客户不仅听得懂，而且容易接受，如表6-1所示。

表6-1　FAB法则例表

产品所在公司	产品	F（特性）	A（优势）	B（利益）
家具公司	真皮沙发	真皮	柔软	感觉舒服
汽车公司	配有12缸发动机的汽车	12缸的发动机	0～100千米的加速时间为12秒	省时

（三）重述

1. 重述的运用时机

所谓重述，就是重复叙述客户的话。一般可以在两种情况下使用：一是客户提出对推销有利的需求，或者客户提出的需求是你的产品能够满足的，这个时候要立刻重述一下客户的需求；二是客户提出对产品或公司有利的评论的时候，也要重述客户的评论。

2. 重述的作用

（1）重述可以加深客户的好感。重述的目的就是加深客户的好感，因此，在与客户沟通的时候，任何对推销有利的事情都应该把它重述一遍。重述的时候一定要注意：要用自己重新组织的语言去重述客户的意思，而不是呆板地重述客户的原话。

（2）重述可以为推销人员提供更多的思考时间。重述还有另外的一个作用，即它可以给客户一个信息：你正在认真地聆听。这种积极的聆听可以促使讲话者说得更多，既可给客户一个好的印象，同时还可以留给自己一些时间来思考。有时遇到异议也要重复，例如，"你提出的异议是我们的保修质量不太可靠，是这样吗？"在这个过程中就会有更多的时间留给自己思考。

三、现场演示策略

现场演示是推销介绍的一个重要策略。演示可以更生动、更形象地直接刺激客户，制造一种真实可信的推销情境，把客户置于较强的推销气氛中，使洽谈深化，达到推销产品的目的。通过表演展示、示范弥补口头语言对某些产品，特别是技术复杂产品不能完全讲解清楚的缺陷，使客户通过视觉、听觉、味觉、嗅觉和触觉，直接接受产品信息，既可节省洽谈时间，又能增强推销的可信性。现场演示讲究以下七个策略。

1. 选准演示时机

推销人员对产品进行演示，是与客户洽谈推销的一个重要组成部分。推销人员应根据产品的特点、客户购买心理、洽谈的地点等实际情况，选择最佳的演示时机。如果推销的产品属于新产品，那就先进行产品演示，满足客户的好奇心理，迅速使客户产生兴趣；如果推销的产品对于客户来说很熟悉，那就应在讲解完后再给客户演示。一般来说，当客户对产品产生兴趣时，往往也是产品演示的最好时机。

2. 演示方式适当

演示的方法有很多，包括产品演示法、行动演示法、体验演示法、文字演示法和图片演示法等。在推销活动中，推销人员应根据产品的性质、特点，选择理想的方法进行演示。推销人员可以将携带方便的产品带到客户那里，一边谈话一边演示；对难以携带的产品，可邀请客户到生产现场或者产品仓库直接参观；还可以邀请客户到老用户处参观产品的使用现场，让老用户给客户演示、说明。通过向客户进行产品演示，增强客户对产品的直接了解。在不能或不便直接演示产品的情况下，也可以采用文章演示法，即利用文字资料，包括产品介绍宣传单等相关资料来说服客户购买产品。图片演示法是推销人员利用各种图片资料来说服客户购买的一种方法。

3. 让客户实际操作

在条件允许的情况下，尽可能让客户亲自参加演示。因为，洽谈是为了向客户传递准确的推销信息，实现双向信息沟通，便于推销信息与需求信息保持一致。这就要求客户也参与信息沟通的过程，参与推销人员的现场产品演示，以确认产品是否真正符合自己的需要。例如，服装推销人员可以请客户对镜试衣，让客户自己评价产品是否合体；吸尘器推销人员可以请客户当场开机，检测一下它的吸力大小、吸尘功能强弱等。推销人员在推销介绍中，凡是能让客户参与表演、操作、摆弄和试用的产品，都应积极鼓励客户参与演示。

4. 演示最好带有戏剧色彩

演示最好带有戏剧色彩。例如，某洗涤剂推销人员在洽谈时，突然用油污弄脏自己笔挺的全毛花呢西服，然后涂上随身携带的高效呢绒干洗剂，再用软毛刷一刷，油污便无影无踪。对这一举动，客户先是大惑不解，旋即恍然大悟，随之对推销的产品产生了浓厚的兴趣。富有戏剧性的演示能迅速引起客户的注意与兴趣，加深客户的印象，增强演示的效果。

5. 突出重点，集中演示

做演示不能太烦琐，不要面面俱到，要挑选对客户最有影响力的方面进行演示。如果演示过程拖沓冗长，客户的兴趣就会减弱，甚至厌烦，从而影响演示的效果。因此，要尽量把示范过程安排得紧凑，突出演示重点，使客户尽快了解、熟悉产品的优点，并产生强烈的购买欲望。

6. 演示动作要熟练简洁

推销人员在演示时的言谈举止，会直接影响客户的情绪和对产品的态度。若在演示中过分小心，紧张慌乱，就会使客户怀疑产品的质量不佳；若动作不娴熟、笨手笨脚，不仅反映不出产品的特性，反而会使客户对产品产生怀疑，失去信心。所以，推销人员应以轻松的表情、大方的举止、熟练的动作进行演示操作，以促使客户购买，增强客户的购买信心。

7. 明确演示目的，检查示范效果

推销人员每次演示前都应明确：这次演示要证明些什么？达到什么目的？演示后要征询客户的意见，检查示范的效果，并耐心回答客户提出的问题，进一步刺激客户的购买欲望。

即时思考：为什么说恰当的开场白非常重要？

第三节　洽　谈　艺　术

洽谈是借助于推销人员和客户之间的信息交流来完成的，而这种信息传递与接受，需要通过双方之间的倾听、提问、答复、说服这些基本的方法实现。

一、有效的倾听

倾听，指专心致志、积极、认真地聆听对方的讲话。有效的倾听是成功销售最为重要的艺术之一。大量研究表明，不能有效倾听是销售人员最大的不足。倾听的意义在于：一是洞察对方的态度、意图、条件，以便在其后的商谈中针对这些情况提出自己的对策。二是使对方感受到你对他的尊重和重视，从而赢得对方的积极配合和友好合作，以利于洽谈的顺利进行。三是在倾听对方的过程中，可以在内心里反复地推敲自己的方案和意见，使自己受到新的启发，想出更好的意见。

洽谈中要想取得良好的效果，推销人员在倾听中应该做到专心致志、随时记笔记、善于鉴别、全面理解、尊重他人、沉稳耐心。

1. 专心致志

推销人员在听对方讲话时，要专心致志、聚精会神。同时，还要以积极的态度去倾听。

专心致志，就是精力集中地听，不能心不在焉。这是倾听艺术的最基本、最重要的要求。如果对方讲话的内容与我们理解的内容有偏差，或是传递了一个重要信息而被我们漏听，或是讲话者的内容为隐含意义，就有可能导致推销工作的失误。因此，必须学会倾听。用积极的态度去听，会使倾听的效果更好。在倾听时要注视讲话者，主动与讲话者进行目光接触，并做出相应的表情，以鼓励讲话者。如微微一笑，或是赞同地点点头，抑或否定地摇摇头，也可不解地皱皱眉头，等等，这些动作配合，可帮助我们精力集中，收到良好的倾听效果。了解对方的重要观点，从而有利于判断客户的真实需求，正确把握谈话方向。

需要特别注意的是，当对方的发言我们不太理解、甚至令人难以接受时，也不要表现出漠然或拒绝的态度。作为一名推销人员，应该养成有耐心地倾听对方讲话的习惯，这也是推销人员良好个人修养的标志。

2. 随时记笔记

通常，人们即席记忆并保持的能力是有限的，为了弥补这一不足，应该在听讲时随时记笔记。记笔记的好处在于，一方面，可以帮助自己回忆和记忆，而且有助于在对方发言完毕之后，就某些问题向对方提出质询，同时，还可以帮助自己做充分的分析，理解对方讲话的确切含义；另一方面，记笔记，能使讲话者感觉到自己被重视，当倾听者停笔抬头望着讲话者时，又会对其产生一种鼓励的作用。

实践证明，即使记忆力再好也只能记住一个大概内容，有时甚至会把听到的内容忘得干干净净。因此，记笔记是推销洽谈时必不可少的，也是比较容易做到的好方法。

3. 善于鉴别

在专心倾听的基础上，为了达到良好的倾听效果，可以采取鉴别的方法来倾听对方讲话。通常情况下，人们说话时是边说边想，想到哪儿说到哪儿，有时表达一个意思要绕着弯子讲许多内容，从表面上听，似乎没有主题或者重点。因此，听话者就需要在用心倾听的基础上，鉴别传递过来的信息的真伪，去粗取精、去伪存真，这样即可抓住重点，收到良好的倾听效果。

4. 全面理解

要克服先入为主的倾听习惯。先入为主地倾听，往往会扭曲说话者的本意，忽视或拒绝与自己心愿不符的意见，这种做法非常不利。此时听话者不是从谈话者的立场出发来分析对方的讲话，而是按照自己的主观意愿来听取对方的谈话。其结果往往是听到的信息变形地反映到自己的脑中，导致接收的信息不准确、判断失误，从而造成行为选择上的失误。所以必须克服先入为主倾听的做法，全面、准确地理解谈话的内容，将讲话者的意思听全、听透。

5. 尊重他人

在洽谈中特别要注意不要轻视他人。人们在轻视他人时，常常会自觉或不自觉地表现在行为上。比如，对对方的存在不屑一顾，或对对方的谈话充耳不闻等。在洽谈中，这种态度有百害而无一益。因为，这不仅表现了自己的狭隘，而且难以从对方的话中获得我们所需要的信息。同时，轻视对方还可招致对方的敌意，甚至导致关系破裂。要学会用平等温和的心态看待他人。要知道，当你轻视别人的时候，别人同样会轻视你。尊重和善待每一位你所接触到的人，就是尊重和善待我们自己。有一句话说得好：你想别人怎样对待你，你就必须怎样对待别人。

6. 沉稳耐心

在洽谈过程中，不要因急于回答问题或做出解释而打断对方的话。抢话或打断对方讲话的现象是经常发生的，抢话或打断对方讲话不仅会打乱别人的思路，也会耽误自己倾听对方的全部讲话的内容，这是一种不尊重他人的行为。抢话或打断对方讲话的做法往往会阻塞双方的思路和感情交流的渠道，对创造良好的洽谈气氛非常不利，也会影响倾听效果，事实上，倾听者对对方的讲话听得越详尽、越全面，对答起来就越准确、越有力。相反，如果在尚未全面了解对方讲话的全部内容和动机时就急于解释或反驳，不仅会使自己显得浅薄，而且还会使自己在洽谈中陷入被动，对自己十分不利。

即时思考： 如何做到有效倾听？

二、恰当的提问

在洽谈中，推销人员要善于通过精心构思的提问来引导谈话，它和倾听经常搭配使用，成为洽谈的两大重要艺术手段，推销人员为了了解客户的需要和心理疑问，会提出种种问题，这个过程就是洽谈中的提问。推销人员要善于通过提问确切了解有关客户需求的信息。

精心设计的、有针对性的问题引导客户认真思考后再作回答，从而为推销人员提供了与客户现状、需求和期望相关的详细信息。恰当的提问还有助于买卖双方对问题和可行方案的理解。有效的提问可以引起客户的注意，使客户对所提问题予以重视。推销人员如果善于运用提问的艺术，就可以及早触及与推销有关、对揭示客户真正动机有益的内容，从而有效地引导洽谈的进程。

1. 提问问题的类型

提问问题的类型一般可分为两大类：开放式问题和封闭式问题。

开放式问题，通常也称为不定向问题，即让客户自由回答的问题。这类问题更能激励客户思考，并使推销人员获得更丰富的信息。推销人员采用开放式问题提问，有利于了解客户的具体需求和期望。开放式问题口头语通常是"什么""如何""哪里""何时""为什么""您认为"等。

封闭式问题即我们通常所说的选择题或者判断题。这类问题只需要客户回答一两个词，一般用于确认开放式问题所获得的信息。例如，"您喜欢哪一个？A还是B？"这类问题简明扼要，不会耽误客户太多时间，一般比较受到客户的欢迎。

2. 在洽谈中常用的提问艺术

（1）求索性提问。这种提问旨在了解客户的态度，确认他的需要。例如："这么多种颜色真让人眼花缭乱，请问您喜欢哪种颜色？"通过提问，可以很快探明客户的需求信息及其对产品所持的态度。

（2）探索性提问。这是针对客户提出或谈及的问题引申询问，希望进一步探讨，得到更为清晰明确的详细信息，帮助推销人员挖掘客户需求并找到解决方案。例如，"您说上批货的推销遇到了麻烦，请问是什么麻烦？""您觉得这种材料不耐用，是哪些方面使您产生了这样的印象呢？""这个问题存在多久了？"

探索性提问，一是可以充分发掘信息；二是以探询的口气提问，不包含任何肯定或否定的含义，故不会引起对方的反感；三是就对方话题提问，可以使对方感到你对他的话的重视。

（3）借入性提问。这是借第三者的意见来影响客户意见的提问。例如，"我们的货在几家大商店的零售价都是 7.8 元，您也认为这个价格比较合理吧。"

这类提问，以具有权威性的第三者作为参照。如上例中相对于一般商店来说，大商店的零售价具有权威性，这使客户增加了拒绝的难度。

上述三种提问方式提出的是开放性问题。

（4）选择式提问。选择式提问提出的是典型的封闭式问题。为了提醒、敦促客户购买，推销人员的推销建议采用选择式提问，给客户提出两种或两种以上方案，客户无论选择哪一种，都是可以接受的。例如，"您是要大包装的还是要小包装的？""这两种样式您更喜欢哪一种？"

在使用不同的提问方式时，推销人员要注意以下问题：一是提问时表情要自然，语气要亲切，音量要适中，不可带有咄咄逼人的气势。二是不要提出有敌意的问题，不询问个人隐私，不问令人扫兴的事、客户不愿讲和不好讲的问题，不要穷追不放。三是要注意提问的时机，在客户适宜答复问题时才提问，要给予客户足够的时间答复。

三、洽谈中的答复

在推销洽谈中，对于客户的提问，推销人员首先要坚持诚信原则，给予客观真实的回答，既不言过其实，又不弄虚作假，从而赢得客户的好感和信任；其次，要明白对方提问的用意，客户提出问题的目的往往是多样的，动机也是复杂的，推销人员需要经过周密思考，准确判断客户的用意，做出独辟蹊径的、高水准的回答；最后，对于一些不便回答的问题，应采取灵活的方法，给自己留下进退的余地。总之，回答问题时应当巧立新意，通过有效运用"专、精、准、全、反问"的技巧，渲染客户的观点，强化回答的效果。

1. 专

推销人员一定要有丰富的专业知识和商业知识，回答客户问题既要专业又要通俗；既要让客户明白，又要给客户留下深刻的印象，从而达到成功推销的目的。

2. 精

推销人员在回答客户的问题时要精短，不要太拖拉，含糊不清；更不要长篇大论。要尽量揣摩客户问问题的深意，客户想要了解什么？

3. 准

推销人员在回答客户的问题时要准确，不能模棱两可，更不能答非所问。

4. 全

推销人员在回答客户的问题时要全面，这并不是说回答得越多越好，而是要针对客户的问题来全面回答，不要有所遗漏，特别是关键问题，也要学会问一答十，这与精准并不矛盾，对客户在了解产品时肯定要问到的问题，最好一次性回答。如问产品的规格时，就要把产品的规格、各规格的价格，产品的包装、运输，开发票等问题都答复给客户。

5. 反问

推销人员在回答客户的问题时，遇到不清楚或者难于回答的问题，一定要学会委婉的反问，同时不要引起客户的反感。问的目的是更清楚的了解客户的问题和需求，以便更好地回答客户的问题。

四、洽谈中的说服

在推销洽谈中，说服客户接受你的产品或服务，是推销洽谈成功的关键。说服无力、无效，就会使洽谈陷入僵局，乃至失败。推销人员只有掌握高明的说服技巧，才能在变幻莫测的洽谈过程中左右逢源，达到推销的目的。说服的要领有以下几点：

1. 先易后难，循序渐进

洽谈中，对于双方所要讨论的问题，应先权衡其难易程度，按"先易后难"的次序，先谈容易达成协议的问题，这样更容易达到预期的效果，取得成效。因为，当双方一开始就显示出了合作的诚意和彼此的信任，创造了友好的洽谈气氛，就会减少双方的猜忌，增强彼此对交易成功的信心和愿望。如此循序渐进，每一个问题的解决都为下一个问题的解决奠定了良好的基础。

2. 示之以利，略述其弊

当客户以利的追求为洽谈的目标时，会十分注意利益的得失。因此，为了说服客户，销售人员应先迎合客户逐利的本能，示之以利，以利来激发客户的兴趣和热情，然后，再略述其弊。这样，由于利之"先入为主"的思维定式，往往有助于稀释其后所陈述的"弊"给客户所带来的消极作用，最终达到良好的劝说效果。

3. 急人之急，动之以情

洽谈的目的在于"得到我们需要的，并寻求对方的许可"。如果客户的迫切需要得不到满足，则无论你如何善辩，如何熟谙各种洽谈技巧，都将无济于事，无法使客户心悦诚服。如果能急客户之所急，在洽谈的过程中努力去发现客户的迫切需要或第一位需要，并提出满足其需要的现实途径，就能使客户在感情上产生"认同感"，此时洽谈往往能收到事半功倍的效果。因此，在说服过程中，寻找客户的所"急"，急人所急，能更好地吸引对方，说服对方。

4. 强调一致，激发认同

洽谈是双方有冲突的合作过程，洽谈的成败一般取决于合作与冲突的因素的强弱对比，合作的因素多，则洽谈成功的希望就大。而要合作，就应强调双方利益的一致性与互惠性，从而提高客户的认同程度与接纳程度。因此，在说服客户的过程中应及时、适当地强调洽谈的成功对双方的好处，强调双方的一致性，特别要强调有利于客户的各项条件，以激发客户的积极性。

5. 首尾并重，突出主题

一般来说，洽谈一方发言的开头和结尾两部分要比中间部分更令人印象深刻。在洽谈中，推销人员要重视发言的开头和结尾两部分的内容安排和语言技巧的运用，把最重要的部分放在头尾部分，从而突出主题，加深客户对自己观点的印象，增强说服的效果。

即时思考：推销洽谈中有哪些说服的要领？

▣ 小结

洽谈是推销过程的一个关键性环节。洽谈的作用，在于与客户充分交换信息和想法，形成共识。推销的成功很大程度上取决于洽谈的成功，为此，需要我们抓住以下几个问题：

1. 做好洽谈前的准备。为确保洽谈能取得预期的效果，推销人员必须做好充分的准备，准备工作做得越充分，洽谈的效果就越好。

2. 遵循洽谈的基本原则。无论采取什么样的洽谈方式，都要遵循洽谈的基本原则，这是获得洽谈成功的保证。这些基本原则包括：客户导向原则、鼓动性原则、参与性原则、诚信原则。

3. 掌握科学的洽谈策略。客户的购买行为是一个复杂的心理活动过程。推销人员要将先声夺人、有效讲解、现场演示等策略灵活运用于洽谈中，唤起客户的购买欲望，达到洽谈的目的。

4. 洽谈中的艺术运用。洽谈是借助于推销人员与客户之间的信息交流来完成的，推销人员要巧妙地运用倾听、提问、答复、说服等艺术，使洽谈顺利进行并取得成效。

▣ 案例

袁总的公司最近要招标采购一套安全加密系统。标书发出去后，有 5 家公司带着厚厚的投标文件来参加投标，每一个厂商都说自己是最大的、最全的、最好的、最有资历的。结果，袁总最终谁家的都没买，这个采购项目就暂时搁置了。我问袁总为什么采购没有成功，袁总说："我觉得每个厂商讲得都挺好，但是好像都不是我想要的。我觉得我并不需要一个功能最全的产品，我只想要一个最适用的，而且，每个人都让我觉得他们根本就不关心我到底想要什么。怎么能把我的钱交给这些根本就不关心我的人呢？"

（资料来源：岳贤平. 推销：案例、技能与训练. 北京：中国人民大学出版社，2018：106.）

请思考：袁总为什么暂停了这个采购项目？5 家公司在投标时主要有什么失误？结合这个案例谈谈在推销洽谈时应注意什么问题？

🔖 实训演练

某推销人员向某客户推销某牌洗衣粉，该产品具有洗得干净、易于漂洗、环保等优点。由于是试销期，每袋售价15 元，而同类产品市场上每袋售价18 元。现在客户提出每袋以13 元成交，推销人员应如何拒绝？

要求：以学习小组为单位分别设计拒绝策略，并选出代表作模拟表演。

第七章 异 议 处 理

引 言

推销活动是复杂的，受多种因素的影响和制约。任何一笔交易的达成都不可能一帆风顺，客户常常会提出这样或那样的问题，如"这个不好，我要那个""很遗憾，现在没有放的地方""实在抱歉，现在没那么多钱""新产品不知道怎样""以前用过，不好使"等，这就是客户异议。当客户提出上述问题时，你将怎样应对？在推销过程当中，客户肯定会提出各种各样的购买异议。正确认识并妥善处理客户异议，是现代推销人员必须具备的基本功。本章着重介绍客户异议的产生根源、客户异议的类型及客户异议的处理艺术。

学习目标

1. 对客户异议有一个全面、客观的认识；
2. 了解客户异议产生的根源；
3. 熟悉各种类型的客户异议产生的原因和表现；
4. 掌握处理客户异议的方法。

第一节 对客户异议的分析和认识

一、客户异议产生的根源

客户异议是指客户对推销人员、被推销的产品或推销活动做出的一种在形式上表现为怀疑、否定或反面意见的反应。

一般说来，客户异议产生的根源是多种多样的，既有必然因素，也有偶然因素，既有可控因素，也有不可控因素。归纳起来，主要有两方面：一方面是主观原因导致的推销障碍，包括客户逆反心理、排外心理、自我保护意识、自我表现心理、客户的心境、个性等；另一方面是客观原因导致的推销障碍，包括产品的质量、特性、功能、价格、品牌、包装、企业销售服务措施、企业的推销策略、公共关系形象、推销人员的某些行为、礼仪等。

在基于互联网的推销活动中，网络异议也很普遍。网络推销中的客户异议产生的原因大体可以分为四类，即产品原因，处理方式原因，信息原因和技术原因。

1. 产品原因

（1）产品质量。由于网络交易的虚拟性，客户不能看到真实的产品，只能看到产品的图片或视频简介。所以尽管各个网络销售公司都制作了详尽的图片、丰富的内容来完善产品的信息，并出具了相关部门的质量检验合格证书，但是客户仍然会怀疑图片或视频与真实产品是否一致，合格证书是否真实。

（2）产品价格。网络推销产品由于没有店铺要求、销售人员较少、成本较低等因素，其价格往往会比实体店铺的同一产品价格低很多，这也是很多客户选择在网上购物的主要原因之一。但是，同一产品在不同的公司都有销售，由于成本不同，价格必然也会不同，客户往往会选择信誉高、质量好且价格低的公司购买产品。因而，产品价格高必然会引起客户异议。

2. 处理方式原因

（1）客户服务。随着 SNS（Social Networking Services，社交网络服务）技术的普及，当前，我国所有的网络销售公司都有客户服务系统，比较常见的有 QQ 和阿里旺旺等。利用这些技术，推销人员对客户进行在线即时客户服务和帮助，对产品的销售有很大帮助。同时，客户服务人员较少、回复不及时、客户服务人员业务水平不高等原因，也会造成大量的客户异议。

（2）物流运输。客户在网络销售公司购买产品后，需要经过物流公司的长途运输，最后才能到达客户手中。这也是客户选择网络购物的重要原因之一，足不出户，买卖万里。但是由于在运输过程中可能会产生产品碰撞、时间过长、运费过高等问题，也会造成客户异议。

（3）售后支持。在客户收到产品后，如果出现产品质量问题或其他问题，需要有售后支持服务。这方面有些公司做得不太好，客户往往需要自己出运费把产品邮寄至网络销售公司，然后再由网络销售公司进行维修或者退换产品，其中产生了大量的客户异议。

3. 信息原因

（1）信息错误。很多网络销售公司为了增加产品销量，在产品宣传阶段，往往会夸大其词，虚假宣传。这样客户收到产品后，就会出现信息错误。

（2）客户投入成本。很多企业在推销产品时，往往会推荐客户购买对企业利润最大的产品，而不是根据客户的具体情况推销最适合客户的产品。有些推销人员嫌麻烦、费事，不愿在客户身上投入太多，从而造成了客户异议。

4. 技术原因

随着客户异议的增多，很多网络销售公司都使用网上客户抱怨/异议系统软件。但是，由于技术方面的原因，很多软件使用不便、注册麻烦，容易出错。如果网络销售公司能够在软件、硬件方面增加投入，购买或设计一套更加完善的软件，会更有利于客户异议的处理。

作为一名推销人员，应尽力去排除影响产品推销的障碍，达到促进产品销售的目的。对于客观原因引起的推销障碍，推销人员应持积极的态度去对待，从自身做起，在推销礼仪、推销策略、推销艺术等方面下功夫。同时，还应积极将客户对产品的反应反馈给企业，向企业提供改进产品、开发产品、完善服务、树立形象等方面的建议。最终达到降低障碍水平或排除障碍的目的。

二、正确认识客户异议

客户异议在推销过程中是客观存在的，不可避免的。它是成交的障碍，但它也是客户对产品产生兴趣的信号。若处理得当，反而能使推销工作进一步深入下去。面对客户异议，推销人员必须认识到推销过程中产生反对问题是正常的，提了问题的客户才是最有可能购买的客户。

只有当客户对产品有潜在需求时，才会提出问题。这样，推销人员就可以针对具体问题找到相应的解决方法。当客户对产品没有任何需求时，对产品就不会有详细的认知，也就提不出问题。客户没有问题才是推销过程中的最大问题。正确认识客户异议需要从以下几方面考虑：

1. 提出异议是客户应有的权利

在买方市场条件下，消费者对产品或服务有充分的选择自由，有权利对市场上所提供丰富的产品进行分析、比较、选择。推销人员的任务就是排除客户的戒心和疑惑，使客户由冷漠拒绝变为对产品产生兴趣，最后出钱购买。因此，提出异议是客户在选择商品时必然会出现的现象，也是客户应有的权利。推销人员不应该视客户的挑剔和拒绝为洪水猛兽，畏首畏尾，退缩不前。

2. 客户异议是企业信息源之一

客户异议直接向推销人员提供了更有价值的信息，这就帮助推销人员在前期准备收集到信息资料的基础上，进一步掌握有关信息。这些信息反馈给企业，对企业开发新产品、满足客户新要求都有启发意义。正确地将客户异议译解出来，将会有新的发现。

3. 客户异议是客户对产品产生兴趣的标志

推销工作中不怕提异议，而怕没异议，无异议的客户反倒令人担忧，这往往是其不感兴趣的标志，而且也会使推销人员很难窥测到客户内心活动的情况，使推销工作无法进行下去。

只有客户对所推销产品产生兴趣时，才能从正反两方面来考虑问题，权衡得失，发表个人见解。所以，客户异议是推销成功的希望之光。"褒贬是买主，喝彩是闲人。"这句商业谚语对我们认识客户异议有很大的启发意义。

即时思考："褒贬是买主"，你如何理解这个说法？

第二节　客户异议的类型与分析

推销人员在访问推销中常会遇到各种各样的客户异议，对这些异议进行分类概括、分析鉴别，有利于推销人员提高处理异议的技术水平。

一、需求异议

需求异议是指客户认为自己不需要推销人员所推销的产品而产生的异议。例如，客户有时会这样说"我不需要""这东西对我没用"，需求异议是客户对推销产品或者推销活动的彻底否定，因为在客户对某种商品根本没有需求的情况下，价格、质量等其他一切就更谈不上了。

产生需求异议的原因很多，大体可归纳为三种：一是客户认识不到自己对产品的需求，因而表示拒绝；二是意识到有需要，有些困难不能购买，又不想直接回答推销人员的问题，因而以"不需要"作为拒绝购买的借口；三是客户确实不存在对产品的需求。

作为推销人员，首先要做的工作是弄清"不需要"的真正原因。通过仔细观察客户的表情和举止，细心倾听客户的言谈，或者通过询问客户一些问题，推销人员可以从客户的回答及神情中捕捉信息。此外，如果旁边有客户的朋友，也可以从他们那里得到一些重要信息。

只有得知客户"不需要"的真正症结所在，才可以对症下药。如果异议是第一种原因引起的，那么刺激需求、诱导需求就成了主要应面对的问题。如果异议是第二种原因引起的，那么首先要冲破客户的心理防御，从情感上打动客户，尽量找出客户面临的到底是什么困难，并给予力所能及的、最大限度的帮助。这时需求异议可能会转化为其他形式的异议，也就是说，最终让客户表示对该产品有需求，但是在资金方面有些问题，或者是因为单位上的一些难题等而无法购买。如果能想出帮助客户解决问题的有效途径，交易成功的可能性也就很大了。如果异议产生的原因是客户确实不存在对推销产品的需求，那么应立即停止推销活动。作为推销人员，应时刻记住自己的天职就是为客户服务，只有满足客户的真正需要，才有可能在推销工作中获得成功，也只有以职业道德为准绳，才能问心无愧，心情舒畅地反复拜访客户，达到推销的目的。明知客户没有需求，还要强行推销，甚至不惜用欺骗手段，那是不足取的。

二、货源异议

货源异议是指客户不喜欢推销人员的委托厂商的产品而产生的异议。推销人员常听到客户这样说："真不巧，××公司也出同样的产品，我们跟他们是老关系了，一般都用他们的产品，质量是一定有保证的，只好对不起了。""很抱歉，这种产品我们和××工厂有固定的供应关系。"这些都是典型的货源异议。货源异议乍一看似乎是不可克服的，但事实并非如此。货源异议可能成为真正的推销障碍，但货源异议本身又说明客户对推销产品是有需要的。货源异议产生的原因大致有如下几种：

1. 客户对推销人员的委托厂商不了解，缺乏信任

一般来说，客户对供货厂商进行严密的评估，是求得采购方便和安全的一大措施。所以，对于从未发生过业务往来的陌生厂商，都会提出一些较为冷漠的问题，如"贵公司的大名从未听说过""我从没听说过你们公司和产品，我们只和知名的大企业打交道"等。对于这些货源异议，推销人员不妨采取这样一些措施：提供与大厂业务往来的资料及产品技术规格；劝说客户实地赴厂考察和评估；要求客户试用（或试销）产品；提出质量保证和赔偿担保证明等。

2. 客户对于目前的供应状况满意

推销人员进行说服时，客户确实已与某企业有了固定的供应关系，而且价格、质量、等级、交货服务等都符合要求，因此，不想再增加或更换采购途径。这种说辞表面上听起来合情合理，其实对于客户而言（不论是消费者、中间商或是制造商），除非有特殊原因，否则没有必要忠诚于某一个厂牌，即使感到目前使用的产品能令人满意，但有更多的选择，总是有好处的：不致中断货源供应，而使生产或推销遭到意外，产生不利影响；多元采购无论就价格、质量和服务而言，都较一元货源好，客户可享受到竞争利益。

客户对其他企业所做的购买承诺，除签订合同外，推销人员依然可以用正当公平的手段，使客户主动解除与其他企业的书面意向或购销合同期满后不再续约，从而改变采购方向。换言之，从推销的观点讲，客户对其他企业所做的一切口头或书面承诺，都是可以经说服加以改变的，尤其是当客户具有较丰富的采购经验时，其行为往往以最大利益而改动，只要推销人员能使客户彻底了解其所推销的产品及服务，比同类产品略胜一等，就有希望促使客户改变对其他企业所做的购买承诺。

3. 客户想取得交易主动权，从而得到更多利益

货源异议并不都是真实的，有的客户提出有相似的商品来源，只是想向推销人员施加压力，使自己处于谈判中的有利地位，以达到杀价的目的。推销人员若能洞察到客户这种心理，便可利用一般异议转化技巧予以消除。

小案例

客户："我们一直用××厂的产品，从来没有买过贵厂的产品。"

推销人员："关系都是慢慢建立的嘛。我们的产品质量很好，在同行业中有很高的声誉，我们能保证交货时间，并且我们的产品价格低于同类产品价格，对多进货的企业还有价格优惠，您不妨考虑购买我们的产品。"

客户："这样啊，那么我们考虑一下。"

（资料来源：谢和书，陈君．推销实务与技巧．3 版．北京：中国人民大学出版社，2018：151．）

三、推销人员异议

推销人员异议即客户拒绝接待某一特定推销人员和拒绝购买他所推销的产品。客户的推销人员异议往往使推销人员感到尴尬，而难以进一步开展产品的推销活动。产生推销人员异议的原因有如下几种：

1. 推销人员本身工作的失误，引起客户的反感

有的推销人员曾向客户推销过劣质产品，致使客户承受了巨大经济损失；有的曾向客户做过一些承诺，结果没兑现；等等。这些都必然使推销人员名誉扫地。作为推销人员，应坚决杜绝以上行为的发生，对曾经发生过的不当行为，应诚恳地向客户道歉，尽量弥补客户损失，这不仅是推销人员应有的道德素质，也是推销人员应有的胸怀。以情动人，在此基础上与客户重新建立关系。

2. 推销人员工作质量不够理想

思路敏捷、善于表达、解释通俗易懂、熟悉产品性能和市场行情、待人和蔼可亲、回答问题不厌其烦、真诚关心和帮助客户的推销人员，自然会受到广大客户的欢迎。相反，在这些方面不够理想的推销人员，自然会失去客户的赏识和信任。所以，不断提高自身的业务水平和业务能力是每位推销人员都应孜孜追求的目标。当然，这需要一个过程。

3. 晕轮效应也会导致推销人员异议的产生

心理学实验证明：许多人对外表吸引人的人比对外表不吸引人的人赋予更多的理想的人格特征。诸如和蔼、沉着和好交际等。客户可能会因为不喜欢推销人员的外貌而产生推销人员异议。"人不可貌相"，但英俊潇洒的小伙子，亭亭玉立的姑娘，更容易被人接受；推销人员无法改变自己天生的容貌和身材，但应该从风度、气质、修养、学识、谈吐、衣着服饰等方面塑造自身的魅力，这同样会给人带来一种愉悦感，并产生一种异乎寻常的感染力和影响力。

应该看到，推销人员异议具有积极意义，它会促进推销人员不断改进工作，完善自我。

四、产品或服务异议

产品或服务异议是指客户因推销的产品或服务不符合要求而产生的异议。推销过程中会听到客户这么说，"这种产品质量太差，用久了会变形""这种产品坏了没地方修，我们可不敢买""你们不送货，我无法买"等，这些都属于产品或服务异议。产品或服务异议是对需求异议的一种否定，从异议本身不难看出，对这种产品或服务，客户是存在需要的，只是

认为产品还不够理想。

产品异议的产生原因很多，包括对产品缺乏了解，客户存在购买习惯和偏见等。产品异议是富有挑战性的，但应该是能够克服的。推销人员必须了解哪些产品特点对客户很重要，进而着重宣传这些产品特点，将产品特点与客户需求相结合，满足潜在客户的需要。有效的演示和请客户自己动手亲自操作，可以增强客户对产品质量和功能的信心；向客户展示产品可观的推销成绩，可以反映该商品在国内外有广大的用户。

如果客户与推销人员并非首次接触，甚至客户还用过该种产品，而反映又不是很好，问题就比较棘手了。客户可能会说："以前用过，不好用。"许多推销人员在这种情况下可能会尽力反驳，这对解决问题无任何好处，反而会使问题变得更糟。这时推销人员应设法弄清楚真正的原因，以便适当处理。寻找原因时推销人员大致可使用以下几种方式：

（1）自由型："这是怎么回事呢？"

（2）半自由型："您说的是产品还是服务呢？"

（3）肯定型："哪些方面是好的？"

（4）否定型："哪些方面是不理想的？"

（5）强制型："在节能方面您认为如何？"

经过这样的询问，然后再进行说明、解释，会使客户异议得到转化。

五、价格异议

价格异议是客户认为产品价格过高而拒绝购买的一种异议。众所周知，价格问题直接涉及买卖双方的实际利益，客户对价格最敏感，因而是最常见、最容易提出的客户异议。

（一）价格异议产生的原因

1. 客户的经济状况、支付能力方面的原因

这类原因是真实的、客观存在的，推销人员应进一步区分情况，个别对待。若客户的经济状况欠佳，应放弃对他们的说服；若客户总的经济情况很好，只是暂时资金不足，可主动建议采取灵活多样的支付方式来解决。

2. 基于对同类产品或代用品价格的比较

有时市场上的竞争对象的产品比自己企业的产品价格低或者一些代用品的价格低于本企业产品，这些都会使客户产生价格异议。这种情况下，推销人员必须对市场上同类产品或代用品作详尽的了解，以便能够指出本企业产品相比竞争产品，能够给客户带来哪些特殊的益处，让客户感到价格虽高，但物有所值，从而让客户心悦诚服地接受产品。

3. 客户对产品的误解

前两种原因是客观原因，而客户对产品的误解是主观原因。这种情况需要推销人员与客户进行有效沟通，消除误解，从而转化异议。

4. 客户的其他动机

价格异议也可能基于客户的某种动机：想买到更便宜的产品；想在讨价还价中击败推销人员，以此来显示自己的谈判能力；怕上当因而作价格的试探；寻找不购买的借口等。推销人员应认真分析，分别采取有效的应对策略，进行价格异议转化。

在推销过程中，产品的价格问题是一个与买卖双方利益密切相关的问题，一些即将成功的交易，或许因为价格异议而失败。

（二）价格异议的转化艺术

价格异议是客户异议中最常见的异议，绝大多数客户在购买产品时都希望得到更多的实惠，因此无论是真是假，也无论有没有支付能力，很多客户都习惯讨价还价。他们往往会说"这也太贵了吧""我没带这么多钱""为什么比别的东西贵这么多""打点折吧，我下次还会来"等。面对价格异议，推销人员首先要结合客户的身体语言，在与客户交谈的过程中准确地判断客户对这件产品的喜爱程度，准确地判断客户提出的这种价格异议"是真还是假"，并且采取积极有效的应对策略，让客户最后下定决心购买产品。如果处理不当，即使为客户打了很低的折扣，交易依然难以达成。相反，如果处理得好，根本不必打折，客户还会顺利购买，甚至满心欢喜，连声道谢。面对价格异议，推销人员可以采用以下策略：

1. 多讲产品的优点

在向客户进行产品推销说明时，需要将产品的优点及价值重点向客户介绍。所谓优点，是指产品的设计、质量、功能、声誉和服务，超过同行竞争产品的一种优势。一般在市场上，产品的价格必定与这种优势有相当大的关系，推销人员应透彻地分析、讲解产品的这种优势，并配以充分的说明资料加以证实，让客户最大限度地了解本产品的优点，并感到购买该产品后所得到的利益远远大于其所支付货款的代价。

2. 强调受益

推销人员在转化工业客户提出的价格异议时，应特别强调其产品在节省原材料、降低物耗及制造、维修费用方面的特点，或提高劳动效率、提高质量、增加收益方面的优势。例如，一位农业机械推销人员向一个农场推销一种先进的播种机。他告诉农场有关人员两个计算结果：一是使用这种机器每小时的播种面积比其他机器多30%；二是这种机器的使用寿命比其他机器长得多，如果将这种播种机的价格平分到每个使用小时里，单位时间仅增加5%的成本，显然投入要小于产出。这样，从产品所产生效益的角度衡量，它的价格并不高。

对于中间商提出的价格异议，推销人员可以从产品能给客户带来"丰厚的利润、周到的服务、广泛的潜在市场"等方面的好处来转化客户的价格异议。

3. 缩小单价

缩小单价就是将报价的基本单位缩至最小，以隐藏价格的"昂贵性"，使客户陷入"付费不多"的错觉中，从而达到转化价格异议的目的。例如，一位客户看到一台冰箱，犹犹豫豫，称"价钱太贵了"。推销人员说："你说的一点儿也不错，2 000元的确不是一笔小数目。可是这东西绝不是一两天、一两年就能消费掉的，一般情况下可以使用 10 年，假定只用 5 年吧！一年平均 400 元，每一天平均不到 1.1 元，这样分到一天的费用不能算贵吧！如此经济的支出，你赚的钱抵消它绰绰有余了，多便宜啊！"

4. 比较优势

单纯强调本产品的优点固然可作为转化客户异议的一种方法，但其效果往往会受到一定限制，如果用本产品的优势与竞争产品的劣势相比较，使其"优势"更加突出，则往往会收到意想不到的效果。例如，一位客户说："这个公文柜怎么比别家贵了 50 元？"推销人员答道："一点儿不错，是比别家贵了 50 元，但贵有贵的道理。第一，这个公文柜比别家的公文柜深 150 毫米，存放空间多 8%；第二，请您再看看木料和烤漆，都是上等的，不但坚固而且光亮；第三，就拉门和每个抽屉而言，都比别家的灵活、精致、耐用，无论怎么拉动，永远运转自如，不会给您增添麻烦；第四，另外还有两个抽屉，都装上了价值 8 元的暗锁，可以存放重要文件和贵重物品。从这些比较得来的特点，您一看便知，我们所推销的公文柜确是上等的，与一般粗制滥造的柜子，不能相提并论。所以，多花 50 元，您所得的好处，比别家的柜子多 3 倍，值不值得呢？"客户提出的价格异议，无疑将在推销人员逐一强调、分析和比较产品优势的过程中消失。

5. 实惠损失法

有些客户在讨价还价中比较顽固，价格已到极低限，仍不满意，对这类客户，推销人员不妨采用"实惠损失法"来转化异议。所谓实惠损失法，就是由推销人员向客户强调，在某一最低价格以下，客户将无从获得所欲购买的产品，以致将蒙受因得不到产品实惠而产生的损失。如在推销一种新机器的过程中，客户提出："如价格在 5 000 元以内，我就买。"推销人员回答说："5 000 元是最低价格了，李经理，如果您还要求降价，这桩交易恐怕难以成功。您想一想，一年之内您的企业要损失多少？新机器设计精密、效率高，每年可为你们企业增加 5 万元利润；同时生产出来的产品款式新颖，不怕别人竞争；最难得的是，您还可以利用政府鼓励新产品开发政策的 70% 贷款，年息低，分期长，只要付出 1/3 的投资代价，就可以获得多重收益。"这种方法，能站在客户的角度权衡利害得失，客户容易接受，异议也就在这种分析、权衡过程中转化和消失了。

六、时间异议

时间异议是客户有意拖延购买时间的一种异议。"你得给我点时间考虑考虑""我现在还不能拍板决定""这样吧，你可以留下通信地址，待我们决定买时马上和你联系"等，这些都是典型的时间异议。

产生购买时间异议的原因很多，可能是客户对产品缺乏信心，害怕上当受骗，一时拿不定主意；可能是客户一时资金周转有困难；也可能是这位客户生性优柔寡断，办事没有主心骨。不论何种原因引起的时间异议，推销人员都不可忽视。现代市场经营环境瞬息万变，客户拖延购买时间越久，导致不利于推销的变化的可能性就越大。所以，必须在时间异议刚萌生之际，立即将其消除，否则待其滋长下去，客户购买欲越来越淡薄，生意就做不成了。例如，当客户说："让我考虑考虑吧。"推销人员不妨说："先生，您是不是有什么问题，如果有什么相反意见，请马上说出来，我会立即帮您解决。往后拖的话，可能再也买不到这么便宜的东西了。"

除了以上分析的几种常见的异议，还有一些异议如财力异议、权力异议等。推销人员应善于识别、分析并采取妥善的办法使其转化，从而为顺利交易清除障碍，铺平道路。

即时思考：客户说"我从来不用化妆品"，这种异议属于哪类异议？

第三节　客户异议的处理艺术

在推销过程中，客户异议是不可避免的。只有成功地处理各类异议，才能有效地促成交易。处理异议的方法因异议的种类、原因及客户类型的不同而不同。这一节，我们就研究一些处理客户异议的规律性的原则和方法，以便更有效地指导推销实践。

一、转化客户异议应掌握的原则

（一）事前做好准备

推销人员在走出公司大门之前就要将可能出现的各种异议罗列出来，然后考虑一个完善的答复。面对客户的异议，事前有准备就能胸中有数，从容应对；事前无准备，就可能不知所措，不能给客户一个圆满的答复。加拿大的一些企业专门组织专家收集客户异议并编制出标准应答语，要求推销人员记住并熟练运用。编制标准应答语是一种比较好的方法。编制应答语的具体程序是：首先，把大家每天遇到的客户异议写下来；其次，进行分类统计，依照每一异议出现的次数多少排列顺序，出现频率最高的异议排在前面；最后，以集体讨论的方式编制适当的应答语，并编辑整理成文章。最好印成小册子发给大家，以供随时翻阅，达到运用自如、脱口而出的程度。

由于网络销售不需要和客户进行面对面的交易，事前做好充分准备的可操作性就很高。网络销售公司可以根据客户异议的原因制定一套常用的客户异议回答用语，并对这些回答用语指定快捷方式，方便、省时地回答客户的异议。这样既可以提高工作效率，又可以解决客户的异议。客户服务人员如果遇到新的客户异议，应该在处理完该客户的异议后，及时反馈这一异议，并经过全体员工的讨论，总结新的适合这一客户异议的快捷回答用语。另外，还需要对新客户服务人员进行培训，熟悉各种客户服务软件的使用方法，并学习处理客户异议的技巧。

（二）选择恰当的时机

美国通过对几千名推销人员的研究，发现优秀推销人员所遇到的客户严重反对的机会只是普通推销人员的1/10。这是因为，优秀的推销人员对客户提出的异议不仅能给予一个比较满意的答复，而且能选择恰当的时机进行答复。懂得在何时回答客户异议的推销人员会取得更大的成绩。推销人员对客户异议答复的时机选择有四种情况。

1. 在客户异议尚未提出时解答

防患于未然，是消除客户异议的最好方法。推销人员觉察到客户会提出某种异议，最好在客户提出之前，就主动提出来并给予解释，这样可使推销人员争取主动，从而避免因纠正客户看法，或反驳客户的意见而引起不快。

推销人员完全有可能预先揣摩到客户异议并抢先处理，因为客户异议的发生有一定的规律性，如推销人员谈论产品的优点时，客户很可能会从最差的方面去琢磨问题。有时客户没有提出异议，但他们的表情、动作以及谈话的用词和声调可能有所流露，推销人员觉察到这种变化，就可以抢先解答。

2. 异议提出后立即回答

绝大多数异议需要立即回答。这样，既可以促使客户购买，又是对客户的尊重。

3. 过一段时间再回答

有些异议需要推销人员暂时保持沉默。例如，异议显得模棱两可、含糊其词、让人费解；异议显然站不住脚、不攻自破；异议不是三言两语可以辩解得了的；异议超过了推销人员的能力水平；异议涉及较深的专业知识，难以为客户理解，等等。急于回答客户此类异议是不明智的。

4. 不回答

许多异议不需要回答，例如，无法回答的奇谈怪论；容易造成争论的话题；可一笑置之的戏言；异议具有不可辩驳的正确性；明知故问的发难；等等。推销人员不回答时可采取以下策略：沉默；装作没听见，按自己的思路说下去；答非所问，悄悄扭转对方的话题；插科打诨幽默一番，最后不了了之。

（三）争辩是推销的第一大忌

不管客户如何挑剔、批评，推销人员永远不要与客户争辩，因为，争辩不是说服客户的好方法，正如一位哲人所说："你无法凭争辩去说服一个人喜欢啤酒。"与客户争辩，失败的永远是推销人员。有这样一句推销行话：占争论的便宜越多，吃推销的亏越大。

（四）要给客户留"面子"

推销人员要尊重客户的意见。客户的意见无论是对还是错、是深刻还是幼稚，推销人员都不能表现出轻视的样子，如不耐烦、轻蔑、走神、东张西望、绷着脸、耷拉着头等。推销人员要双眼正视客户，面部略带微笑，表现出全神贯注的样子。并且，推销人员不能语气生硬地对客户说"你错了""连这你也不懂"；也不能显得比客户知道得更多，如"让我给你解释一下""你没搞懂我说的意思"等。这些说法明显抬高了自己，贬低了客户，这会挫伤客户的自尊心。

网络销售中，推销人员虽然与客户非面对面交流，但也应该对客户异议表现出足够的关心，并认真查看客户的异议，让客户发表自己的意见。即使客户反复提出某种异议，客户服务人员也要耐心倾听，不能有厌烦心理。这样做的结果是，当客户服务人员回答客户提出的问题时，客户也会认真听取。另外，在客户提出异议时，客服人员不能为客户提供虚假的信息来解决客户的异议，必须实事求是地解答客户的异议。

二、处理客户异议的方法

处理客户异议，除应掌握以上基本原则外，还应掌握一些具体的处理方法。只有在遵循基本原则的基础上对各种方法予以巧妙地运用，才能有效地转化客户异议，求得买卖双方意见的一致，最终达成交易。常用的处理客户异议的方法有以下几种：

1. 直接否定法

直接否定法又叫反驳处理法或针锋相对处理法，是指推销人员根据有关事实和理由直接否定客户异议的一种处理艺术。从现代推销学理论上讲，在处理客户异议时，推销人员应尽量避免与客户针锋相对。但在一定条件下，推销人员也可以使用这种方法。有效地使用这种方法，可以增强客户的购买信心，迅速排除成交障碍，直接促成交易。

直接否定法一般适用于两类客户：一类是由于对产品的有关情况缺乏了解，而对产品缺乏信心，害怕购买后吃亏的客户；另一类是想在气势上占上风，以便讨价的客户。这种方法有利于消除客户疑虑，增强购买信心，缩短推销时间，提高推销效率。

利用直接否定法必须摆事实、讲道理，并注意语气委婉，态度友好，否则很容易伤害客户的自尊心，使客户产生抵触情绪，造成不利于推销的结果。

2. 迂回否定法

迂回否定法是一种使用最广泛的、用来否定和推翻异议的方法，典型的表达方式是"是的……但是……"这种方法是先对客户异议表示赞成，这样就维护了客户的自尊心，然后用有关事实和理由婉转地否认异议。换句话说，就是推销人员先不直接否定或反驳客户的异议，而是表示理解甚至赞成，然后又证实客户的观点并非全面，进而圆滑地排除异议。

迂回否定法有利于保持良好的人际关系，创造和谐的谈话气氛；不伤客户自尊，客户比较容易接受，对客户意见表示一定程度的赞成，有利于增强客户对推销人员的信任。正由于它具有以上这些优点，所以应用较为广泛。

迂回否定法使用起来有一定的难度，因为前半部分赞成客户的异议实际成了客户异议的附议，这样在后半部分进行否定时必须有足够的证据和充分的说服力。

3. 转化处理法

转化处理法又称利用处理法，是指推销人员直接利用客户异议本身来处理有关客户异议的一种处理艺术。有些客户异议本身具有内在的矛盾性，在处理有关客户异议时，推销人员可以充分利用客户异议本身所固有的矛盾，以子之矛，攻子之盾，承认客户异议，利用客户异议，转化客户异议，直接促成交易。

运用这种方法时，推销人员可以巧妙地将客户的异议转化为产品的卖点。如客户认为某件产品的价格太高，这时就应该针对这一异议向客户强调：导致价格高的原因是通过正规的渠道进货，所购进的都是知名厂家生产的优质产品，该产品以其优异的性能确保长期为客户提供优质的服务。这不仅使客户彻底解除了质量问题的困扰，相应也为客户节省了修理费用，而且能间接为客户带来更大的经济效益。诸如此类的答复，客户在很多情况下是能够接受的。

转化处理法是把客户拒绝购买的理由转化为说服客户购买的理由，既不必回避又不直接反驳客户异议，因而有利于异议的处理。

利用转化法处理客户异议时，应特别注意不要给客户留下抓话柄、钻空子、不重视意见的印象，避免弄巧成拙。因此，采用转化处理法时要谨慎，语言可以幽默风趣一点，态度一定要诚恳。

4. 优点补偿法

优点补偿法是推销人员利用客户异议以外的其他优点来对异议所涉及的缺点进行弥补的一种处理艺术。在客户异议确有道理时，宜采用此法进行处理。任何产品都有其局限性和不足之处，当潜在客户认真地提出一种合理意见时，推销人员应当首先承认客户意见的正确性，随后即进行补偿，以抵消异议的消极作用。这样既可以使客户心理达到一定程度的平衡，保持良好的人际关系，又可以使推销人员直接提示产品的优点、实施重点推销，从而有利于排除障碍、促成交易。

利用优点补偿法处理异议时，应摸清客户的购买心理，所扬之长必须能使客户感到足以弥补他所指之短，否则，就达不到预期的目的。

5. 反问法

反问法是推销人员利用客户异议来反问客户的一种处理艺术。反问法是回答异议的好方法。既然客户提出了异议，就必须做出回答，如果以陈述的形式回答，可能引起进一步异议，把问题复杂化；如果以反问的形式回答，不但不会引起新的异议，而且能使客户自己回答自己的问题。在许多情况下，反问能够直接把异议消除掉，但在回答特殊难题时，最好将这种方法与其他方法结合使用。

正确使用这种方法，可以使推销人员处于主动地位，并得到更多的反馈信息，找出客户异议的真实根源，明确客户异议的性质，排除异议，促成交易。

6. 回避法

在产品推销过程中，客户有时会提出一些与推销无关的异议，有时甚至会提出一些荒谬的异议，这时推销人员既可以微笑表示同意，也可以装作没听见，继续谈生意。偶尔使用这种回避争端的方法十分有效，但不适合对待潜在客户提出的理由正当的意见，只有当潜在客户提出显然站不住脚的借口时，这种方法才可能取胜。

以上介绍了六种常用的处理客户异议的方法。在实际推销洽谈中，推销人员要注意各种方法的创造性使用和配合，要针对异议的具体情况进行灵活处理，争取以自己娴熟的处理异议的方法，为达成交易铺平道路。

即时思考：直接否定法一般适合哪两种类型的客户？

🗐 小结

客户异议是指客户对推销人员、被推销产品或推销活动做出的一种在形式上表现为怀疑、否定或反面意见的一种反应。

任何一笔交易的达成都不可能一帆风顺，客户肯定会提出各种各样的购买异议。正确认识并妥善处理客户异议，是现代推销人员必须具备的基本功。

对客户异议应有正确的认识。提出异议是客户应有的权利，客户异议是企业信息源之一，是客户对产品产生兴趣的标志。

客户异议形式多样，原因不一。归纳起来主要有需求异议、货源异议、推销人员异议、产品或服务异议、价格异议、时间异议。优秀的推销人员应善于识别、分析异议，并采取妥善办法化解异议。

处理客户异议应遵循以下基本原则：事前做好准备；选择恰当的时机；争辩是推销的第一大忌；要给客户留"面子"。

处理客户异议的方法主要有：直接否定法、迂回否定法、转化处理法、优点补偿法、反问法、回避法。

🗐 案例

商店里，一位客户正在挑选手机，他拿着一款手机犹豫不决。

推销人员："先生，这款手机满足了您所有的需求，它真的很适合您。"

客户："可是它太贵了。"

推销人员："什么，太贵了，您怎么不早说呢？我们有便宜的呀！这款手机就便宜得多，只不过没有上网功能。"

客户："要是没有上网功能，我为什么要买它呢！"

推销人员："那您就买那款可以上网的手机吧。"

客户："可是那款又实在太贵了呀！"

推销人员："一分钱一分货呀。"

客户："贵的我买不起呀！"

推销人员：（非常愤怒）"那你到底买不买呀？"

（资料来源：胡善珍. 现代推销：理论、实务、案例、实训. 北京：高等教育出版社，2010：198.）

请思考：推销人员在处理客户异议时有什么不妥之处？请你给这位推销人员提出改进建议。

实训演练

分成小组，每组3~5人，设定推销人员和客户两种角色。由学生抓阄确定本组角色，小组自行选择一种推销的产品，完成下列练习：

由买方小组提出3个异议，卖方小组用不同的方法分别处理买方的异议。

第八章　促进成交

成交是整个推销工作的根本目标，其他阶段只是达到推销目标的手段。达成成交的关键在于推销人员要能够与客户进行有效沟通，使客户信任适应其需求的某种产品，并对其产生购买欲望，做出购买决策。只有在客户认真考虑了推销人员的推销建议的前提下，成交才有成功的可能。

学习目标

1. 理解成交在推销过程中的地位；
2. 掌握成交的基本条件；
3. 掌握成交的策略和方法；
4. 能够初步运用成交策略和方法。

第一节　成交信号与成交的基本条件

成交是指客户接受推销人员及其推销提示、演示并立即购买推销产品的行动过程。推销人员与客户之间达成交易是推销过程中最重要的一个环节，但对大多数推销人员来说，这也是最令人头痛的部分，推销人员往往会在最后一步失去客户，使在此之前的一切努力成为泡影。因此，推销人员掌握一些成交的策略非常重要，其中最重要的是，推销人员要在最佳时机主动提出交易。

成交既是推销工作的一个重要环节，也是推销洽谈的延续。如果推销人员掌握并正确运用成交技巧，那么成交的可能性大大增加。通常情况下，无论潜在客户对所展示产品具有多么强烈的需求欲望，到了需要做出购买决策的时候，潜在客户心中往往都会产生犹豫和疑虑。所以，期望潜在客户主动做出购买决定，推销人员常常会失望的。因此，推销人员要引导潜在客户进行决策，适时地主动提出交易，促成客户采取购买行动。

一、推销成交的信号

所谓成交信号，是指客户在推销洽谈过程中所表现出来的各种成交意向。换言之，就是客户用身体与语言表现满意的形式。可以将成交信号理解为一种行为暗示。在实际业务中，客户往往不愿首先提出成交，更不愿意主动明确地提示成交。为了保证自己的交易条件，或者为了杀价，即使心里很想成交，一般也不会轻易地表示出来。不过，客户的这种心理总会通过各种方式表现出来。因此，推销人员必须善于察言观色，捕捉各种成交信号，及时成交。常见的成交信号大致有以下几类：

1. 语言信号

当客户有购买意向时，会从言语中流露出某种信号。当客户询问产品的使用方法、售后服务、交货期、交货手续、支付方式、保养方法、使用注意事项、价格、竞争对手的产品及交货条件、市场评价时，这是成交信号中最直接、最明显的表现形式。假如客户问："你们多快能运来？"这是一种表现出真正感兴趣的迹象。它告诉推销人员成交的时机已到。又如当客户询问价格时，说明他兴趣极浓；当客户询问条件时，说明他实际上已经要购买了。推销人员可以以客户的询问为线索，达成与客户的交易。

客户常常会通过某些措辞反映出购买信号。客户的购买信号的表现是很微妙的，有时他可以通过某些特定的词汇将这些信号传递给推销人员。例如，客户会说："这件产品确实非常漂亮！""我就是喜欢这种款式，它很适合我们的需要。""这把椅子坐起来确实舒服。"客户如果将购买信号隐藏于他们的措辞中，这时推销人员就要具有很强的辨别能力，从客户的言谈中找到他们的真实感受，以促成交易的实现。

2. 动作信号

动作信号即客户在行为举止上表现出对所推销产品产生了兴趣。当客户有了购买意向时，会对产品的一些具体问题有以下行为表现：频频点头、端详样品、细看说明书、向销售人员方向前倾、用手触及订单等；向后仰，靠近椅背上舒展身体；再次查看样品、说明书、广告；摆弄产品或突然停止摆弄产品；等等。

3. 身体信号

客户的身体语言是无声的信号，它能表现客户的心情和感受。如客户的注意力就是一种信号。由于推销的产品介绍做得十分精彩，客户微弱的兴趣被引发起来，变成热烈的购买欲望，他的冷漠态度渐渐隐去，取而代之的是越来越浓厚的兴趣，他坐在椅子里探过身来，眼里少了怀疑或敌对的目光。此外，不少身体信号表现得十分微妙。例如，不少推销人员总在观察客户的双手，因为这双手张开或握着可代表客户的思想状况，当客户尚未被说服，不想购买时，客户的双手是闭合的；当客户已被说服，紧张的思想松弛下来时，客户紧握的双手也会松开。嘴角和眼角的肌肉同样是一种信号。客户不再紧张时，他耸起的双肩可能会低落下来。当客户摸下巴、揪耳朵或抓脑袋时，也许他们想重新考虑你的产品或合同。这些动作都是一种"基本接受"的信号。

有经验的推销人员对购买信号具有高度的灵敏性，一般来说，观察客户的购买意图并不难，通过察言观色，根据客户的谈话方式或由面部表情的变化，便可做出决定。

有时，虽然客户有购买意图，但他仍会提出一些反对意见。这些反对意见也是一种信号，说明双方很快就有可能达成协议，促成交易的顺利完成。如"这种产品在社会上真的很流行吗？""这种材料是否经久耐用？""你能保证产品的质量吗？"等等，这些意见并不是真正的反对意见，客户一般也不把这些意见放在心上，它们只是客户各种顾虑的表现。作为推销人员，应能正确识别上述信号的真实含义，并及时排除客户的顾虑，确保成交的实现。

二、成交的基本条件

成交固然是每位推销人员梦寐以求的，但决不可操之过急，达成交易需具备一些具体条件，推销人员在推销活动中应积极争取实现这些条件。

1. 产品充分满足客户需要，且优于竞争者

成交最基本的条件是所推销的产品能充分满足客户的某种需要，且在满足程度上优于竞争者。越是能满足客户最近的、最强烈的需要，就越能成交，成交的机会往往与客户需要的强度成正比。客户有了需要，就能产生购买欲望，这种购买欲望驱使客户产生购买动机，只有购买动机才能唤起客户的购买行为。所以，推销人员必须使客户完全了解所推销产品的使用价值，了解得清楚全面，才能同客户的需要对上号。推销人员可以向客户提出一些测验性问题，试探客户是否了解推销的产品，如果客户没有充分了解产品的所有优点，就会影响他的购买行为。

2. 客户与推销人员的相互信赖是成交的基础

客户必须信赖推销人员和他所代表的企业，没有这种信赖，不管所推销的产品多么吸引人，客户也会对购买产生犹豫。如果客户已买过推销人员的产品，实践证明产品生产企业完全信得过，客户就会毫不犹豫地再次购买。如果客户多次与推销人员打交道，而且完全信任这名推销人员，只要客户需要就能成交。

3. 识别出谁是购买决策者是成交的关键

实现交易，最后拍板，往往要由拥有购买决策权的人来完成。所以，在洽谈过程中推销人员必须心中有数，弄清楚谁掌握购买决策权，每位参加者对购买决策的影响程度如何。只有这样，才能向决策者靠拢，让他在"瓜熟蒂落"之际做出购买决策。

即时思考： 如果客户询问能否试用产品，请判断这是不是成交信号？

第二节　成交的策略

推销人员在成交阶段，需要更努力地冲刺，以完成最核心的任务——促成交易。为了有

效地促成交易，推销人员必须掌握一定的策略，帮助客户迈出这最关键的一步。本节主要讨论几种成交的基本策略。

一、针对客户情况给客户直接或间接的表示

推销人员如果知道客户对自己的产品印象不错，只不过对是否做出购买决定不愿做过多地考虑，就可以针对这种情形，给客户以直接或间接的表示，再向客户提出一个诱导性的问题，暂时转移客户的注意力，让其做出有利于推销的回答，从而很快与客户达成交易。例如，假设推销人员在推销冷冻设备，客户是一家食品店的老板，推销人员可以说："今年的春天来得早，气温回升真够快的。如果您今天就做出购买我们公司设备的决定，我们将在三天之内将冷冻设备安装好。请问您的冷冻库面积有多大？"这个例子就是先让客户做出购买决定，然后将话题转到冷冻库面积上，诱使客户做出回答，再准备与老板讨论冷冻设备的型号大小，这就很容易促使其做出购买决定。

二、防止第三者介入

如果第三者在你快要与客户成交时突然插进来，一般都会给成交工作造成困难。当你已经成功推荐产品，客户已被说服，只剩下正式成交了，结果来了一位不速之客，他并不熟悉你的产品，也不打算买它。如果客户征求其意见，多数情况下会给整个洽谈泼冷水。因此，推销人员应设法在杜绝干扰的情况下与客户成交。在一个例子中，推销人员来洽谈时忘记携带空白合同，结果未能成交。原因很简单，客户说，"没关系，我走时要经过你的办公室，我们干脆到那里签合同吧。"走到半路，客户碰上一位朋友，这位朋友使"气温"骤降，客户改变主意，拒绝签合同，扬长而去。推销人员应记住的是：在购买某些新产品时，客户头脑中的天平异常灵敏，它可能刚刚倾向赞成购买这一方，此时哪怕有人把砝码反向拨动一点都会带来危险。因此，许多推销人员在成交条件成熟时都要把客户单独带入外人干扰不到的场所进行交易。在不少国家，推销人员为了防止第三者介入，往往在两人进餐时或在私人俱乐部与客户达成交易。

三、简化合同

如果推销人员与个人签合同，合同的内容应十分简短。客户没有时间研究学习复杂的法律文件和仔细推敲字里行间的可能"伏笔。"长长的合同会吓跑一般的客户，除非他曾与你的公司打过交道。当然，简化合同并不意味着可以不管合同内容。不少不遵守协议的客户常会随意退货，如果推销人员在成交时能向客户再明确一下合同条款，并切实保证对方完全弄明白，这类麻烦就会大大减少。

如果客户在具体签约时犹豫不决，推销人员应指出哪些合同条款不但限制买方也限制卖方，特别指出卖方要保证按时在哪一天交货，并保证商品要达到规定的数量和质量等，这样有助于客户下决心签订合同。

经过精心设计的订单或合同最好把一两个具体项目留作空白，让客户填写。一个空调器推销人员在谈到定金和按月分期付款时说得很简单，他只是把空白订单和钢笔递给客户，说："把您认为最合适的数字填上好了。怎么办好，您比我清楚。"接着把客户应当填写的空白指给他看。

拜访新客户时，推销人员最好使用已经用过一大半的订单本，推销人员从中抽出复写纸和把它翻到合适位置的动作对新客户来说是个安心丸。他看见前面有许多客户购买，这种产品一定错不了。拜访老客户时，推销人员则可以毫无顾忌地使用新订单本，因为这样，他们会认为该公司的业务一定很好。

四、轻松自然

当洽谈接近成交时，推销人员的神经可能会越来越紧张。这时推销人员要注意不可把这种感情流露出来。在推销过程中，尤其是面临经验丰富的客户时，应保持轻松自然的态度，免得引起客户的疑虑。经验丰富的推销人员在接近成交时会始终保持有条不紊的状态，客户见到这种驾轻就熟的样子，自然就会认定推销人员是这方面的专家，而不会引起疑虑。在这个阶段推销人员也不能流露出自己是胜利者，客户是手下败将的表情。

总之，在洽谈进入成交阶段时，推销人员态度的任何变化都会被客户所注意并产生相应的反应，如果推销人员对即将取得的成果流露出异样的神情，客户自然就会疑心顿起。推销人员应做到的是，平静地把信心传达给客户，创造出一种轻松的气氛，并保持这种气氛直到成交后也不能消失。

五、锲而不舍

不少推销人员担心，如果要求对方成交时间过早，成交的机会可能会毁掉。实际上，由于种种原因，客户从了解产品到最后接受这种产品，有一个心理上的准备过程，这个过程可能很短，也可能很长，因此，不少推销洽谈常常要反复多次才能取得成果。这也意味着推销人员一旦发现客户尚未准备好，还可以返回去重新推销产品。即推销人员必须不止一次地争取成交的机会，在精心准备推销活动时，应当设计好几种成交方法，如果第一次努力未获得交易的成功，下一次努力仍有可能产生较好的效果。

美国一位成绩斐然的推销人员说过，第一次提出成交要求就获得成功的交易只占他做成的所有交易的 1/10。他在签合同前做着被拒绝一次、两次乃至七次、八次的准备。他根本不怕对方的拒绝，那样反而能增加他进一步争取成交的动力。他并不停下来反驳对方的决定，而是设法找出促成对方下定购买决心的哪些因素还尚未利用，他会继续说："对啦，我还有一点没有给您讲清楚呢。"接着便展开另一个推销要点。

毫无疑问，不怕拒绝、毫不退缩的精神应当是所有推销人员争取交易成功的必备素质。在客户说"不"时仍能坚忍不拔，才会有助于推销的成功。

六、力争绝处逢生

在推销洽谈以失败告终时仍不要放弃努力。此刻，客户的紧张情绪已完全放松，他对付出了许多精力的推销人员开始有些同情，这时推销人员如果再努力一次，则有扭转局面的可能。推销人员应放慢归整样品的动作，若哪件样品尚未介绍过，可将其随便地交给客户看，并以此为契机开始新的努力，以求绝处逢生。有时，首次造访的推销人员在准备离去时，故意对客户说些稍带点刺的话，以激发对方进一步讨论所推销的产品的兴趣。这种话要能起到震动客户、促使其重新考虑自己原有的决定是否正确的作用。

例如，一名百科全书推销人员在准备离去时，对顽固的客户说："我来这里原以为会碰上一个真正关心子女的家庭，看来我错了。"如果客户对这一"诱饵"做出反应，买卖就还可以重谈，并且是在不同的思想基础上开始，这时原有的一些障碍就得以消除。

总之，一名推销人员在洽谈中，只要认为自己已经激发起客户的购买欲望，他就应该尝试着去争取成交，且要做到多次尝试、锲而不舍。

七、留有余地

留有余地包含两方面的含义：一方面，推销人员不要一开始就把产品的优点和交易条件和盘托出。在争取成交时，推销人员经常会遇到这样的问题：关键时刻突然发现所有最有价值的产品宣传要点均已使用过了，已经没有具有说服力的要点可以采用了。为了避免这种情况的发生，有经验的推销人员往往要有意识地保留产品几个强有力的卖点或者优惠条件，在争取成交时使用。这样推销人员在进行最后一搏时不至于有计穷力竭的感觉。例如，当推销人员看到客户几乎已下定了购买决心但尚有点犹豫时，若再加上这样一段话，则可帮助客户做出购买的决定："啊，我刚刚想起，还有一点没告诉您，您这笔订货的运费将由我们承担。"

另一方面，即使某次推销活动双方不能达成交易，推销人员也要为客户留有一定的购买余地，以便日后还有成交的机会。在一次不成功的推销之后，推销人员应该给客户留下一张名片或产品目录，并真诚地对客户说："如果您需要什么，请随时与我联系，我很愿意为您服务。在价格和服务上，还可以考虑给您更优惠的条件。"这样，推销人员就会经常得到一些回心转意的客户。

第三节　促进成交的方法

在以往的推销活动中，人们常用的一句话就是"机不可失，时不再来"，通常人们都认为一旦错过了成交的机会，就会失去推销业绩，而这个能促成交易的适当时机只有一个。但推销的实践证明，这种想法并不确切，成交可以在推销洽谈的任何时刻进行，关键是若失去了第一次机会就不要再失去第二次机会。

对客户来讲，做出购买决定通常是重要而又困难的一步。尽管客户对所提供的产品有兴趣并有意购买，但他仍可能犹豫不决。因为，做出一种购买决定就意味着客户放弃其他订货或放弃另外一些可取得的利益，几乎所有的购买决定均存在一些不利因素。对推销人员来说，关键就是消除客户的这些顾虑，促使客户做出购买决定，这就需要推销人员能够熟练运用促进成交的各种有效方法。

一、积极假设促成法

在同客户的推销洽谈进行到一定程度时，可采用积极假设法。这种方法的思路是假定客户一定会购买你的产品，推销人员应不失时机地向客户提出一些实质性的问题，这样就可尽快与客户达成交易。在所有的成交方法中，积极假设促成法是一种最基本的、行之有效的方法，它可以运用到所有的推销活动中。使用这种方法时，推销人员要根据客户流露出来的迹象，即购买信号，大胆做出假设，并采用相应的策略，保持积极的态度去和客户做好推销谈话，最终达成交易。

使用积极假设促成法，要求推销人员保持积极的态度，在进行推销说明时要做好充分的准备，坚信推销的产品正是客户所需要的，客户购买你的产品是因为这种产品能满足客户的欲望和需求，那么，你与客户之间成交就是必然的。只要推销说明生动，不强迫客户购买你的产品，给客户充分的时间去检查产品，收集一些资料和了解有关情况，让客户在自然舒适的环境下进行决策，就能与客户达成交易。推销人员可以以客户一定会购买产品的判断为指导，遵守主动提出肯定性建议的原则。如纸盒厂推销人员对玩具制造商说："我们什么时候能拿到你们包装盒的艺术设计？"以下说法是以断定能成交为前提的：

"我们向何处发货？"

"我们星期四送货可以吗？"

"请问您是付现金呢？还是签署支票？"

有时无言的行动也能达到此目的，如清理桌面，腾出空间，把订单本铺开；摆好钢笔；或者把椅子稍稍朝桌前拉近一些。这类举动又称为"有形的成交动作"。

采用积极假设促成法的核心在于用建议和行动向客户表示，问题看上去已经解决，客户非得以极大的努力才能阻止这一进程，因而易于达成交易。

此外，采用积极假设促成法时应注意两点：一是在每一次洽谈时推销人员都必须假定客户会购买。要说"何时"（购买、发货等），不要说"如果"（购买、订货等）；要说"势必"，不要说"大概"。为了避免客户的反感，这些断定性的词汇不应一开始就十分明显地使用，而应逐步将其加入言谈中，如果未遭到反对，则应更经常使用。这样最后成交就显得比较顺理成章了。二是尽量使洽谈有一个融洽的气氛，如果客户真的不想购买，对产品兴趣不大或仍有担心，就不要采取积极假设促成法，否则会使推销人员与客户的联系中断。

使用这种方法的关键是要努力避免操之过急，一定要在得到客户明确的购买信号后提出成交，否则，就有可能功败垂成。

二、强迫选择促成法

当客户在洽谈中犹豫不决时，推销人员可巧妙地运用向客户提供选择方案的方法，促使客户在提供的方案中选择一种。所提供的方案不应过多，以两项为宜，最多不超过三项。这是一种推销人员在推销活动中掌握主动，充分了解情况的很好的方法，它实际上还是在假设客户购买的基础上进行的，在客户可能购买又举棋不定时给客户的一个提示信息。如果客户受了推销人员的诱导，很快成交，说明推销人员正确把握了成交的时机；如果客户仍无动于衷，推销人员也能够了解客户是否会与其成交，还应向客户补充说明哪些情况，消除客户哪些异议。

采用强迫选择促成法时应注意两点：一是推销人员提供的选择项应让客户做出一种肯定的回答，而不是给客户拒绝的机会。在实际推销活动中，推销人员应说"您喜欢哪种空调，窗式的还是柜式的？""您希望7日送货还是8日送货？"等类似的问题，促使客户做出肯定的答复，从而与客户达成交易。二是向客户提供选择时应避免提供过多的方案。过多的方案易使客户思想混乱或举棋不定。如果向客户展示一大堆令人眼花缭乱的产品，客户极有可能因此而忧心忡忡，害怕在众多产品中选错目标，即使心中想买一件也不得不退避三舍。如果所提供的选择方案只有两种，就可以大大缩短客户考虑的时间，使其尽快做出决策。因此，在向客户提供选择方案之前，先要充分了解客户的实际情况，然后再根据实际情况提出有意义、有诱惑力的选择方案，以诱导客户尽快同意成交。

三、询问与停顿促成法

当推销人员不能确定客户是否有意购买产品时，可以向客户提出一些调查性质的问题，以了解客户的真实感受，特别是推销人员在向客户做了比较生动的推销说明，并使客户明白了所推销产品的性能和特点后，客户还不能确定是否购买时，推销人员就有必要了解客户的真实意图，客户是存在异议呢，还是因为其他因素的制约而不能马上做出决定？推销人员可以向客户提出一些开放性的问题，然后根据客户的回答以确定客户是否有意购买。例如，"您对这个建议有何感想？"

向客户提出询问性的问题后，应该停顿一下，等待客户的回答。不要问题一提出就催促客户表态，应当给客户一定的考虑时间，如果迫不及待地打断客户的思路，就有可能导致客户的反感，从而使成交的难度加大。

四、多种接受方案促成法

多种接受方案促成法的基本要领是：推销人员利用一连串的肯定方案，引导客户同意他的看法，最后促成交易。采用这种方法应注意的是，绝对不要向客户提那些容易做出否定回答的问题或方案。推销人员提出的每一个问题或方案都要有利于客户做出赞成或正面的回答。这种方法的理论依据是：此种问题可以鼓励客户从正面思考问题，并不断对推销人员的看法表示赞许，形成一种倾向，在推销人员提出成交时更容易顺势给出肯定的回答。显然，如果客户在推销人员的启发下能够意识到他对推销产品的各个细节都持赞许态度，在成交的时机到来时，就更容易赞成和接受被推销的产品。

这种成交方法的目的是试图把客户的成交决定简单地变成他在会见过程中多次做出过的赞许决定。正确地使用这种方法，推销人员就可以在客户无须进行思想斗争的情况下，轻松地把客户引向目的地。同时，由于客户说了许多赞许和同意的话，他就很难对推销的产品持反对意见。用这种方法给客户逐步构筑起来的购买欲望要比客户开始时所具有的认购倾向强烈得多。

五、次要重点促成法

次要重点促成法也称小点成交法、避重就轻成交法。这是推销人员利用成交的次要重点来间接促成交易的方法。

次要重点促成法的优点是：可以减轻客户成交的心理压力，有利于推销人员主动地尝试成交。保留一定的成交余地，有利于推销人员合理地利用各种成交信号促成交易。

次要重点促成法适用于各种类型的客户，但那些坚持要自己做决定，不允许别人施加压力的客户例外。

六、附带条件促成法

客户对所推销的产品还没有很强烈的购买欲望，不愿马上做出购买决定，这时推销人员就可以答应客户的某些条件，以进一步刺激客户的购买欲望，使其愿意购买推销的产品，这就是附带条件促成法。其要领是推销人员在原有的承诺上再做一次承诺。从下面这个实例可以看出，用附带条件促成法进行推销，效果一般比急于与客户达成交易要好很多。

客户："我不喜欢产品表层的处理方法，乍看上去不结实。"

推销人员："如果我们改进产品的表层，使之增加防腐能力，您会感到满意吗？"

客户："这当然好！不过要五个月才交货，时间太长了。"

推销人员："如果缩减为三个月交货，您能马上决定吗？如果可以，我们马上生产。"

使用这种方法应当注意的是，只有推销人员心里清楚客户的异议能够得到绝对满意的回答时，这种附带条件促成法才会有效。

例如，一位要买微波炉的客户说："这台微波炉很好，就是贵了点，另外，要是出了毛病，修起来很麻烦。"由于这种微波炉正在搞一个促销活动，推销人员便说："放心，这一段时间我们正好有一个促销活动，这种微波炉打八折出售，如果您现在购买这台微波炉，我们还可以送您一套餐具，还有三年免费上门维修服务。您今天就订货，是吗？"客户的异议是真心话，现在问题解决了，购买就是顺理成章的事了。

七、未来事项促成法

如果客户对推销人员的推销活动采取拖延的对策，此时推销人员最大的任务就是说服客户马上购买推销的产品。因为未来的事项是无法预料的，现在的产品在未来的某一时间可能会出现供货上的短缺，产品价格会上升，客户因为没有它而导致意外的损失等，这些对客户来说都是不利的。

因此，作为推销人员，可以这样劝告客户："您如果现在就做出决定，我们明天就可安装设备，后天您就可以使用它了。"使客户清楚地认识到早做决定早受益。推销人员还应多提醒客户，如果他现在不购买，他将后悔莫及，甚至蒙受不同程度的损失。例如，批发公司的推销人员对零售商说："我本想把代理权交给您，但您如果不能马上拿定主意增购这批货，我只好把它交给海丰公司了。"这位零售商不愿看到这笔交易落在竞争对手手中，很可能会马上同意签订合同。

八、特别优惠促成法

如果客户在决定购买产品时，希望能从你那里获得一些优惠条件，推销人员就要分析，若满足客户的要求，提供优惠条件，能促成自己获得更多的利益，就不妨给客户提供一些优惠，以促使其做出购买决定，这就是成交中的特别优惠促成法，它包括对客户做出让步和提供额外的诱惑因素，以诱导客户购买。例如，一家新成立的石膏厂的推销人员为了扩大市场，送给每一辆来拉矿石的布篷卡车25小袋加工好的石膏灰泥。在另外一些场合，推销人员也可以以搭配产品、价格折扣、赠送礼品，甚至予以补助的方法来刺激客户。

但是，推销人员采用这种成交方法时必须经过慎重的考虑。如果推销人员的优惠条件不能给自己带来收益，或者反而助长了客户要求进一步给予更好的优惠条件的心理，就不宜采用这种方法。

九、试用促成法

把所推销的产品留给客户，让客户试用一段时间，这是促使客户做出购买决定的好方法。当客户对产品质量的疑虑无法消除时，销售人员可以大大方方地将产品交给客户试用一段时间，并约定条件。在试用结束后，大多数客户都能与推销人员达成交易。这种试用促成法比较容易取得客户的信任。

例如，把新的真空吸尘器留给客户使用5天，当再次从客户手中拿走时，客户会留恋不舍，甚至会有缺少它就不行的感觉，从而很快让客户做出购买决定。又如，当一家小制造商对改用新的金属合金替代原材料缺乏信心、犹豫不决的情况下，推销人员可先交点货，让其试用，这样就很可能达到促成交易的目的。

有统计表明，如果潜在客户能够在实际承诺购买之前，先行拥有该产品，交易的成功率将会大大提高。

小资料

试用促成法也称"小狗"成交法，它来源于一个小故事：一位妈妈带着小男孩来到一家宠物商店，小男孩非常喜欢一只小狗，但是妈妈拒绝给他买，小男孩又哭又闹。店主发现后说："如果你喜欢的话，就把这只小狗带回去吧，相处两三天再决定。如果你不喜欢，就把它再送回来。"几天之后全家人都喜欢上了这只小狗。结果，妈妈又来到这家宠物商店，买下了这只小狗。

十、建议促成法

当客户在决定购买时下不了决心，推销人员可诚恳地向客户提出建议，促使客户早做决定。你的建议可以参照你和客户洽谈的内容以及客户所持的态度和观点。客户在考虑你的意见后，再根据实际的需要，做出买或不买的决定。在向客户提出建议时，可使用这样的语句："基于……我建议您……"这种方式比较容易令客户接受。如推销人员说："基于他们的服务给您带来的不便，我建议您试用我们的产品，相信您立刻就会发现不一样。"如果你所说的情况属实，客户就会乐于达成交易。

十一、最后机会促成法

一旦推销人员提出"机不可失，时不再来"，不少犹豫的客户就会与你成交。这是因为人们对得不到或很难得到的东西，会更加拼命地追求它。当推销的产品数量不多时，如客户仍犹豫不决，推销人员就可以提醒客户最好马上做出购买决定，否则就没有机会了。这就是最后机会促成法，也称只剩站票促成法。

与其他成交方法相比，利用最后机会促成法更能给客户造成一种心理恐慌，因为，如果不立即采取行动，他就会蒙受损失。例如：

"这种颜色的车非常时髦，这一辆卖出后，我们就再难进到同样的货，它是最后一辆。"

"下周它的价格要上涨10%。"

"这块地毯王小姐已经来看过两次。我想她要买。我们仓库已经没有这种货了。如果您真买了它，我想您绝对不会失望的。"

推销人员作上述宣传的目的是利用客户生怕再等下去会吃亏的心理，促使客户做出成交的决定。

最后机会促成法应当在完全符合实际的情况下使用。这样既可避免经验丰富的客户做出的不利反应，同时又向客户提供了必要的信息，以利于客户做出理智的决定。

十二、顾问促成法

当客户对推销人员的产品还不甚熟悉，或客户想从推销人员那里了解更多的有关产品的情况，这时推销人员就应做好客户的顾问工作，使客户对产品及推销说明都感到非常满意。在推销人员向客户作推销说明时，顺便告诉客户应该购买什么样的产品，如何购买，怎样去判断产品的真假优劣等情况。推销人员可以说："我看这个产品很好，就买这个吧。""你穿上这种款式的衣服一定很好看。""这个产品正适合你现在的需要。"等等。

十三、利益汇总促成法

所谓利益汇总促成法，是指当客户在倾听推销人员的推销说明的时候，推销人员可以将所推销产品的各种优点汇集起来，向客户强调这种产品的良好性能和各种特点，以引起客户的购买兴趣。由于这种方法能够很好地向客户说明推销产品的优点，同时，还可以根据需要随时补充一些必要的资料，因此，利益汇总促成法能够最大限度地吸引客户的注意力并对推销产品产生兴趣。例如："如果与社会安全相联结的话，这项保险计划可在您退休后，提供给您和您的另一半所需的收入。"保险公司的推销人员向即将退休的职工宣传，通过重提客户所需的利益，以促成交易成功。

使用这种方法应注意的是，在汇总时要有全面的考虑。如果客户先前已经对推销人员某一方面的观点提出了反对意见，汇总时应避免再提及，以免遭到客户的再次反对，使推销人员的汇总达不到效果。因此，汇总的一个原则就是，汇总应该集中在能够引起客户兴趣的要点之上，再引导客户做出购买决定。

十四、设置拦路板促成法

设置拦路板促成法的基本要领是：阻止客户使用某些原因或因素作为不准备成交和购买的借口。采用这种方法的一个关键在于，推销人员能够及时判断出那些并非出自真心的异议，这样就可以在刚开始推销洽谈时阻止对方说出来。

一名优秀的推销人员对经常遇到的异议都要能够设置拦路板。如推销人员推销的是一种涨价产品，显然最可能遇到的是价格异议，因此，在洽谈中就应全力以赴争取让客户明白，产品的价值与价格相符，涨价是因为增加了新的功能或特点。推销人员可以说："我们的新设计包含一种自动进给装置，这样您就能持续控制输入原料的数量和质量，从而为您创造更多的利润，不是吗？与您将会得到的利益相比，您多付的一点代价就实在微不足道了。"

假如推销人员意识到客户会搞拖延战术，便可以说："有人告诉我，您是个行动果断的人，善于当机立断并付诸行动。"给客户设置这样一块拦路板，客户再想拖延购买时间就困难了。

即时思考："这种酒有两种包装，您要精装的，还是简装的？"此时推销人员采用了哪种推销方法？

📑 小结

成交是推销过程中最重要的一个环节，是推销活动的最终目的。成交阶段，推销人员更需付出努力，实施灵活的策略，否则就可能功亏一篑、前功尽弃。推销人员要善于识别各种成交信号，及时把握成交时机。当时机成熟时，推销人员应主动提出成交的要求。达成交易需具备一些具体条件，这些条件包括：产品充分满足客户的某种需要，且在满足程度上优于竞争者；客户与推销人员的相互信赖；识别出谁是购买决策者。

为了促使推销成交，达到推销的目的，在推销成交阶段，应根据不同客户、不同情况、不同环境，采取不同的推销策略，这样才能使主动权掌握在推销人员手中，以达到成交的目的。

在推销成交阶段，运用不同的方法会得到不同的效果。在实际推销工作中，较有经验的推销人员，会根据不同情况采用不同的处理方法。常用的成交方法有：积极假设促成法、强迫选择促成法、询问与停顿促成法、多种接受方案促成法、次要重点促成法、附带条件促成法、未来事项促成法、特别优惠促成法、试用促成法、建议促成法、最后机会促成法、顾问促成法、利益汇总促成法、设置拦路板促成法。

📑 案例

甲、乙两个不同厂家的推销人员同时到某家工厂推销各自的阀门。客户让他们分别介绍自己的产品。推销人员甲先介绍。他口齿伶俐，产品介绍得很到位，厂家也表示有兴趣。两个推销人员都介绍完之后，双方互相留下了联系方式。然后，推销人员甲信心十足地对客户说："这样，我留5天时间供您考虑、决策，5天之后，我再来和您讨论订货事宜。"说完就离开了。

5天后，他再次来到这家工厂，准备与厂家确定成交事宜。然而，当他与客户洽谈之后，不禁大失所望，原来这家工厂早已与推销人员乙代表的公司签订了购销合同。

（资料来源：谢和书，陈君. 推销实务与技巧. 3版. 北京：中国人民大学出版社，2018：157.）

请思考：推销人员甲为什么错过了几乎到手的生意？

实训演练

选定一种产品，6人一组，小组设定推销情景，轮换扮演客户和推销人员，每位推销人员选择3种不同的成交方法，向潜在客户推销自己的产品。

第九章 成交管理

引 言

　　成交并不意味着整个推销过程的结束，推销人员应继续与客户交往，并完成与成交相关的一系列工作，以便更好地实现推销目标。推销目标是在满足客户需求的基础上实现自身的利益，客户利益与推销人员的利益是相辅相成的。但双方的利益，在达成交易后并没有真正实现，企业还需要有完善的售后服务，推销人员肩负有回收货款及发展与客户的关系等方面的责任。因此，成交后的跟踪管理仍是一项重要的推销工作。

　　成交后的跟踪管理是现代推销理论的一个新概念，把它概括为成交阶段的一个重要环节，体现了它对于现代推销活动的重要性，进一步体现了以客户为中心的营销理念。

学习目标

1. 了解买卖合同的特征、买卖合同变更的条件及要求；
2. 理解成交中推销人员心理调适的重要性及做法；
3. 掌握买卖合同的内容、买卖合同的履行原则及买卖双方的责任和义务；
4. 掌握客户关系的保持、货款回收、售后服务、抱怨处理的策略和方法。

第一节　买卖合同的内容与履行

　　当客户同意成交要求并决定购买产品后，除现场钱货两清外，应及时把成交的意愿以书面形式固定下来，防止推销成果付诸东流。这就需要签订买卖合同，用合同的形式把买卖双方的关系确定下来，明确双方的权利与义务、约定相关事项。尤其涉及供货和大宗商品交易时，签订合同就更加重要了。合格的推销人员，必须学会准确、慎重地签订合同。把买卖关系以合同形式确定下来，这对任何企业来说都是十分重要的，因此，推销人员必须熟练掌握签订买卖合同的基本知识和规则。

一、买卖合同的特征与内容

买卖合同是一方转移标的物的所有权于另一方，另一方支付价款的合同。在买卖合同中，移转标的物所有权的一方称为出卖人（卖方），受领标的物并支付价款的一方称为买受人（买方）。买卖合同是财产流转的基本法律形式，它为商品社会的最基本行为——买卖，披上了法律的外衣，确立了当事人的权利与义务，规范了买卖这种市场行为，使其规范化，降低了社会交易成本。在市场经济条件下，它对促进商品流通，发展市场经济，满足公民、法人的生活和生产需要，有着重要的作用。

（一）买卖合同的特征

1. 买卖合同是出卖人转移财产所有权的合同

买卖，以转移财产所有权为目的。出卖人不仅要将标的物交付于买受人，并且要转移标的物的所有权给买受人。买受人订立合同的根本目的在于取得标的物的所有权。转移标的物的所有权，是买卖合同的主要法律性质，这使它区别于租赁合同、借用合同。在租赁合同、借用合同中，虽然也要求一方将标的物交付另一方，但交付的目的只是使对方取得标的物的使用权，并不发生标的物所有权的转移。

2. 买卖合同是买受人支付价款的合同

出卖人转移标的物以取得价款为目的，买受人须向出卖人支付价款，方能取得标的物的所有权，支付价款是转移所有权的对价给付。买卖合同这一特征区别于其他转移标的物所有权的合同，如赠予合同、互易合同。

3. 买卖合同是双务合同、有偿合同

双务合同是指依据合同的规定，双方当事人都享有一定的权利，承担一定的义务的合同。在买卖合同中，买卖双方都既享有权利，又承担义务，双方的权利与义务相互对应。出卖人负有交付标的物并转移所有权的义务，买受人同时也负有向出卖人支付价金的义务，一方的义务正是另一方的权利。因此，买卖合同是双务合同。买卖合同是标的物所有权与价金对价给付的合同，价金与标的物互为对价，买受人要取得标的物的所有权，就必须支付价金；出卖人要获得价金，就必须交付标的物并转移标的物的所有权给买受人，这就在买受人与出卖人之间形成了互为给付的关系，因此，买卖合同是有偿合同。

4. 买卖合同是诺成性合同

诺成性合同是相对于实践性合同而言的。在民法理论上，根据合同成立是否以交付标的物为要件，可将合同分为诺成性合同和实践性合同。诺成性合同是指当事人对合同的标的、数量、质量、履行期限等主要内容协商一致即告成立的合同，又称不要物合同。凡除当事人意思表示一致外，还必须实际交付标的物才能成立的合同，称为实践性合同，又称要物合同。除另有法律规定或当事人另有约定外，买卖合同自双方当事人意思表示一致，即双方达成协议之时起成立，并不以一方当事人交付实物或完成其他给付为合同的成立要件。

5. 买卖合同是不要式合同

买卖合同是不要式合同。买卖合同采用何种形式，一般可由双方当事人自己决定。买卖合同可以采取书面形式，也可以采取口头形式。但在法律有明确规定或当事人有明确约定的情况下，买卖合同应当采用法律规定或者合同约定的形式。

（二）买卖合同的内容

买卖合同的条款是确定买卖双方权利与义务的法律形式，是买卖合同的主要内容。一般来讲，一份完整的买卖合同应主要包括以下条款：

1. 当事人的名称和住所

买卖双方当事人订立合同时，首先应当明确合同当事人的名称或姓名。该条款是指自然人的姓名、住所以及法人和其他组织的名称、住所。自然人的姓名指经过户籍登记、管理机关核准登记的正式用名，一般为其身份证上的用名。自然人的住所是指自然人长期生活和活动的主要处所。法人或其他组织的名称是指经登记主管机关登记的名称，如果是公司，则必须以营业执照上的名称为准。根据《中华人民共和国民法通则》的有关规定，法人和其他组织的住所是指他们的主要办事机构所在地。该条款在买卖合同中，一般是在"合同当事人"中列明。在法人为合同当事人的情况下，除列明法人的名称、住所外，还应列明法定代表人的姓名。

2. 标的条款

标的是指买卖当事人权利、义务共同指向的对象，买卖合同的标的是买卖合同当事人应为的给付行为。因此，标的条款是买卖合同的主要条款。在标的条款中必须明确地写明标的物的名称。在订立买卖合同时，当事人应注意对标的物的描述要尽量采用通用的名称，对容易引起歧义的标的物的名称要加以特别说明。

3. 质量和数量条款

标的物的质量就是其质量标准和规格。质量是检验标的物的内在素质（物理的、化学的、机械的、生物的）和外观形态优劣的综合反映，能够确定买卖合同标的物的具体条件。标的物的质量条款需订得明确具体，如标的物的技术指标、质量要求、规格、型号等都要明确。当然质量是相对的，也可以视情况约定采用一定弹性的质量条款，如规定一定的差异度或上下极限的方式。数量条款是买卖合同中的核心条款。标的物的数量是指供货方交货的数量，是衡量合同当事人权利、义务大小的尺度，主要表现为一定的长度、体积或质量。对于数量的计量方法一定要明确，如以单位个数、重量、面积、长度、容积或体积等来计量标的物，应允许当事人规定一定限度内的合理误差。

4. 履行期限、地点和方式

买卖合同的履行期限是出卖人和买受人履行合同义务的时间界限，主要包括出卖人的交货时间和买受人的付款时间。这一条款涉及当事人的期限利益，也是确定违约与否的标准之一，十分重要。根据履行期限的不同，买卖合同可分为即时履行合同、定时履行合同和分期履行合同。履行地点，对买卖合同而言，是指出卖人交付标的物或买受人提取标的物的地方，以及买受人付款和出卖人接受付款的地方。买卖双方对履行地点的约定具有重要意义，它有时是确定标的物验收地点的依据，有时是确定运费由谁负担的依据，有时又是确定标的物所有权转移的依据，同时，还是确定诉讼管辖的依据之一。因此，买卖双方对履行地点的约定必须明确。履行方式是指当事人履行合同与接受履行的方式，包括出卖人的交货方式、标的物的验收方式、买受人付款的方式以及结算方式等。买卖合同中必须明确规定合同是一次履行，还是分期分批履行；交付方式是由出卖人送货或代办托运，还是由买受人自提货物；运输方式使用何种交通工具，以及运输路线如何确定；买受人付款方式是通过现金结算还是通过银行转账结算等。这些方面同样事关当事人的物质利益，应在合同中写明。

5. 价款

标的物的价款，同样是买卖合同的主要条款之一。在买卖合同中，价款是买受人取得标的物所有权应支付的代价。它通常指标的物本身的价款。在价格条款中，买卖双方应确定价款的支付方式。常见的支付方式有：现金、汇款、托收、信用证付款等。因商业上的大宗买卖一般是异地交货，便产生了运费、保险费、装卸费、报关费等一系列额外费用。这些费用由谁支付，可在买卖合同的价款条款中写明。值得注意的是，对这些费用的负担在商业习惯中形成了各种不同的价格条款，可供买卖当事人选择使用。

6. 违约责任条款

违约责任条款是为了增加当事人签订和履行合同的严肃性，促使当事人履行合同，使非违约方免受或少受损失的法律措施，也是保证买卖合同得以顺利履行的重要条款。因此，买卖合同的当事人在订立该条款时应当认真对待，对此应予明确规定。如违约致损的计算方法、赔偿范围等应予以明确。当然，违约责任是法律责任，即使买卖合同中没有违约责任条款，只要未依法免除，违约方就应承担责任。

7. 争议解决条款

争议解决条款涉及的是当事人在履行买卖合同过程中产生纠纷时，可以选择的解决方法。解决合同纠纷有和解、调解、仲裁、诉讼四种方式。对此，双方当事人可在合同中予以约定。需要注意的是，当事人如果选择仲裁裁决纠纷，必须在合同中明确约定或事后达成仲裁协议，否则无法将争议提交仲裁。

上述条款适用于所有的买卖合同。同时，基于买卖法律关系的多样性和特殊性，有些买卖合同中还应包含一些特别的条款，如标的物的运输和保险，标的物的包装方式，标的物检验、检疫标准和检验、检疫机构等。在国际货物买卖合同中，还应特别注意要订立争议的管辖机构、法律适用、合同文字及其效力等条款。另外，签订买卖合同是当事人双方的法律行为，只有双方协商一致，买卖合同才能成立。在实践中，买卖合同当事人一方要求必须具备的条款，例如要求对方给付定金或提供保证的担保条款等，经过协商双方意思表示一致时，也属于买卖合同的必要条款，必须在合同中写明。

即时思考：在买卖合同中"约定卖方代办托运"和"由卖方负责运输至买方所在地交货"这两种不同的规定，对卖方而言，哪种风险更大？为什么？

二、买卖合同的履行和变更

（一）买卖合同的履行

买卖合同的履行是买卖合同依法成立生效后，双方当事人按照合同规定的各项条款，全面完成各自承担的义务，以实现合同为目的的一种行为。在合同关系中，当事人完成了自己应尽的全部义务，是合同的全部履行；当事人只完成了自己应尽的一部分义务，是合同的部分履行。只有合同的双方当事人都按约定履行了自己应尽的全部义务，才能算是买卖合同履行完毕。

1. 买卖合同的履行原则

买卖合同的履行原则是指合同双方当事人在完成合同规定义务的全过程中，必须共同遵守的基本规则。这些原则主要有：

（1）实际履行原则。它要求买卖合同当事人必须按照合同约定的标的物履行应尽的义务，而不能任意用其他标的物代替。实际履行原则是买卖合同履行的重要原则。当事人必须按合同中规定的标的物履行义务，而不能任意改变标的物的品种、牌号、规格、型号、质量、等级，更不能用金钱来代替实物。当事人一方违约时，也不能以向对方偿付违约金、赔偿金代替应承担的实际履行责任，如果对方要求违约方继续履行合同，违约方还必须按合同约定的标的物继续履行。

（2）全面履行原则。它要求买卖合同的当事人必须按照合同规定的各项条款全面履行各自的义务。它要求合同履行主体和履行内容都必须符合法律的规定和合同的要求，合同的全面履行是衡量合同是否履行的标准。实际履行的原则只强调标的物的不可代替性，因而实际履行又可称为实物履行。而全面履行原则是在实际履行原则的基础上，又要求当事人必须认真执行合同的每一项条款，履行每一项义务。实际上，全面履行原则包含了实际履行，是实际履行原则的补充和扩展。

（3）协作履行原则。它要求买卖合同的双方当事人在履行合同过程中，互相督促和配合，共同努力完成合同规定的各项义务。协作履行原则是在实际履行原则和全面履行原则基础上对当事人提出的进一步要求，是指合同当事人既要认真履行自己应尽的义务，还应协助对方完成合同义务。

2. 履行合同时双方的义务

买卖合同订立以后，买卖双方当事人应当按约定全面履行各自的义务。买卖双方当事人应当遵循诚实信用的原则，根据合同的性质、目的和交易习惯履行以下基本义务：

（1）通知。买卖合同当事人任何一方在履行合同过程中应当及时通知对方履行情况的变化，遵循诚实信用原则，不欺诈、不隐瞒。

（2）协助。买卖合同是双方共同订立的，应当相互协助，具体体现在：当事人除了自己履行合同义务，还要为对方当事人履行合同创造必要的条件；当事人一方在履行过程中遇到困难时，另一方应在法律规定的范围内给予帮助；当事人一方发现问题时，双方应及时协商解决等。

（3）保密。当事人在合同履行过程中获知对方的商务、技术、经营等秘密信息，应当主动予以保密，不得擅自泄露或自己非法使用。

3. 出卖人履行的职责

（1）向买受人交付标的物或者提取标的物的单证。买受人交付标的物，可以实际交付，也可以以提单、仓单、所有权证书等提取标的物的单证作为交付。当事人在合同中约定交付的方式、时间、地点等，对于合同成立后标的物所产生的利益，如无特别的约定，应归买受人所有。

（2）转移标的物所有权。转移所有权，一般以标的物交付时间为转移时间，并以此作为划分标的物毁损或灭失的风险转移时间，在标的物交付前由出卖人承担，交付之后由买受人承担。

（3）出卖人必须按合同规定的期限和地点交付标的物。标的物的交付，可以规定一个具体的日期，也可以规定一个交付的期限。如果当事人约定了交付期限，则出卖人可以随时向买受人交付。出卖人应当按照约定的地点交付标的物，没有约定交付地点或者约定不明确，依照《中华人民共和国合同法》（以下简称《合同法》）关于履行的规定仍不能确定的，适用下列规定：标的物需要运输的，出卖人应当将标的物交付给第一承运人以运交给买受人；标的物不需要运输，出卖人和买受人订立合同时知道标的物在某一地点的，出卖人应当在该地点交付标的物，不知道标的物在某一地点的，应当在出卖人订立合同时的营业地交付标的物。

（4）出卖人应当按照约定或者交易习惯向买受人交付提取标的物单证以外的有关单证和资料，如专利产品附带的有关专利证明书的资料、原产地说明书等。

（5）出卖人应当按照约定的质量要求交付标的物。出卖人提供有关标的物质量说明的，交付的标的物应当符合该说明的质量要求，出卖人交付的标的物不符合质量要求的，买受人可以依照《合同法》的有关规定，要求出卖人承担违约责任；凭样品买卖的当事人应当封存样品，并可以对样品质量予以说明，出卖人交付的标的物应当与样品及其说明的质量相同。

（6）出卖人应当按照约定的包装方式交付标的物。对包装方式没有约定或者约定不明确，依照《合同法》关于合同履行的规定仍不能确定的，应当按照通用的方式包装，没有通用方式的，应当采取足以保护标的物的包装方式。

4. 买受人履行的职责

（1）买受人收到标的物时，应当在约定的检验期间内检验。没有约定检验期间的，应当及时检验。买受人应当在约定的检验期间内将标的物的数量或质量不符合约定的情形通知出卖人，买受人怠于通知的，视为标的物的数量或质量符合规定。当事人没有约定检验期间的，买受人应当在发现或者应当发现标的物的数量或者质量不符合约定的合理期间内通知出卖人。买受人在合理期间内未通知或者自标的物收到之日起一定时限内未通知出卖人的，视为标的物的数量或质量符合约定，但标的物有质量保证期的，适用质量保证期。

（2）买受人应当按照约定的时间、地点足额支付价款。出卖人多交标的物的，买受人可以接收，也可以拒绝接收。如果买受人接收多交部分，则需按照合同规定的价格支付价款；拒绝接收多交部分，应当及时通知出卖人。

5. 买卖合同条款不明确时的履行办法

为了使买卖合同能够全面履行，在订立买卖合同时，各项条款都应具体、明确和清楚。但是在实际生活中，由于当事人缺乏订立买卖合同的经验或者粗心大意，而使合同中的某些条款订立得不明确具体，这样就给买卖合同的履行带来困难，法律允许当事人双方及时协商，采取一些补救措施。

法律对条款不明确的合同允许当事人采取补救性措施的目的在于维护合同关系的稳定性，保护当事人的正当利益不受损害。但是，并不是每个条款不明确的合同都能进行补救，采取补救措施必须具备一定的条件，合同依法成立有效，并且双方都有继续维持合同关系的诚意。不明确条款一般是与合同标的物的质量、货款、履行期限、方式、地点等相关的内容。这些内容通常根据有关法律规定或交易惯例就可以确定，而不像合同的标的物和标的物的数量条款那样，必须来源于当事人的意思表示。

（1）明确质量标准。质量标准不明确的，按照国家标准、行业标准履行，没有国家标准、行业标准的，按照通常标准履行。在质量标准合格的前提下，如果存在等级不明确的情况，可按中等质量履行。有样品的按封存的样品质量履行。《合同法》规定，当事人对标的物的质量要求没有约定或者约定不明确的，出卖人交付的标的物，应当具有同种物的通常标准或者为了实现合同该物应具有的特定标准。

（2）明确履行期限。履行期限不明确的，当事人任何一方可以随时向对方履行义务，也可以随时请求对方履行合同义务，但都要给对方必要的准备时间。准备时间要根据当事人的履行能力和合同的其他内容综合考虑，加以确定。根据《合同法》的规定，当事人没有约定标的物的交付期限或者约定不明确的，可以补充协议，不能达成补充协议的，按照合同的有关条款或者交易习惯确定。履行期限不明确的，债务人可以随时履行，债权人也可以随时请求履行，但应给对方必要的准备时间。

（3）明确履行地点。履行地点不明确的，凡合同规定由出卖人送货、代运的，合同履行地为产品发运地；凡合同规定由买受人自提的，合同履行地为产品提货地；给付货币的，买受人应当在出卖人的营业地支付。但是根据《合同法》的规定，约定支付价款以交付标的物或者提取标的物单证为条件的，在交付标的物或者提取标的物单证的所在地支付。

（4）明确产品价格。价格不明确的，根据《合同法》的规定，对价款没有约定或者约定不明确的，当事人可以协议补充；不能达成补充协议的，按照合同的有关条款或者交易习惯确定；仍然不能确定的，按照订立合同时履行地的市场价格履行，依法应当执行政府价或者政府指导价的，按规定履行。

（二）买卖合同的变更

所谓合同的变更，是指合同成立后履行前或在履行过程中，因所签合同依据的主客观情况发生变化，而由双方当事人依据法律法规和合同规定对原合同内容进行的修改和补充。因而，合同的变更仅指合同内容的变更，不包括合同主体的变更。

合同依法成立后，对买卖双方当事人均有法律约束力，任何一方不得擅自变更，但双方当事人在协商一致或因合同无效、重大误解、显失公平等情况下可以对合同的内容进行变更。当事人变更合同应当与订立合同一样，内容必须明确，不能模糊不清。如果当事人对合同变更的内容约定不明确，当事人无法执行，可以重新协商确定，否则法律规定对于内容不明确的合同变更推定为未变更，当事人仍按原合同内容履行。

合同变更仍需要到原批准或登记机构办理手续，否则变更无效。

即时思考：买卖合同在履行中是否能用金钱来代替标的物？

第二节 成交后的工作

销售，是一个连续的活动过程。成交并非是推销活动的结束，而是下次推销活动的开始。推销的首要目标是创造更多的客户而不是销售。因为有客户，才会有销售；客户越多，销售业绩就越大；拥有大批忠诚的客户，是推销人员最重要的财富。推销人员要创造出更多的客户，一个重要途径是确保老客户成为你忠实的客户。能否确保老客户，则取决于推销人员在成交后的行为。

一、成交后推销人员的心理调适

1. 始终保持自己情绪的平静

通过艰苦的努力取得推销的成功，推销人员可能会异常兴奋。比如，当着客户面表现出欣喜若狂，不能自已，这会对推销活动产生不良影响，使客户对其所推销的产品产生怀疑。有的推销人员在成交后常采取高傲、不可一世的态度，以胜利者自居而洋洋自得，这种态度可能会导致订单被取消，将来买卖更难做成。有的则是态度冷漠，商店的售货员最易犯这个毛病，将商品扔给客户，绷着脸不正眼看客户就转身接待他人，不懂得此次与客户的分手就是下次生意的开始的道理。因此，对于推销人员来说，要时刻保持清醒的头脑，要善于控制自己的情绪波动，对客户的购买行为要表现出很感激、很欣赏的样子，这样在客户离去以后，也能给客户留下良好的印象。

对推销人员来讲，成交与否，态度都应始终如一。当成交失败时，推销人员应避免三种态度：藐视对方、恼羞成怒和自暴自弃。推销人员态度的基本要求是：热情、亲切、自然，用语简单适当。在不能成交的情况下，最好的办法就是体面的撤退，让下次洽谈的门继续敞开。

总之，无论成交与否，推销人员善于稳定自己的情绪，是十分重要的，这是保持客户对自己信任的重要方法。

2. 给客户一颗"定心丸"

人们经常会对某件事产生怀疑，有不安全感，这是一种很自然的反应。客户有时就会对刚刚做出的购买决定产生怀疑，产生后悔心理。为了消除客户的最后顾虑，推销人员应对客户作出明确保证，向客户承诺对自己的推销业务承担责任，这样有利于消除客户最后的怀疑心理，让客户感到他的购买决定是个明智的决策，即给客户一颗"定心丸"。在做这项工作时，推销人员只有态度认真、语言诚恳，才能使客户相信自己，若采取敷衍的态度，反而会引起客户更大的怀疑，导致交易失败。

3. 选择适当时机和客户道别

当推销人员和客户之间达成交易后，接下来就是选择适当时机同客户道别。这些要根据当时的情境和客户的态度灵活掌握。如果是客户先站起来与你握手，就可能是你待得太久，不受欢迎了；如果客户有心与你交谈，你就不应匆匆离去，尤其是那些经过长时间考虑后才决定购买的客户，匆匆离去会使他对你产生怀疑。

此外，在成交后的交谈中，应尽量少谈论产品的事，"言多必失"，也不要因成交而忘乎所以、夸夸其谈。离去时应同时向客户有礼貌地道别，对客户表示感谢，让客户产生满足感。这一切均有利于推销成果的巩固及未来业务的开展。

总之，推销人员要有一种敏锐的判断力，针对不同情形和不同心理的客户，选择最适当的时机道别。

即时思考：在成交之后，适时地赞美客户购买的明智选择是否必要？

二、客户关系的保持

失败的推销人员常常从找到新客户来取代老客户的角度考虑问题，成功的推销人员则从保持现有客户并且扩展新客户，使客户越来越多，销售业绩越来越好的角度考虑问题。对新客户的销售只是锦上添花，没有老客户做稳固的基础，对新客户的销售也只能是对所失去的老客户的补偿，总的销售量不会增加。成功的推销人员把成交之后继续与客户维持关系视为推销的关键。

（一）保持客户关系的重要性

在达成交易与客户道别后，推销人员应抓紧时间去落实买卖合同中的各项条款，应该认识到合同对推销人员的约束作用。推销人员在整个推销过程中自始至终都要坚持以客户为中心，开辟与客户之间的沟通渠道，并确保通道的畅通，保持与客户的接触和联系，了解客户对购买的满意状况。更重要的是利用通道来解决客户的不满，发展并维持与客户的长期合作关系。与客户保持良好关系的作用表现在：

1. 便于获取客户对产品的评价信息

一方面，通过与客户保持联系，可以获取客户各方面的反馈信息，作为企业正确决策的依据；另一方面，通过做好成交的善后处理工作，能使客户感觉到推销人员及其所代表的企业为他们提供服务的诚意，便于提高推销人员及其企业的信誉。

2. 有利于发展和壮大自己的客户队伍

达成交易之后，经常访问客户，了解产品的使用情况，提供售后服务，与之建立并保持良好的关系，可以使客户连续地、更多地购买推销的产品，并且可以防止竞争者介入，抢走客户。同时，老客户还会把他的朋友介绍给推销人员，使其成为推销人员的新客户，从而不断发展和壮大推销人员的客户队伍。

作为推销人员，应该清楚地认识到，生意在很大程度上取决于人与人之间，公司与公司之间的关系。推销人员应当发展、培养和维系这种关系，只有这样才能使生意兴隆。

（二）保持客户关系的方法

一名优秀的推销人员坚持与客户有计划的联系。他把每个客户所订购的商品名称、交货日期，以及何时会缺货等项目，都做了详细的记录。然后据此记录去追查订货的结果。例如，是否在约定期限内，将货物交给客户；客户对产品的意见如何；客户使用产品后是否满意；有何需要调整的；客户对你的服务是否表示满意；等等。推销人员与客户保持联系要有计划性。如成交之后要及时给客户发出一封感谢信，向客户确认你答应的发货日期并感谢他的订货；货物发出后，要询问客户是否收到货物以及产品是否正常使用。在客户生日时，寄出一张生日贺卡；建立一份客户及其所购产品的清单，当产品的用途或价格出现变化时，要及时通知客户。在产品包修期满之前，通知客户带着产品做最后一次检查。

推销人员应积极主动地、经常地深入客户之中，加强彼此之间的联系。联系的方法多种多样，主要有以下几种：

（1）通过电话、走访、微信、QQ、电子邮件等形式加强与客户的联系。通过这些方式既可以加深感情，又可以询问客户对企业产品的使用情况、用后的感觉、是否满意、是否符合自己预期的要求、有什么意见和建议，并及时将收集到的信息反馈给企业的设计和生产部门，以便改进产品或服务。

（2）通过售后服务、上门维修的方式加强与客户的联系。

（3）邀请客户参加企业重要活动，寄送资料或优惠券等。如新产品的开发成功，新厂房落成典礼，新的生产流水线投产，产品获奖，企业成立周年庆典，举办价格优惠或赠送纪念品活动等，都是很好的联系客户的机会。

（4）节日问候。在国家规定的节日或者传统的节日到来之前，向客户致以节日的问候。问候可以是电话、短信、微信、邮件等形式，也可以是联谊活动或者赠送小礼品。

在属于客户个人的节日，如生日、结婚纪念日等有特殊意义的日子，向他们致以祝贺和问候，将会给客户留下十分深刻的印象，并迅速拉近与客户的距离。要做到这些，需要推销人员做个有心人。

上述这些实用的方法有利于推销人员与客户相互记住对方，更重要的一点是，无论做什么事都要富有人情味。发送一张贺卡、一份剪报或一篇文章的复印件并不需要周密思考，也不需要花很多的时间和精力，关键是给客户留下深刻的印象，其秘密就是亲自动笔写的几句话。

即时思考：你认为推销人员与客户保持联系的有效方法有哪些？

三、货款回收

销售的目的就是在客户获得所需的产品的同时，企业也能够快速回笼货款。收不回货款的推销是失败的推销，会使经营者蒙受损失，所以在售出货物后及时收回货款，就成为推销人员的一项重要工作任务。

在现代推销活动中，赊销、预付或者为中间商铺货作为一种商业信用，在销售中扮演着非常重要的角色，是企业占领市场，扩大销售额的重要手段。如何才能及时、全额地收回货款是降低企业经营风险的关键因素。要做好货款的回收工作，需要从下列几个方面加以注意：

（一）在商品销售前进行客户的资信调查

客户的资信状况往往决定货款回收的难易程度。资信状况好的客户，一般能及时结清货款；相反，资信状况差的客户，则有可能拖欠货款，甚至造成呆账或坏账，对企业的生存与发展造成灾难性的后果。因此，推销人员必须做好此项调查工作。

对客户的信用调查，从企业的角度看，可分为两大类：一类是第三者进行调查，包括专门的资信调查机构、往来银行、同行和近邻关系等，这是一种有偿调查，即企业要支付一定的调查费用；另一类是企业自己调查，包括本企业专门机构进行的调查和推销人员进行的调查。选择哪一类调查方式，企业可以根据具体情况而定。

1. 资信调查的时机

（1）交易条件发生变化时，如交易价格、数量、金额、交货期限与付款方式、付款期限等发生变化时。

（2）开拓新客户时。

（3）当听到客户的经营状况恶化时。

（4）接获大批订单时。如发现老客户一反常态，开始大量或连续不断地订货，或初次与对方接触，对方就不假思索地要求大量订货，或自己未曾访问过的订货公司或自己不知底细的公司订货时。

（5）交易的另一方扩大经营范围进行多种经营时。

2. 信用调查的主要内容

（1）交易的对方的工作人员及其工作态度，如其内部机构的变更、对方职工的工作态度变化情况以及是否离职，对方产品或服务的销售秩序等。

（2）对方进货量与库存量的变化，如进货对象变化、订货数量变化、库存积压等情况。

（3）对方财务状况，如付款方式的变化、职工工资的发放情况、远期支票开列情况、与其交易的其他公司的情况等。

（4）对方经营者的生活态度，如生活的奢华程度、对公司经营的热情程度、人际关系等。

（二）在收款过程中保持合适的收款态度

如果因为采取不恰当的态度而影响收回货款，那是得不偿失的。因此，推销人员应针对不同的客户、不同的情况，采取相应的收款态度。一般情况下，收款态度过于软弱，无法收回货款；收款态度过于强硬，容易引起冲突，影响企业形象，而且影响双方今后的合作。所以，推销人员在收款时，要态度认真，有理有节。这样，既有利于货款的回收，又有利于维持双方已经建立起来的良好关系。

（三）正确掌握和运用收款策略

推销人员掌握一定的收款策略，有利于货款的回收。例如：达成交易时要约定明确的付款日期，不要给对方留有余地；按约定的时间上门收款，推销人员自己拖延上门收款的时间，会给对方再次拖欠以借口；如果不能及时收款，就以公司有规定为由暂停有关产品的安装程序，从而引起客户的重视而早日付款；注意收款的时机，了解客户的资金状况，在客户账面上有款时上门收款；争取客户的理解和同情，让客户知道马上收回这笔货款对推销人员的重要性；收款时要携带事先开好的发票，以免错失收款机会，因为客户通常都凭发票付款；如果确实无法按约收款，则必须将下次收款的日期和金额，在客户面前清楚地做书面记录，让客户明确地认识到这件事情的严肃性和重要性。

这里介绍的只是一些常用的收款方法。在实际工作中，还需要推销人员针对不同的客户，灵活机动，临场发挥。无论采用何种方法，目的是明确的，即及时、全额地收回货款。

即时思考： 货款回收应由推销人员负责，还是财务人员负责？试分析各自的利弊。

四、售后服务

售后服务是指在产品出售后所提供的服务。一方面，良好的售后服务，能够提升客户的满意度，加强客户和推销人员之间的信任关系。作为回报，这种信任和信赖关系的建立将导致客户重复购买和未来业务关系的巩固，使推销人员的业绩持续提升；另一方面，良好的售后服务也是树立良好声誉的方法，因为，满意的客户通常是潜在最好的新客户信息源。一些满意的客户认为，他们对推销人员的售后服务最好的回报方式，是向推销人员介绍其他有可能对其产品或服务感兴趣的人。客户和提供售后服务的推销人员之间融洽的关系，对客户之间的相互参照是卓有成效的。因此，售后服务还可以提供潜在的贸易机会，毕竟在销售过程中，没有比满意客户的证词更好的支持了。

（一）售后服务的内容

售后服务不限于行业，也不拘泥于形式，它有着广泛的内容和未被开拓的领域。就当前发展而言，主要包括以下几个方面：

1. 运输服务

由于现代生活节奏的加快，购买者越来越不愿意花大量时间进行购物，送货上门，提供运输服务成为吸引客户购买的重要服务项目之一，推销人员应从客户的需求出发，做好此项工作。送货的形式有自营送货和代营送货两种：自营送货是指推销人员自备运输工具亲自给客户送货，如保险代理人亲自把保单送到客户手中；代营送货是指推销人员委托固定的专业运输单位统一送货，如通过快递公司把产品寄送给客户。送货上门服务对于推销人员和企业来说并不是很困难的事，不但为客户提供了极大的便利，而且有利于增加客户的购买量和重复购买率。

2. 质量保证服务

任何产品在使用一段时间后，都免不了出现故障，影响使用效果。质量保证服务是指企业抱着为客户负责的宗旨，对售出产品的功能或使用价值的圆满实现提供技术保证。保证服务做好了，就可以使客户安心地购买、使用产品，从而减轻客户的购买压力，让客户感到放心、满意。质量保证的常见形式有：包换、保修、定期检修、抽样巡回检修等。

3. 安装服务

随着科学技术的发展，产品中的技术含量越来越高，一些产品的使用和安装也极其复杂，客户依靠自己的力量很难完成。因此，客户要求企业提供上门安装、调试的服务。同时，企业提供此服务，也是为了保证出售产品的质量，使客户一旦买好就可以安心使用。这种方式有效地解除了客户的后顾之忧，大大方便了客户。值得注意的是，如果不是由推销人员亲自安装，为了保障安装服务的质量，推销人员在协助提供安装服务时，要挑选技术熟练、有良好职业道德的施工人员，且事前应与施工人员进行充分沟通，尽力做到一切从客户出发，一切为客户着想。这样才能收到良好的服务效果。

4. 技术培训、指导和咨询服务

客户在购买产品后，可能不熟悉产品的操作方法，或不了解产品，从而容易出现使用不当导致的产品功能得不到发挥或造成事故，也可能出现一些简单故障而不懂得排除。这些都会造成产品使用失败，导致客户不满。因此，推销人员应为客户提供指导和咨询，帮助客户掌握使用方法和简单的维修方法。针对不同的购买对象，推销人员应提供不同的培训内容。如对一般客户，可教会其产品使用、保养和简单故障排除的方法；对组织客户，可就产品设计原理、结构、特征、用途、安装调试技术、使用方法、检测和维修技术、保养知识等进行培训。务必使客户购买后能保证产品的正确使用，真正帮助客户解决问题。

5. 功能配套服务

现代科学技术迅猛发展，产品更新换代很快。有些产品在客户购买时还是功能先进的产品，过不了多长时间就有更完善的产品。客户可能会因此产生遗憾和懊悔之心。推销人员可根据客户的需求，在产品更新换代之后为原售出的产品提供功能配套服务，使之具有换代产品的功能，或使原有产品更完善。比如，为汽车提供改装或加装新设备服务，为电脑提供软件升级服务等。

6. 备品配件供应服务

备品配件是产品易损部位的零部件或配套耗材。一件价值昂贵的产品可能会因一个小零件的磨损而失去使用价值。因此，推销人员应做好备品配件供应服务。保证客户在期望的使用期内能正常使用产品。否则，客户可能会产生上当受骗之感，从而对企业、推销人员失去信任，甚至导致客户流失。

以上这些服务的具体实施，往往是由后勤人员或者其他职能部门人员负责执行，但实施的过程中需要推销人员的参与。因此，推销人员要做好过渡工作。这个工作叫管理过渡。在管理过渡中，首先，推销人员要承担一些责任。例如，对项目或合同实施过程中的某些问题，推销人员应该出面进行解决；其次，推销人员有责任提出公司内部还有哪些资源可以充分利用，以便更好地服务客户；最后，推销人员需要对客户进行定期跟踪，便于了解客户是否满意，从而改进工作，使客户更加满意，以维持长期友好的合作关系。

（二）推销人员售后服务的拓展

只要推销人员乐于帮助客户，就会与客户和睦相处；为客户做一些有益的事，就会营造非常友好的气氛，而这种气氛是任何推销工作顺利开展都需要的。服务就是帮助客户，推销人员能够提供给客户的帮助是多方面的，并不仅仅局限于通常所说的售后服务上。例如，可以不断地向客户介绍技术方面的最新发展资料、促进销售的新做法；邀请客户参加体育比赛；等等。这些虽然是区区小事，却有助于推销人员与客户建立长期的关系。

即时思考："售后服务是售后服务人员的事，与推销人员关系不大。"这种观点正确吗？为什么？

五、抱怨处理

抱怨是每位推销人员都会遇到的，即使你的产品再好，也会受到爱挑剔的客户的抱怨。

不要粗鲁地对待客户的抱怨，其实这种人正是你永久的客户。松下幸之助说："客户的批评意见应被视为神圣的语言，对任何批评意见都应乐于接受。"正确处理客户抱怨，具有吸引客户的价值。美国一位销售专家提出了一个推导：正确处理客户抱怨—提高客户的满意程度—增加客户认牌购买倾向—丰厚的利润。

倾听客户的不满，是推销工作的一部分，并且这一工作能够增加推销人员的利益。对客户的抱怨不加理睬或对客户的抱怨错误处理，将会使推销人员失去客户。面对客户的抱怨，可以采取以下态度：

1. 感谢客户的抱怨

客户向推销人员投诉，使推销人员有机会知道客户的不满，并设法予以解决。这样不仅可以赢得一个客户，而且可以避免客户向其亲友倾诉，造成更大的伤害。

2. 仔细倾听，找出抱怨所在

推销人员要尽量让客户畅所欲言，把所有的怨愤发泄出来。这样，既可以使客户心理平衡，又可以知道问题所在。推销人员如果急急忙忙打断客户的话为自己辩解，无疑是火上浇油。

倾听是解决问题的前提。在倾听投诉客户意见的时候，不但要听客户表达的内容，还要注意客户的语调和音量，这有助于推销人员了解客户语言背后的内在情绪。同时，要通过解释与澄清，确保推销人员真正了解了客户的问题。例如，推销人员听了客户反映的情况后，根据你的理解向客户解释一遍："王先生，您听一下我理解的是否正确。您是说您一周前买了我们的传真机，但发现有时无法接收传真。我们的工程师已上门看过，但测试结果没有任何问题。今天，此现象再次发生，您很不满意，要求我们给您更换产品。我理解了您的意思吗？"

认真倾听客户抱怨，向客户解释他所表达的意思，并请教客户我们的理解是否正确，这就向客户显示了你对他的尊重，以及你真诚地想解决问题，同时，也给客户一个机会去重申他没有表达清晰的地方。

3. 认同客户的感受

无论客户是否是对的，至少在客户的世界里，他的情绪与要求是真实的，推销人员只有与客户的世界同步，才有可能真正了解客户的问题，找到最合适的方式与客户交流，从而为成功的处理投诉奠定基础。

推销人员有时在道歉时感到很不舒服，因为，这似乎是在承认自己有错。说声"对不起""很抱歉"并不一定表明你或公司犯了错，而是表明你对客户不愉快经历的遗憾与同情。

不用担心客户会因得到推销人员的认可而越发强硬，表示认同的话会将客户的思路引向关注解决问题的办法。

4. 征求客户的意见，正确处理问题

一般来说，客户的投诉大多属于情绪上的不满，推销人员的重视、同情和了解，不满就会得到充分宣泄，怒气就会消失。这时客户就可以毫无所求，也可能仅仅是象征性地要一点补偿，或抱怨一下就可以圆满解决。但是，一些比较棘手的问题会由抱怨上升为投诉。针对客户投诉，每个公司都应有各种预案或解决方案，推销人员在提供解决方案时要注意以下几点：

（1）为客户提供选择。通常一个问题的解决方案都不是唯一的，给客户提供选择会让客户感到受尊重，同时，客户选择的解决方案在实施的时候，也会得到客户的更多认可和配合。

（2）诚实地向客户承诺。能够及时解决客户的问题当然最好，但有些问题可能比较复杂或特殊，推销人员不确信该如何为客户解决，此时，不要向客户做任何承诺，而是诚实地告诉客户情况有点特殊，你会尽力帮客户寻找解决的方法，但需要一点时间。然后约定给客户回话的时间，推销人员一定要确保准时给客户回话。即使到时你仍不能帮客户解决问题，也要准时打电话向客户解释问题的进展，表明自己所做的努力，并再次约定给客户答复的时间。与向客户承诺你做不到的事相比，你的诚实会更容易得到客户的尊重。

（3）适当地给客户一些补偿。为了弥补公司操作中的一些失误，可以在解决客户问题之外给一些额外补偿。但要注意，一定先解决问题，然后改进工作，同时，还要避免以后发生类似的问题。现在有些处理投诉的部门，一有客户投诉，首先想到用小恩小惠去息事宁人，或是一定要接到投诉后才给客户应得的利益，这样不能从根本上减少问题的发生，反而造成了错误的升级。

以上内容主要介绍了投诉的意义、原因以及正确处理客户投诉的原则和客户投诉处理的策略。

要正确处理好客户的抱怨和投诉，首先，必须清楚真正的原因；其次，掌握处理的总原则，即先处理感情，后处理事件，使公司与客户之间通过处理抱怨而不断改善双方的关系；最后，架起更为信任的友谊的桥梁，让问题更易于解决。

即时思考：客户抱怨对企业的积极意义有哪些？

小结

成交管理可以理解为成交后的跟踪管理。成交并不意味着整个推销过程的结束，推销人员应继续与客户交往，并完成与成交相关的一系列工作。本章以成交管理为内容，从买卖合同的签订、成交中推销人员的心理调适、客户关系的保持、货款回收、售后服务、抱怨处理等几个方面进行介绍。体现了现代推销学"真正的推销始于售后"的理念。

案例

2016年年底，A地的小王接到B地做罐头生意的食品商的电话，双方经过多次磋商，终于谈妥价格，对方决定到现场现款提货。同时，这个食品商又向小王打听了 A 地的几种反季节蔬菜的价格，他打算顺便贩运一车西红柿、豌豆等时鲜蔬菜到 A 地，汽车返回时装罐头。小王说这几种蔬菜在本地夏季才能收获，春节前销售非常好，还给对方报了价。对方一算账，见有利可图，于是就在电话里商定了这笔蔬菜生意。

2017 年 1 月 13 日下午，该食品商出现在小王的办公室，说蔬菜已运到。小王得知装蔬菜的卡车已跑了 40 多个小时，需尽快卸货，他立即将车领到了蔬菜批发市场。而此时，因前几天该市场已从 B 地运来几种蔬菜，市场已经饱和。小王说，如果接货，只能出报价的三分之一。食品商不愿意，双方僵持不下，讨价还价了一个多小时，眼看天色已晚，食品商很着急。考虑到如果拖到第二天，有的蔬菜便会腐烂，损失将会更惨重。无奈之下，食品商只好以比产地购价还低的价格将 10 吨新鲜蔬菜脱手，不但没有赚钱，还搭上了运费和一部分本钱。食品商认为这笔稳赚的生意，却因为没有签订合同造成了不应有的损失。

（资料来源：谢和书，陈君．推销实务与技巧．3 版．北京：中国人民大学出版社，2018：168．）

请思考：从这个案例中，你得到了什么启示？

🗂 实训演练

1. 假设你是一位家电产品推销人员，当你与顾客成交后，你需要做哪些工作？根据你的理解，请列举出三项工作。

2. 请至少提出三种与客户保持良好关系的方法。

第十章 店面推销

引 言

　　零售商店遍布各地，与人们生活息息相关。虽然不同类型的商店有不同的特点和运行规律，销售的策略也各有特点，但是，其以顾客为中心的销售工作的理念是一致的，基本的原则和沟通技巧也是一致的，只是在具体销售策略上有所不同。本章介绍的基本原则和原理适用于各种不同的零售终端，例如百货店、大型超市、购物中心、仓储式商场、家居中心、专业店、专卖店、便利店、药店等有店铺的销售形式。

学习目标

　　1. 了解影响店面业绩的主要因素；
　　2. 了解线上线下结合促进销售的相关内容；
　　3. 掌握店面推销人员的必备素质；
　　4. 掌握店面推销的步骤与策略。

第一节 店面推销概述

　　门店在商业交往中有着非常重要的地位，许多消费者是在门店里看到商品以后，才做出购买决定的。调查显示，很多人进商场只是随便逛逛，其中 83.6% 的消费者是非计划性购买，而 91.6% 的消费者是到了门店才决定购买商品的①。如今零售的形式越来越多，路边的杂货店、专业的百货商店、大型超市、专卖店等，这些不同形式的零售终端，使得零售这个环节的竞争变得越来越激烈。人们购物的同时，见到的不仅是琳琅满目的商品，还有为数众多的营业员、推销人员。

---

　　① 阿姆斯特朗. 市场营销学：第 13 版. 赵占波，孙鲁平，赵江波，译. 北京：机械工业出版社，2019.

推销人员的目的非常简单，就是推销商品，但是，某些推销人员的推销方法往往会令顾客产生抵触情绪。在商场里，我们都遇到过这样的问话："先生（女士），您买点什么？"对于推销人员这样的提问，顾客一般都会说："对不起，不买什么，随便看看。"有些顾客可能继续看商品，而有些顾客就可能转向其他柜台。

当顾客对品牌的忠诚度还没有达到一定程度，顾客在购买某种商品时，推销人员的介绍将会起较大的作用。上面的那种急功近利的做法，不但不能促进销售，反而在某种程度上还会让顾客产生抵触情绪。作为专业的店面推销人员，应该怎样做才能既卖出商品，又能赢得顾客的好感呢？

店面推销是一种特定的推销形式。走进商店的顾客，一般有三种类型：第一类，有明确的寻求目标，即已经有了某种需要或购买的具体目标；第二类，有寻求目标但不具体，即有明确的需要，但购买的具体目标还不明确；第三类，没有明确的寻求目标，即没有明确的购买意向，只是随便逛逛。对于不同类型的顾客，要有不同的推销策略。企业必须对推销人员进行培训，推销人员自己也要善于学习、总结，从而掌握娴熟的推销策略和礼貌得体的行为，以吸引顾客，提高推销业绩。

一、影响店面业绩的主要因素

1. 店面陈列

店面陈列是指商店经营商品的摆放布局。店面陈列以促销为目的，努力吸引顾客的目光，引起顾客的兴趣，激发顾客的购买欲望，同时便于顾客寻找和提取。从顾客购买行为和消费习惯上讲，许多顾客是在商场"触景生情"而决定购买的，因此，店面陈列对引导顾客行为具有主要作用。店面陈列的基本原则有：

（1）商品陈列要丰富。店面的商品陈列要丰富，要能达到陈列的基本要求。一家便民店的商品种类在 2 000 ~ 4 000 种，而商品众多的大型超市，应至少有 20 000 种商品。并且要随着季节变换而及时调整。只有具备了商品的丰富性，才能让顾客有更多的选择。需要注意的是，库存量要适当，避免过分囤积货物，否则对资金的周转会造成很大的压力。

（2）店面环境要整洁、舒适。有条件的店铺可以留出一点空间，适当摆设一个茶几、两把座椅等，突出舒适感，为相互交流创造条件，使顾客产生亲切感，有利于增加顾客的忠诚度。

（3）传递更多的信息，吸引顾客的注意。商品的陈列，要能够引起顾客的注意，向顾客传递更多的商品信息。商品摆放要井井有条、一目了然，可以搞一些促销活动，陈列主题化，这样可以减少顾客询问、导购回答的时间，从而缩短交易过程，提高效率。

不同类型的商店，店面陈列的特点和要求也不相同，以上介绍的是基本原则，具体应用还要根据店铺的性质和规模灵活掌握。

小案例

　　美国箭牌糖果有限公司非常重视绿箭口香糖的货架陈列。由于口香糖属于冲动型消费品。这种冲动型的消费品类需要从色彩、陈列面积、图片等多角度合围顾客的五官，才能形成消费刺激。

　　调研发现，有49%的顾客在收银口完成口香糖的购买行为。能够在此处让顾客冲动购买的商品，一是品牌具有高知名度，二是具有普适性，三是价位合适，四是体积小。因此，在所有的品类中，糖果位居收银口冲动型消费榜首，而口香糖又位居糖果品类中的第一。但这并不意味着顾客只在收银口购买口香糖。顾客在商场购物时，糖果区主货架是必经之处，有41%的口香糖购买是在主货架实现的。

　　因此，绿箭牌口香糖采用抢占收银通道、有效陈列和多点陈列的方式。有效陈列强调的是各品牌在集中陈列时，不仅按比例摆放，同时强调色块整齐又有视觉冲击力，提供有提示作用的信息载体，让顾客一眼识别，在短时间内做出购买决策。

　　（资料来源：佚名. 从营销到渠道，绿箭靠什么把一只单品卖到一亿盒. （2015－10－09）［2019－10－21］. https：//news. 21food. cn/35/2577029. html.）

2. 推销人员的形象与态度

店面推销人员形象要端庄、整洁，对顾客讲话的态度要和蔼可亲，让人信任，这些都对提升商店的经营业绩有着重要的影响。个人推销行为对于零售商店的形象至关重要。一项对女士服装专卖店顾客的调查显示，推销人员的知识、能力和友好态度，是顾客选择商品的关键因素。

3. 及时补充符合顾客需求的商品

市场上的商品种类非常多，如何找到最能适应顾客需求的商品呢？市场调查是一个有效的方法。例如在一个小区开连锁店，必须搞清楚这个小区需要什么品种、什么类型、什么品牌、什么价位的商品。对此要进行认真、细致的市场调研，根据调研结果，做出准确判断。

4. 售价合理并富有吸引力

合理的商品价格是一个很重要的影响因素。要做到价格合理，就必须考虑以下因素：

（1）市场的参考价。

（2）供货商提供的价格。

（3）商店的利润。店面利润是指扣除各项费用之后剩余的净利。

（4）顾客的需求。顾客的需求决定顾客对商品价格的接受程度，如果商品价格超出了顾客的接受程度，该产品就不会有人购买了。

5. 店面销售人员的配置

一家店面要配置最佳人数，能够以最少的人员达到最佳的营业额。一般来讲，一家个体商店的工作人员为 5 ~ 8 人。大型超市，面积可达 20 000 平方米，甚至还会更大，这就需要用 300 ~ 500 人。

此外，还存在兼职人员的问题。有些超市以经营农副产品为主，生鲜商品需求量大，这就要求上货及时，并且工作集中在固定时间段，因此，需要大量的兼职人员。而以日用百货、干货食品为主的超市，就不存在这样的问题。

即时思考：商店里商品陈列是越多越好吗？

二、店面推销人员的必备素质

店面推销人员的工作就是利用自己的知识、技能，凭借良好的服务态度来提高商品的销量，任何一位推销人员的业绩都是由三个因素决定的，那就是态度、知识和推销艺术，如图 10 - 1 所示。

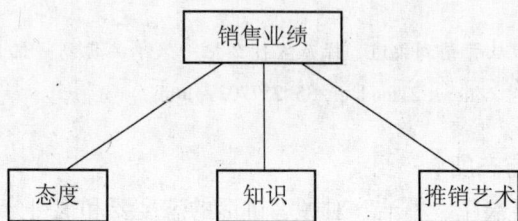

图 10 -1　决定推销业绩的三个因素

1. 态度

态度通常是指个体对事物所持有的一种协调一致的、有组织的、习惯性的内在心理反应。这里所说的态度即店面推销人员对工作的看法。从事店面推销工作的人员要创造出优良的销售业绩，就要对本职工作充满热情，并不断地学习，及时总结经验，在工作中做个有心人，逐步提高自己的推销工作水平。

2. 知识

这里的知识是指店面推销人员对所售商品的专业知识，如商品的产地、结构、功能、给顾客带来的好处等。推销人员要掌握丰富的商品知识，熟悉商品的性能，有礼貌地对待顾客。

3. 推销艺术

推销艺术是指店面推销人员的推销策略与技巧。对于众多直接面对顾客的店面推销人员来说，他们的一举一动都将给顾客留下非常深刻的印象。

因此，作为零售业的推销人员，掌握必要的顾客心理知识和专业推销技巧，从而针对不同购买心理的顾客，灵活采用不同的推销技巧，对推销成功有着举足轻重的作用。

对于店面推销人员来说，要想提高自己的业绩，最需要提升的就是专业行为，也就是专业的推销技巧。顾客只有在心情愉快、轻松的情况下，才有可能购买商品，所以，不要当顾客走近柜台还没有来得及选择喜欢的商品时，就给他们太多的压力。

即时思考：顾客刚刚走进商店，推销人员就热情地迎上去，问："先生，您要买点什么？"请评价该推销人员的行为。

第二节　店面推销策略

店面销售人员的中心工作是在顾客走进商店之后对其的接待、服务和推销。在这个过程中，推销人员应始终本着"一切从顾客出发"的原则，站在顾客的角度，理解顾客，为顾客着想。店面推销的工作一般可分以下步骤：准备，迎接，介绍、展示与说服购买，成交及成交后的行为，售后服务在不同的阶段，有不同的策略。下面，我们按照这个顺序，分别介绍店面销售人员在各个阶段应采取的推销策略。

一、店面推销的步骤及其策略

（一）准备

准备阶段通常在商店还没有开门或顾客还没有走近柜台时就已经开始。作为推销人员，通常都要比商店开门时间提前半个小时来到商店做准备工作，准备工作要从三个方面进行：

1. 自身形象

为了能以更专业的形象给顾客留下良好的印象，推销人员必须注意个人的穿着和打扮，保持良好的精神状态和积极的工作态度，把最好的一面呈现给顾客。

2. 所售商品

推销人员要精心准备柜台上的商品，使商品能够更加吸引顾客。陈列商品时至少应做到以下两点：

（1）将商品擦拭一新。一尘不染的商品更能吸引顾客的注意力。

（2）将商品摆在合适的角度和高度。将商品摆放在顾客更容易注意到的醒目之处，能更多地吸引顾客的目光。

3. 店面环境

必须注意店面的环境，推销人员应站在顾客的角度体会一下店面的整体感受。例如：灯光是否足够明亮，商品是否整齐，私人物品是否放在顾客看不到的角落等。

即时思考：想一想，除了以上三点，还有什么是准备阶段应当注意的？

小案例

赤峰人川大药房除了为顾客提供免费的花茶、祛暑茶、降压茶试饮，还推出了免费赠送当归煮蛋的服务。这家药店按不同季节配备适合的滋补用品，为单独在家且不会搭配营养的老人送去温暖；为眩晕、中暑的人配有免费的藿香正气水；等等。

[资料来源：姜志敏. 淡季不淡的店长宝典. 中国药店，2016（08）.]

（二）迎接

零售商店的营业员不必出门去寻找顾客，他们依靠广告、诱人的橱窗和柜台设计以及店内的各种服务项目吸引广大顾客到商店里来。从这个意义上讲，推销人员就是主人，顾客就是他要接待的客人。这就要求推销人员必须在各个方面都做到礼貌和周到，使来者感到宾至如归和轻松愉快。在这一阶段，推销人员工作的关键是设法在与顾客的最初接触中使顾客产生好感，引导顾客关注商品并产生兴趣。

1. 用微笑迎接顾客

推销人员要用微笑来迎接顾客，而不是迫不及待地走上去迎接顾客，更不能急于追问顾客买什么，这会给顾客造成一种心理压力。与顾客的初次接触中，推销人员就要在顾客心中为自己和商品树立起良好的形象。

很多时候，推销人员的一个微笑就能够传递给顾客关注和迎接的信息，通过这种目光交流，表示推销人员已经看到了顾客，随时愿意为顾客提供服务。在迎接顾客阶段前不能给顾客带来压力，否则顾客会没有心思更多地注意商品，而是考虑如何摆脱销售人员的询问，甚至纠缠。

在迎接顾客阶段，推销人员会给顾客留下第一印象。据科学统计：当一位陌生人出现在人们面前时，产生第一印象只需40秒钟的时间，而良好的第一印象可以持续10分钟，不好的第一印象至少会持续7分钟。如果顾客对推销人员产生了良好的第一印象，这种感觉就会持续10分钟，这段时间足够推销人员来推销商品；如果产生了不好的印象，就意味着失去了向这位顾客推荐商品的机会。应当注意的是，我们永远没有第二次机会去建立一个良好的"第一印象"。

2. 迎接阶段的步骤

（1）友好地与顾客打招呼。推销人员要用微笑与顾客打招呼，目的是向顾客传达一种愿意为他服务的意愿，千万不要给顾客太大的压力。

（2）让顾客能够置身于商品中。挡在顾客之前，会让顾客只注意推销人员而忽视了商品，所以，一定要让顾客轻松自由地置身于商品中，自由地去选择他所喜欢的商品。

（3）初次接触时，要注意给顾客足够的私人空间。在欢迎阶段，推销人员一定要注意与顾客保持适当的距离。通常陌生人之间的社交距离应该是 1～2 米，这样不会对顾客造成压力。

（4）第二次接触可采用主动法或选择法。如果顾客长期停留在某一个商品面前，或者顾客示意推销人员介绍商品时，说明顾客对这种商品产生了比较浓厚的兴趣，这时，推销人员应当主动上前为顾客介绍商品。

（5）如果顾客对商品产生了一定的异议，推销人员可以简单地介绍一下商品，但在介绍时要注意与顾客保持适当的社交距离。

（6）自始至终保持微笑。很多顾客走近柜台只是为了了解商品的信息，并不会购买商品，如果顾客并没有长期停留在某种商品面前，也没有要求推销人员介绍商品时，推销人员可以不做任何事情，微笑地看着顾客，让顾客尽情地自由选择商品。

3. 几种接待方式

（1）打招呼，主动提供服务。

"您好，需要我帮忙吗？"

"您来了，先生。"

在一般的场合下，与顾客接触往往就是从这样的对话开始的。来商店的顾客一般分为有明确的寻求目标、有寻求目标但不具体、没有明确的寻求目标三种类型。对待这三类不同的顾客，应当致以侧重不同的问候语。

推销人员在见到顾客后，首先判断他属于哪一种类型的顾客。对于第一种类型的顾客，而且商店里正好有适合其需要的商品，接待工作是最容易的，在简单的问候之后就可以直接成交。这里着重讨论对后两种类型的顾客的迎接。比较以下几组问话：

第一组：

"您要买东西吗？"

"您想买哪一件？我可以拿给您看。"

"有您特别中意的吗？"

第二组：

"我能为您做点儿什么？"

"您打算买点儿什么？"

"您缺点儿什么？"

第三组：

"我来为您提供服务，好吗？"

"我来帮助您购物，好吗？"

"先生，有用得着我的地方吗？"

"我来帮您，好吗？"

第一组问话是典型的错误问法。因为买卖双方并没有达到心理的沟通。这些招呼方式往往不受人欢迎。脾气不好的顾客自然会回答（至少在心里说）："我当然要买东西，不然来商店干什么？"如果顾客还没有确定该买什么，推销人员这样一打招呼反而会使顾客产生防御心理，甚至迫使他匆匆走到其他柜台去。问话中使用"哪一件"或"特别中意"这样的词更糟，因为这意味着推销人员不愿意充分展示商品，除非顾客可以准确地说出需要什么。

第二组问话显然是在运用提出积极性建议的方法——表明顾客确有所需，从这一点看，要比第一组问话好一些。这种打招呼的方式尤其适用于推销日用百货的商店。但是，如果这些问题出自态度冷漠的推销人员之口，那就危险了，因为他们说出的话很容易让人感到心冷和突兀。

第三组问话强调了推销人员提供服务的意图。它们适合于高档商店里文化修养较高的推销人员使用。这种致意性的招呼需要讲得轻松而自然。这种招呼对较小的居民区里的商店不适合，因为那里的推销人员和顾客本来就很熟悉，这样打招呼就有点荒唐可笑了。

个别推销人员因为其他事耽误了一会儿，再转身上前迎接顾客时，常常可以说："您来了，先生。"这种招呼最适合不设封闭柜台的商店。这样打招呼，只要把握得当，就能产生好的效果。当然，对那些在百货商店过道里随便转悠的顾客不能这样打招呼。

（2）问好。

"先生，早上好。"

在拿不定主意该讲什么话时，使用这样简单的问候是最安全的。不管是什么店员使用，顾客都不会感到推销人员粗俗无礼，这样的问好要伴以微笑或至少带出善意。当然也不能对着顾客高声问好。相反，许多推销人员在问好时喜欢把声音放得很低，低得几乎让人听不见，以表示对方无须再用"上午好"之类的话来回答。

有一点很重要，推销人员要首先问好，不要等顾客给见面的气氛定调。如果推销人员的问候确实非常友好，脸上带着微笑，目光迎着对方，顾客一般都会逢迎附和的。

（3）直接谈论商品。在许多情况下最好不用问候或打招呼（以表示愿意提供服务）的方法去迎接顾客，而用直接介绍商品的方法与顾客接触。这主要用于两种类型的顾客：一类是兴趣分散的"游逛者"，另一类是兴趣集中的正热切地寻找某种商品的人。用这种方法接近"游逛者"（没有明确寻求目标的人）是最好的选择。

零售商店的推销人员很快就能判断出哪位顾客只是"瞅瞅""瞧瞧"。如果用"我来为您提供服务，好吗？"这句话迎接顾客，顾客往往会回答："不用了，我只是随便看看。"推销人员在遭到拒绝后，即使后来发现这位"游逛者"确实想买什么东西，需要再次给予接待，也会感到难以启齿。最好的办法是不要过快和过急地与这些"游逛者"发生接触。这些"游逛者"具有明显的特征：他们常常四下转悠，没有明显的目标，喜欢避开推销人员的目光，尽量与推销人员保持一定距离。

一定要等逛商店的人在某种货品前站住脚并开始仔细观看之后，推销人员才可以走过去介绍商品。推销人员走上前去，开口就直接谈论商品，不用问顾客需不需要人接待。谈论商品时所发表的看法不但要适合当时的情况，尽量做到恰如其分，而且要向顾客提供不易觉察的信息。

心中有明确购买目标的顾客，会直接迅速地走到某一个商品前。在这种情况下，推销人员可以使用直接谈论商品的方法。有些推销人员遇到这类顾客直接试着与他成交。问："您喜欢哪种颜色？""您穿多大尺寸的鞋？"顾客只要正面回答这些问题，就可认定他确实准备购买。

零售商店的推销人员应当养成这样的说话习惯和待客态度，这样能帮助推销人员把商品卖给那些原本准备走开的、注意力分散的顾客。例如，在一家书店，有位顾客正站在书架前翻阅一本书，想看看是否适合他的孩子。这时，一个店员忙着来整理书籍，问道："这本书您买不买？"顾客一听这种问话，本来想买也不买了，他撂下书扬长而去。反过来，还是这种情况，另一位推销人员的做法是，他随随便便地走近那位顾客，开始一边归整手边的图书，一边说："您拿的这本书最适合 10 岁左右的儿童阅读。因为……"这位推销人员没有把顾客吓跑，他把这本书卖了出去。这种看似随随便便的态度，虽没有露出丝毫要推销商品的意思，却可以基本保证把犹豫不决的顾客的兴趣和注意力吸引过来。

（4）及时接待。要迎接好顾客，最主要的是力争做到及时接待。推销人员必须停止与同事的交谈，停止归整商品。总之，必须表示出很愿意立即接待顾客。没有一位顾客愿意等候推销人员做完那些完全可以搁置的工作。

及时接待并不等于匆忙行事。推销人员应当用多快的速度去接待顾客，要依据顾客的具体情况而定。如果顾客很急，推销人员应当做出更敏捷的反应以迎合顾客的心理。在开架售货部，推销人员应当把接待顾客的时间掌握在对方已挑选到一半的时候。在柜台服务时，推销人员一见到顾客在柜台的某一部分停下来就必须走过去。一位权威人士提出这样一个看法，假设其他方面的服务质量同样很高，接待及时的推销人员能比接待迟缓的推销人员多做20% ~ 50% 的生意。

即时思考： 如果你是一名零售商店的推销人员，你如何判断走进商店的顾客属于哪种类型？

（三）介绍、展示与说服购买

1. 成功的促销词

店面推销人员应当注意研究用什么样的简短开场白能够顺利地开展生意。这种开场白应当说明或表示出顾客买了某种商品之后，可以得到什么利益或好处。不仅要宣传商品的优点，而且要把商品的优点转化为顾客的利益。

小案例

　　一对小夫妻在婚前想买一件礼物送给自己的父母，他们分别在两家珠宝店看中了珠宝，然后进一步与导购沟通。第一家珠宝店的导购只是程序性地向他们介绍产品的相关情况，并没有进一步与他们沟通，只是对是否成交更加关心。而另一家珠宝店的导购得知小两口买珠宝是送父母的，并没有直接切入销售的主题，而是与他们聊起父母的不容易，对子女的养育之恩，子女大了，父母却老了，作为子女感恩父母为我们付出的一切，珠宝是我们对父母爱的体现。此刻，珠宝已经不仅是纯粹的珠宝，它还与亲情相关。最终这对小夫妻高兴地选择了第二家珠宝店的商品。情感的力量是不可小视的，如果满足了服务对象的情感需求，引发了他们的情感认可，服务对象就会淡化商品的价格与品牌等硬件的因素而去购买商品。该案例中的第二位导购就是抓住亲情这个核心问题，进行针对性的营销，取得了服务对象的情感共鸣，留住了顾客，促成了商品的成交。

2. 松动模式

要使开场白说得成功，推销人员除了要大致揣摩一下顾客的性格、收入、职业等基本因素，还必须确定顾客的寻求目标，商店里有没有合适的商品。如果目标不够具体或商店没有与寻求目标完全吻合的商品，那么就要设法使目标变得有弹性。为此，要了解这位顾客为什么要这种商品而不要其他的商品。如果顾客说出的一些理由不足以让人信服，为了让顾客有所动摇，最好先提出几个问题。然后推荐几样未曾列入顾客意向的商品，但不具体到某件商品上。当推销人员感到顾客的寻求目标有所松动时，再向他推荐具体的商品。

3. 展示恰当的商品

推销人员摸清寻求目标后，可及时向对方展示在某种程度上与寻求目标相适合的商品，推销人员把话题从泛泛的交谈慢慢转向这种商品的性能、用途以及为什么适合顾客。如发现拥有目标和原来的寻求目标仍有某些差别，就要再设法"松动"一下寻求目标，解释目标之间的差别的有益之处。例如，一位顾客对一种公文包产生了兴趣并选了一个，但又怀疑地说：

"这不是用真皮做的吧？"

"是的，是代用品，但与用真皮做的相比，又轻巧又便宜呀！"（推销人员马上说。）

"有没有浅一点儿颜色的？"

"没有。浅颜色的手提包不耐脏！"

推销人员介绍商品的优点时，要准确、有说服力，别急于把所有的论据一下子全罗列出来。要注意，顾客在购买商品的整个过程中都有可能产生怀疑和动摇，在买完东西后也可能发生。所以，留一些有力的论据，等顾客再发生犹豫时拿出来用。如果顾客回家后自己发现了商品的某些优点，这种意外的收获能进一步扩大购买后的效果，顾客会十分高兴，这对商店和推销人员来说都有益处。

对顾客实施一定的影响时，推销人员应该慎重和有分寸。这里有两种可能：一是某些人反抗心极强，或竭力维护自己的独立感，往往容易面对一点点"压力"就暴跳如雷，于是整个购买就可能失败，甚至发生争吵；二是有的人没主见，别人说啥是啥，结果在推销人员的影响下买了并不真正需要的东西，过后顾客会后悔，就开始埋怨推销人员。所以，当推销人员发现顾客的拥有目标与寻求目标不符，或拥有目标明显不如寻求目标时，就应该反过来，不是促进购买，而是劝说顾客先看看，暂时不要买。这样做，不但顾客对推销人员有信任感，而且也会使在场的其他顾客增加对商店的好感。

在设法摸清顾客的真正需要时，推销人员还有一点要注意，即应当首先展示什么档次的商品。如果东西太便宜，顾客可能会认为推销人员看不起他；如果拿出的东西太贵，还有可能把顾客吓跑。大部分商店通行的做法：如果从顾客的外表和问话中看不清楚顾客想买什么档次的商品，就把中间偏上的货色拿给他看。这样，不管是向上还是向下，顾客都容易根据自己的情况进行调整。

如果顾客提出要买定价为 10 元的商品，就把它拿出来。如果顾客还没表示就此成交，那就试着把 12 元的商品拿出来，看顾客是否感兴趣。如果顾客久看不决或进一步提出询问，甚至还可以把定价 15 元的商品也拿给顾客看。顾客在这两种质量更好的商品面前，很可能会选择 12 元的那一件，甚至是 15 元的那一件。

总之，把各种规格的商品同时放在顾客面前是错误的，这样只会扰乱顾客的思路。只要顾客对某一种商品表示了不满就应当马上把它收起来，不要让它影响顾客做决定。

4. 不要向顾客提过多的问题

提问本是一种很有效的方法，但若使用过度，就会失去作用。推销人员在开始接待顾客时很容易提出过多的问题。例如下列一组对话：

推销人员："你要多大号的？"

顾客："40 号。"

推销人员："袖长呢？"

顾客："68 厘米。"

推销人员："准备选什么颜色？"

顾客："蓝色。"

推销人员："你对领口有什么要求？"

顾客："不要太大。"

这样接待顾客是很不明智的。首先，它给人这样一种印象：推销人员在偷懒。顾客可能会觉得推销人员不愿意展示商品。许多顾客原本还期望推销人员能在样式和设计上提一些参考意见，现在看到这种情况，往往会心生怨愤；其次，让顾客把要求提得太具体，如果待推销人员在货柜里没有找到符合要求的商品，就会导致顾客离开，让推销人员没有回旋的余地；最后，如果推销人员能够按照顾客希望的价格，拿出适合要求的商品，那么，向这位顾客推销更好一点儿的商品的机会就没有了。一旦顾客已经确定购买什么价位的商品，再想引导他购买质量更好的商品就比较困难了。

有的时候必须问清楚几个问题。这时，最好在询问对方的同时，拿出几种型号的商品来，以明确表示愿意提供服务。

真正老练的推销人员根本不需要问尺寸这一类的问题，因为他们通过观察就能找到答案。而且，这种专长能对顾客产生良好的影响，有助于沟通买卖双方的感情，顾客都喜欢与这种确实懂行的"专家"打交道。

总之，在做零售生意时，最好不要先问顾客太多的问题。而应依靠商品展示，从顾客的反应中发现哪几样东西最能吸引顾客。在任何情况下，推销人员都要用轻松随便的态度提问题，并且一次不能提得太多，而且边展示商品边进行询问。推销人员必须记住，既不能表现出不愿意展示商品，也不能表现出对顾客的私事太感兴趣。

即时思考：是不是向顾客提的问题越多越好？为什么？

（四）成交及成交后的行为

经过介绍、选择、说服等过程后，顾客做出了购买决定，这就完成了交易行为。在这一阶段，推销人员必须注意，购买决定的做出，是购买过程的最高点，但不是整个购买过程的终点。成交后的感觉是影响顾客满意度及以后行动的关键。在实践中这一点却常常被忽略。许多推销人员本来在专注和耐心地接待顾客，当顾客付款后，推销人员就不再对他感兴趣了。这就会使顾客原有的疑虑不但不能消散，反而会增强。

推销人员应对顾客始终保持友善的态度，尽可能地保持到顾客在商店买完商品离开为止。在成交阶段，推销人员怎样对待被买的商品，怎样拿，怎样包装，怎样递给顾客，说些什么，都十分重要。购买行为结束时，照应一句简单的话，能大大增强顾客的快感。如"您真走运，这种领带可是经常没货。""您买了这么一件好东西，值得祝贺！""您买的这件衣服保证谁见了都说好看。"当然，这种表达应符合实际。

如果推销人员发现顾客还是有疑虑，就要适当地挽留顾客再花费些时间，以便查明疑虑的原因并设法消除。

常常有顾客经过几番犹豫和动摇，最后还是不买。遇到这种情况，推销人员应当因势利导。如果顾客坚决不买某件商品，并对这种决定感到很自信，推销人员就要支持他，并表示理解。如果顾客在不买之后继续犹豫不决，推销人员就可以有分寸地支持他的兴趣，并热情地请他下次再来。

对待那些没买到所需商品的顾客，推销人员回答"没有"时应该让顾客感到他们同样为无货而感到遗憾，并对顾客有所抱歉。推销人员设身处地地表现出一种"急顾客所急"的关心，肯定会取得好的效果。如果顾客要买的商品不是太具体的话，就要尽量向他推荐代用商品。

推销人员在售货行动中的重要武器就是说话能力。同样一句话，以不同声调说出来，可以得到完全不同的效果。推销人员要使用自然的语调，避免使用让顾客起反感的语调，特别要注意不能对顾客用说教式的口吻说话。零售业中流行着以下规则：①谈商品，想顾客。②谈话不应太抽象，而应与顾客本人的兴趣相符合。③如果能猜到，一般就不问（尺寸、样式、颜色等）。④由说到做要快（确切查明需要后，出示具体商品要快）。⑤反驳顾客异议不应直截了当，而应根据"顾客认为自己的意见正确，但他没全面观察，没全面考虑"的原则间接进行。

在与顾客成交后，推销人员可根据情况适当建议顾客增加购买量。劝顾客比原计划多买一点儿应是一种真正友善的建议，而不应仅仅是推销人员为扩大推销的自私举动。比如，对买鞋带的顾客，推销人员如果面带微笑地问是否愿意另外储备上一两条，以免用断后再跑商店，就很有希望增加销售量。其他日常用具的推销，如剃须膏、牙膏等，也是如此。

推销人员还可以建议顾客再买相关的商品。如在卖出一套西装之后，推销人员应当设法将顾客的兴趣引向领带、装饰手帕、胸针等商品上。实际上，大多数零售商已经认识到了这一原则，并把这一原则应用到进货计划和相关商品的合理布局上。这样，相关的商品被编为一组，不但可以无声地诱导顾客，而且为推销人员的建议提供了方便。

推销人员应当在包装商品和收款之前争取顾客再买相关的商品，因为，顾客一般都不愿意再重新谈一笔新生意。即使要买，顾客也会推到以后再说，倘若能及时引起顾客的兴趣，说不定顾客就会一并买下来。

有时，推销人员也可以合情合理地建议顾客去购买其他商品。这种建议一般都集中在畅销商品或顾客出于某种原因特别需要的商品上。如果店内正在出售一种价格特别诱人的商品，当然应该加以宣传，或者某种独特的新产品刚刚到货，同样值得向顾客推荐。

通过观察找到线索，可以使这种建议更具针对性。善于观察的加油站管理员能够发现司机的需要，因此很容易把诸如轮胎、雨刷、车灯等汽车配件卖给他们。

季节和节日是有力的促销因素，相应的季节和节日里推销人员便于向顾客提出相应的购物建议。在母亲节的前一周，把建议集中到如何为母亲选购合适的礼物上，其成功率极高。

天气预报也是有利因素，假如当地马上要变天，推销人员就应建议顾客赶快购买雨衣、风衣或防雪轮胎等。

即时思考：作为顾客，我们经常在买了一件商品之后，被建议再买一些其他物品。请你从顾客的角度对这种行为做一个评价。

（五）售后服务

售后服务包括包装、运送、安装、调试、维修、与顾客的联系等方面。服务项目的多少应根据商品的性质特点和价值等因素决定。服务项目的确定一般有以下方法：

1. 与顾客保持经常的售后沟通

这在零售企业中是最容易做到但又往往被很多经营者所不屑于为之的。其实，保持与顾客的售后沟通，不仅有利于企业及时了解顾客的需求和对商品的意见，而且当顾客对商品抱怨时，能及时帮助顾客排解怨气，尽快地解决顾客可能遇到的问题。

2. 向顾客及时传达有利的产品信息

营销学对顾客购买后满意感心理形成机理的分析认为，顾客在购买商品之后，首先是处于怀疑自己的购买"是否好"的心理忧虑中。所以，在顾客购买某商品并投入使用之初，首先想证明自己购买的"正确性"，即便顾客开始发现有其不满意的地方，他也会先进行一定的自我心理调整。也就是说，一般的顾客，在购买了商品后，为了能证明购买的正确性，总希望得到自己的购买是"最好"的相关信息，如亲朋好友的夸奖、所购商品得奖的消息等。经营者可利用这一心理特点，将顾客所希望的好消息送去。如及时宣传，2018 年 12 月，海尔冰箱凭借创新的全空间保鲜科技荣获"中国专利金奖"的消息就是向顾客示意其选择是被公众所认定的，是明智的，从而有效地满足顾客希望受到赞誉的心理。企业也可通过向顾客公布一定时期的商品销量的资料，公布商品返修率的统计，甚至将材料直接寄到顾客手上的方式，使顾客感到自己选择的正确性。

3. 对技术复杂的商品，企业要能正确指导顾客使用

如编写或翻译详细的使用说明书，派技术人员（自己企业的或生产厂家的）上门指导用户使用。

4. 建立调查卡

对价值高、技术性强的商品，企业可随商品送顾客一份调查卡，由顾客反馈对商品的爱好程度。通常在商品售出后，由顾客直接填写或在一星期后反馈。

5. 安装调试

如果商品涉及安装、运送等服务，推销人员必须确定这些事都能如期、保质地完成。

6. 尽快处理问题或抱怨

推销人员不要忽视任何问题或抱怨，不管大小，都不能忽视。最好在问题发生后的 24 小时内处理妥当。

即时思考：推销人员有必要和顾客保持经常的售后沟通吗？为什么？

二、线上线下结合促进商品销售

在"互联网 + "环境下，顾客更倾向于在网上购买商品。到实体店购物的顾客在逐渐减少。为了适应变化的环境和顾客需求，许多零售商在寻求创新，探索与互联网新零售的有效接轨。除了网上零售，实体店与网店相结合以及实体店借助于新媒体连接顾客、促进销售已经成为常见的做法。许多实体店通过微信等手段实现了线上线下无缝融合，全面提升了用户体验。顾客到门店购物，扫码支付，实体店留存顾客信息，并吸引成为线上会员，在线上电商平台享受更多优惠，实现门店引流，线上营销，并满足顾客更多个性化需求。线上线下联动，一方面，是为了将适合顾客需求的商品更多地销售出去；另一方面，通过线上互动，吸引更多顾客到终端门店来，实现线上线下优势互补。实体店可用的新媒体方式很多，如微信、网站、QQ、移动 App 等，这里重点介绍一下当前最常用的微信方式。

微信销售是一种网络经济时代企业或个人销售模式，是伴随着微信的普及而兴起的一种销售方式。微信不存在距离的限制，有利于创建稳固的客户群，有利于信息的精准投放，商家通过提供顾客所需要的信息，推广自己的商品，从而实现点对点的营销。许多商家通过微信群、微信朋友圈、扫一扫等进行线上线下微信互动，实现商品销售。

（一）微信群

微信群是一种多人聊天交流的工具，店面推销人员可以利用微信群，聚集有共同需求特征的人，并通过发布共享图片、网址、视频等方法进行有针对性的商品信息推广和促销活动，从而提高自己的销售业绩。

微信群的建立和运营非常重要，在这里店面推销人员可以进行精准的销售活动。可以与顾客之间进行感情上的联络，通过沟通交流，拉近双方之间的关系。还可以通过群里顾客反馈的意见，对自身的服务和销售策略做出灵活的调整，从而更好地满足顾客的需要，也带来销售业绩的提升。

（二）微信朋友圈

利用微信朋友圈，也可以达到很好的引流效果。推销人员利用微信朋友圈进行销售，必须做好商品文案。撰写商品文案，必须突出主题且简明扼要，字数一般不超过140字，同时，一定要用最精炼的文字把商品的特性表达出来。在朋友圈发送图片，一定要选择清晰度和辨识度较高的图片。同时还要注意，平时多与朋友圈中的顾客进行互动，探讨大家感兴趣的话题，以引起更加广泛的关注和传播。

（三）扫一扫

微信中的"扫一扫"是个非常实用的功能，借助这个功能，人们可以扫描二维码、条码、封面等。二维码是目前较为常用的营销工具，具有很强的推广功能，商家可以利用二维码，进行信息获取、广告推送、优惠促销等活动。通过扫描二维码，商家可以实现线上线下融合。各类门店可以添加二维码并采用会员制或者优惠的方式，鼓励到店消费的顾客使用手机扫描。这样，实体店就积累了一大批消费群体，对实体店的销售活动至关重要。

利用顾客的扫码信息，商家能够对顾客的购买行为进行大数据分析，了解商品的具体流向、顾客的活跃度情况、促销到达率等。在顾客扫描二维码后，还会留下不少与自身相关的数据，如收入水平、扫码地点、反馈信息等。这些信息和数据可以成为企业经营的重要参考，便于企业的后期优化管理。

小资料

实体店面线上线下同步推销——签到打折活动

微信推销比较常用的就是以活动的方式吸引目标顾客参与，从而达到预期的推广目的。商家只需制作附有二维码和微信号的宣传海报和展架，配置专门的服务人员现场指导到店顾客使用手机扫描二维码。顾客扫描二维码并关注商家公众账号即可收到一条确认信息，在此之前商家需要提前设置好被添加自动回复。顾客凭借信息在埋单的时候享受优惠。为防止顾客消费之后就取消关注，商家还可以在第一条确认信息中说明后续的优惠活动，使得顾客能够持续关注并且经常光顾。

（四）摇一摇

摇一摇这个小功能，因为其不确定性而吸引了大批顾客的关注。顾客只要摇动自己的手机就可以匹配到同样在摇手机的人，这个人可能近在咫尺，也可能远在天边。正是这样的不确定性激起了大家的好奇心，也为企业经营者带来了商机。商家可以利用摇一摇进行活动推广，但要注意两点：一是活动要有创意，能吸引顾客参与；二是要有价值，让参与的顾客得到一定的好处，比如打折、发放小礼物等。

（五）微信公众号

微信公众号指的是企业或个人在微信公众平台上申请的应用账号。商家可以利用微信公众号在微信公众平台上与特定的人群进行文字、图片、语音和视频等沟通。微信公众号根据其功能的不同主要有订阅号、服务号和企业号三种。前两种主要是为用户提供信息和服务，后一种一般不常用。微信公众平台在传播方面相比其他网络平台具有更有效、更方便、更精准、更易分享等优势。

小案例

国美十里河店的微信+团购销售

十里河国美店积极创新，开展了许多线上线下融合的销售活动。如他们搞的一次限时团购及爆点活动，利用微信手段，由十里河国美组团，通过朋友圈推送，包括员工的亲友推荐，以及其他群的推送，如果顾客有需求，就将顾客拉进群里，做产品的爆炸式宣传，并在特定的时间段爆破，邀约顾客到店。如果顾客不过来，也可以帮顾客下单。从晚上七点半到八点，半个小时销售了40台某品牌单品。

张副店长自己有100多个微信群，她每天都会把门店的各种活动推送出去，当顾客有需求时，会单独加其微信，她会记下顾客的需求，当某天有重大活动时，她会通知客户直接到门店，因为是精准顾客，所以成交率很高。每个微信群里三个店长都在，无论谁看到均会第一时间回复。

（资料来源：邱麦平. 零售管理精细化，提振门店销售力. (2019－09－17) [2019－10－21]. http：//m. xdjd. cn/mArticle/529651/0/476421AA5CAE/Article. aspx. ）

小结

在经济快速发展的今天，零售业态日益丰富，形式繁多。百货店、专业店、专卖店、购物中心、杂货店、便利店、折扣店、超级市场、仓储式商场等，这些不同形式的零售商店，使得零售这个环节的竞争变得越来越激烈。

店面推销作为一种特殊的推销形式，在经济生活中有着很重要的地位，发挥着重要的作用。店面推销人员的工作就是利用自己的知识、技能，凭借良好的服务态度来提高商品的销量，店面推销人员的业绩主要由三个因素决定，即态度、知识和推销艺术。

店面推销人员接待顾客，一般可分为准备，迎接，介绍、展示与说服购买，成交及成交后的行为，售后服务等步骤，在每个不同的阶段都应采取不同的推销策略与技巧。

售后服务也是零售业推销的重要一环，必须结合商店与商品的特点做好这项工作，以达到顾客的真正满意，这样才算完成了一次推销。

在"互联网＋"环境下，顾客更加倾向在网上购买商品，许多实体店开展了O2O（On-line to Offline，线上到线下）模式，线上线下结合促进商品销售，本章重点介绍了利用微信促销的几种方式，如微信群、微信朋友圈、扫一扫、摇一摇、微信公众号等。

案例

在某公司的表彰大会上，推销业绩第一的是一位四十多岁的女士，令大家都惊异的是：她在一个非常偏僻的商场推销商品，销量却比别人多出至少3倍。在所有人的眼里，她是一位偏于内向的柜台推销人员。公司特别观察了她一个星期的工作内容，发现在她身上具备一些从工作中摸索出来的正确的技巧或行为表现。当顾客走近柜台时，她不像一般柜台推销人员那样立刻迎上去，而是微笑着对顾客点一下头，让顾客置身于商品当中，自由地去选择、去欣赏商品，只有当顾客确实有了需求的时候，她才走上去向顾客介绍商品。凭借专业的推销技巧，她销售了许多商品。

请思考：这位推销人员获得出色推销业绩的原因是什么？

实训演练

分成小组，每组内设顾客和店面推销人员两种角色，模拟一次顾客进入商店，店面推销人员与顾客打招呼的场景。

要求：具体情景由同学们自由发挥，目标是留住顾客，使之对某种商品产生购买欲望。由未表演小组合议评定成绩。

第十一章 推销管理

推销管理，是现代企业实现运营目标的重要手段，也是企业管理的重要内容。它不仅担负着推销职能，还承担着信息反馈和控制的职能。推销活动流动性强、弹性大、可控性低，加强对推销行为的组织和管理，完善对推销行为的监督与控制，是非常必要的。本章所讨论的推销管理包括推销人员的自我管理和企业对推销活动过程以及推销人员的管理，管理的目的在于提高推销效率，降低推销成本，巩固推销成果。

学习目标

1. 了解推销人员选拔的程序；
2. 了解推销绩效评估的内容；
3. 明确激励推销人员的方式和推销人员报酬的主要形式；
4. 掌握时间管理、压力管理的基本方法；
5. 掌握推销人员自我提升的途径；
6. 掌握培训推销人员的方法；
7. 掌握几种推销组织类型的优缺点及适用性；
8. 掌握推销控制的基本内容和基本方法。

第一节 推销人员的自我管理与自我提升

信息时代，浪费时间和精力是失败的关键因素，管理好自己是高效率的前提，也是创造业绩的重要条件，更是推销人员进步与发展的必要条件。只有具备良好的自我管理能力，才能称得上是一名真正的优秀员工。推销工作通常约束少、自由度高，这种工作性质使得推销人员的自我管理尤为重要。成功的推销人员要像成功的企业家一样具有良好的自我管理能力、较强的自律能力，依靠自我规划、自我约束取得良好的绩效。进行自我管理的目的是提高工作效率、提升工作绩效，并在这个过程中不断提高自身的业务水平和业务素质。自我管理能力不是与生俱来的，需要在实践中长期、系统地培养和训练。自我管理涉及多方面的内容，这里重点介绍时间管理和压力管理。自我管理与自我提升是相辅相成的，自我管理的过程就是在自我提升，自我提升也必须靠有效的自我管理。

一、时间管理

时间管理是指通过事先规划和运用一定的技巧、方法与工具实现对时间的灵活和有效运用，从而实现个人或组织的既定目标的过程。每一个人都需要对自己进行时间管理，尤其是推销人员，其工作内容烦琐、复杂、不确定性较多，工作约束少，为了在推销工作中高效率地利用时间和精力，提高销售水平，更需要做好时间管理。时间管理不仅仅是个人安排自己的日程表这么简单，其实质在于个人管理。也就是说，推销人员的时间管理就是自己行为的管理，优秀的推销人员总是善于管理并控制自己合理地利用时间，从而实现时间价值的最大化。

1. 建立个人目标，制订工作计划

确立目标对实现成功人生至关重要。这里特别强调职业目标、工作目标。目标是一种非常强大的激励因素，作为一名推销人员，对自己也要进行目标管理，对自己的销售工作确定长期目标、中期目标和短期目标。目标管理的要点是清晰、明确、与时俱进，按时间考核。例如，今年的目标是在上一年销售业绩的基础上提高15%。可以分别以年、月、周、日为单位确定目标、制订计划。

2. 填写活动跟踪表

提高工作效率，最重要的是提高时间的利用率。为此，推销人员必须首先了解自己的工作习惯，这就需要填写活动跟踪表。活动跟踪表能够帮助推销人员记录工作中的所有活动，并且分析事件的优先级，在此基础上可以总结和分析自己利用时间的效率。活动跟踪表的内容包括：活动、时间、有效/无效、侧重点（任务/团队/个人）和优先级别（A、B、C、D四个等级）。填写活动跟踪表有助于找到细节问题，这对分析时间利用效率非常关键。推销人员分析自己的活动跟踪表，就可以清楚自己利用时间的效率，从而针对自己的弱点设定提高计划，以便更有效的利用时间。活动跟踪表如表11-1所示。

表 11-1　活动跟踪表

活动	时间	有效/无效	侧重点（任务/团队/个人）	优先级别（A、B、C 或 D）

小资料

制作活动跟踪表的步骤

1. 把一天的工作活动详细地记录下来，包括具体工作内容、聊天、看手机、打电话等，填写的时候必须细致。

2. 把每一个活动的起止时间记录下来，整个过程的时间是连续的、不间断的，最好不要有任何遗漏。

3. 对自己工作活动的有效性进行分析，标出有效或者无效。

4. 对自己一天的活动按照优先级别进行分析，标出每个有效活动的优先级别。

3. 时间管理矩阵

要管理时间，除了必须知道时间主要用在哪里，还要学会授权及设定优先顺序，这一点也是时间管理的关键。确定轻重缓急是自我管理的基本内容，推销人员不但应该对每天或每周要做的事情做到心中有数，而且应该分清主次，清楚哪些事情必须优先处理，同时，最好根据事情的轻重缓急来安排推销活动。

所谓时间管理矩阵，就是以矩形图的形式，根据每个任务的重要性和紧迫性的不同，将各项任务填入图形之中。可以将工作任务按照紧迫性与重要性进行分类，将矩阵分为四个区域，分别代表不同优先级的任务，如图 11-1 所示。

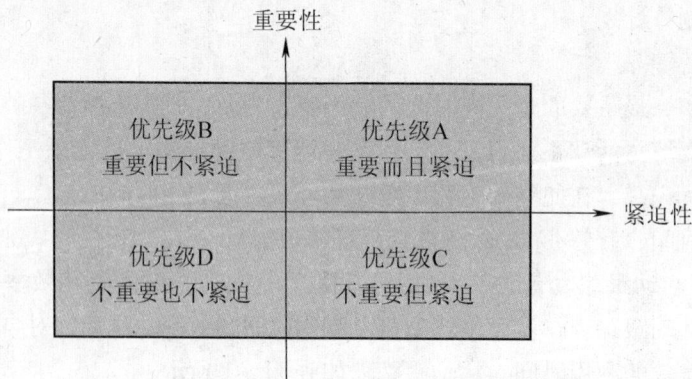

图 11-1 时间管理矩阵

不同优先级的任务，花费的时间也不同，可以按以下原则安排不同优先级的任务：

（1）优先级 A（重要而且紧迫，第一象限）的事情首先做；

（2）优先级 B（重要但不紧迫，第二象限）的事情应该占用大多数时间；

（3）优先级 C（不重要但紧迫，第四象限）的事情尽量少做；

（4）优先级 D（不重要也不紧迫，第三象限）的事情最好别做。

小资料

提高工作效率的方法

1. 保证每天在重要但不紧迫的任务上适当花费一定的时间；

2. 分析一下自己何时工作效率最高；

3. 为重要的工作选择最佳时间；

4. 确保在做重要工作时不被打扰；

5. 少接电话、少看手机，以避免被打扰；

6. 预见并及时处理问题；

7. 养成并坚持良好的工作习惯；

8. 根据任务优先级，确定自己每天的实际目标和工作方式；

9. 严格执行计划。

推销人员在工作中，要学会使用计划日历表，列出每天"待处理事项"清单，学会进行事件控制管理，对每天要处理的事件制订计划并按优先程度排序。现在有很多计划日历和相关软件可供选择，最简便的是利用手机日程表进行日常时间管理。

二、压力管理

压力是当人们去适应由周围环境引起的刺激时，人们的身体或者精神上的生理反应，它可能对人们心理和生理健康状况产生积极或者消极的影响。压力管理是对感受到的挑战或威胁性环境的适应性反应。这里所说的压力管理主要指企业或个人针对员工个人面临来自工作和非工作方面的压力的应对措施。每个人在工作和生活中都会面临压力，推销工作的性质使得推销过程中容易产生压力。适度的压力，能帮助人们保持动力，有助于保持积极进取的上进心，对提高工作效率是有利的，但是，当压力过大，超出个人承受能力时，就会有害健康，进而影响工作、影响整个组织的绩效。所以，企业应该重视推销人员的压力管理，尽量减少压力对推销人员的干扰，使推销人员全心投入工作。推销人员可以尝试通过以下几种途径来减轻压力。

1. 善于体察并管理好自己的情绪

推销人员在推销活动中，经常会遇到一些事情影响了自己的情绪，出现愤怒、焦虑等不良情绪，这就需要及时体察自己的不良情绪，锻炼管理好情绪。情绪不可能被完全消灭，但可以进行有效疏导、有效管理、适度控制，这就是情绪管理。如果在推销过程中遇到了不开心的事情，要找到合理的发泄方式，或者控制自己的脾气，要学会以适宜的方式纾解情绪。不要把自己的情绪传染给身边的人。作为一名推销人员，在与客户交流的过程中，要特别注意这一点。

2. 保持乐观的态度

乐观的思想会产生积极的态度和有效的客户关系。乐观主义是一种可学习的行为。推销人员对生活中的矛盾和事件引起的反应要能够适时排解，以乐观的态度、幽默的情趣及时地缓解紧张的心理状态。例如，如果你想要在某件事上成功，可以想象你正在成功的路上，想象的过程需要一遍又一遍地重复。

3. 适当表达自己的情绪

推销人员要适当表达自己的情绪。例如，如果你感觉到压力来自不切实际的销售定额，那就应该找你的销售经理谈谈，尝试减少定额，而不是消极妥协；如果你与家人和朋友在一起的时间太少，就仔细审视你的工作安排，努力减少时间浪费，提高工作效率；等等。

4. 保持健康的生活方式

调整好自己的生活，协调好自己的工作，并保持工作和生活之间的平衡，这些都有助于推销人员减轻压力。

（1）规律生活，健康饮食，保证睡眠，确保休息时间。

（2）有效的、持之以恒的体育锻炼。至少坚持一种运动，如慢跑、散步、游泳等。

（3）培养工作之外的兴趣。如阅读、音乐、书画、游戏、体育等，培养一种业余爱好既有利于减轻压力，也有助于身心健康。

（4）要有一定的社交活动，有自己的朋友圈。

小资料

五分钟压力克星

1. 用五分钟来识别并挑战导致压力的不合理的想法，代之以较为实际和积极的想法。

2. 用五分钟到户外散步减压，与大自然接触。

3. 用五分钟来想象你在自己最喜欢的度假胜地休息。

4. 用五分钟来个午饭后小睡。

5. 用五分钟来听你最喜欢的一首歌或一首曲子。

（资料来源：曼宁，阿亨，里斯. 现代销售学伙伴关系创造价值. 欧阳小珍，童建农，译. 北京：中国人民大学出版社，2013：294.）

三、推销人员的自我提升

1. 加强道德修养，严守职业操守

道德修养是指个人为培养理想的人格，而在意识和行为方面进行的道德上的自我锻炼，

以及由此达到的道德境界。"爱国、敬业、诚信、友善"是社会主义核心价值观公民个人层面的价值准则，是公民的基本道德规范，是从个人行为层面对社会主义核心价值观基本理念的凝练，是公民必须恪守的基本道德准则。

职业操守是指人们在从事职业活动中必须遵从的最低道德底线和行业规范。包括诚信的价值观、遵守公司法规、确保公司资产安全、诚实地制作工作报告、不泄密给竞争对手等。

良好的道德修养和职业操守是每一位合格推销人员必备的基本品质。作为推销人员，一定端正态度，加强自律，严格要求自己，时刻坚守职业道德修养，做好推销工作。

2. 培养和提高自身的学习能力

这里所说的学习能力是指人们在正式学习或非正式学习环境中，自我求知、做事、发展的能力。个人自身专业知识的学习和提升是推销人员做好工作、提升业绩并且不断发展的前提和基础。推销人员必须树立终身学习的理念，不断提升知识的自我获取和自我更新技能，从而适应时代的发展。

学习的渠道主要有：一是在推销活动实践中的学习、思考和锻炼；二是从书本中学习。在实践中，要善于向同事、同行学习；书本学习包括阅读专业书籍、专业文章，也可以在网上选择相关课程进行学习。推销人员要养成读书学习的习惯、实践研究的习惯，同时，还要勤于提问、善于提问，遇到不懂的、不了解的、不擅长的事情要积极主动向同行、同事请教，在推销工作中要学会不断归纳积累，有效促进个性发展。持续不断的学习、实践、思考和研究是增进工作活力的源泉和动力。它能使推销人员在工作内容、工作方法、工作策略等方面不断改进、优化，提高工作质量和工作绩效，同时带来推销人员个人的进步与发展。

3. 培养和锻炼自己的表达与沟通能力

关于表达和沟通能力在前面章节都有介绍。推销人员不仅要勤于学习，还要不断培养和锻炼自己的表达与沟通能力。不论是语言表达还是文字表达，都要做到清晰、准确、简洁、流畅。

4. 重视体育锻炼，强健体魄，保持身心健康

推销工作挑战多、压力大。推销人员只有具备良好的身体素质和心理素质，才能胜任推销工作。推销人员要在工作之余加强锻炼，坚持一项体育运动，培养至少一种业余爱好，保持强健的体魄和乐观自信的心态，提高机体工作能力和抗压能力，为创造优良的工作业绩和个人未来的发展奠定基础和创造条件。

第二节　推销的组织与管理

推销人员是承担推销任务的主体，是企业与客户间的桥梁与纽带，肩负着为企业推销产品和为客户提供服务的双重任务。推销工作的性质决定了推销人员通常要独当一面，独自一个人在公司外工作，部门经理乃至公司高层领导不便对其进行具体指导。因此，公司在放手

让推销人员外出开拓市场，为其工作提供种种便利条件的同时，必须加强和规范对推销人员的选拔与管理。

一、推销人员的选拔与培训

（一）选聘推销人员的标准

一般来说，选聘推销人员应以应聘者有能力完成推销任务为标准。在贯彻机会均等、任人唯贤、知人善任等原则的基础上，挑选出合格的推销人员。表 11－2 列举了一些主要的推销人员的职责和所需的个性。

表 11－2 推销人员的职责和所需的个性

序号	推销人员的职责	所需的个性
1	决定潜在客户需要	主动、机智、多谋，富有想象力，具有分析能力
2	宣传产品如何适合潜在客户需要	知识丰富，热诚，有语言天分，有个性
3	令潜在客户赞成产品的每一点好处	具有说服力、持久性，足智多谋
4	答辩	有自信心，知识丰富，机智，有远见
5	成交	具有持久性，有自信心
6	以服务建立企业信誉	友善、有礼貌，有帮助人的热情

对推销人员的素质和能力的要求可以参照本书第一章的内容。一般来讲，一个理想的推销人员应该是这样的人：善于联络客户，能为客户提供优质服务，具有较强的学习热情和学习能力，同时具备良好的品质，必要的知识和技能，忠于职守，愿与公司共同发展。

（二）推销人员的选拔程序

推销人员的选拔程序因企业而异。大型企业通常较为复杂，一般可分为应聘者申请、企业面试、测验、体格检查等程序。

1. 应聘者申请

应聘者需要填写一份申请表。申请表没有统一的格式，但有一个大致统一的内容和要求。申请表的内容一般包括姓名、性别、年龄、健康状况、学历、工作经历、家庭成员、居住地址、电话号码、电子邮箱等。要避免涉及任何歧视性的内容和个人隐私，同时可以根据岗位要求，对应聘者的资格（文化程度、工作经验等）做一些规定。总之，要尽量将申请表设计得全面、科学，这样通过对申请表进行分析，就可以得出许多较为客观的结论。

2. 企业面试

面试是招聘推销人员的必不可少的环节，一般由企业销售经理和人力资源部负责人主持，也可以请经验丰富的推销人员参加。通过面试的交谈，面试主持人对申请人会有直接的印象，从购买者的角度观察申请人，看他是否具备从事推销工作的能力，是否具备成为优秀推销人员的潜力，可以发现申请人在申请表上无法表现的沟通能力和说服别人的能力。同时，面试主持人应向应聘者介绍公司的情况、工作任务和待遇等。

面试环节必须对面试主持人的行为进行严格的规定，使之规范化。首先，有关问题必须是对工作进行全面分析后提炼出的综合要求，尤其着重了解工作要求的知识、技术、能力和其他特点；其次，提问须使用自由式，在愉快的气氛中进行，可以先简后难，先浅后深，但所提问题又不能只用"是"或"不是"就回答得了；最后，在审查简历和申请表及提问之余，注意申请者的身体语言，从应聘者的动作和表情判断其兴趣和能力。根据以上要求，努力使提问和评价过程标准化，以求最大限度地准确反映客观情况，从而提高面试的有效程度，减少错误。

3. 测验

测验是对面试合格者进行业务专题考试，考试内容包括专业知识考试、综合素质测试、心理测试等内容。主要考察应聘者的业务能力、综合素质、心理素质等。这是选拔推销人员的一个重要环节。

4. 体格检查

体格检查即对业务考试合格、企业准备录用的人员进行身体检查，以确定其是否符合推销业务工作的体能要求。

（三）培训推销人员的方法

当代的推销人员面对更加敏感的客户，所要推销的产品品种多，彼此缺乏联系，技术上比较复杂，这些都要求企业认真进行推销培训。特别要注意的是，这种培训不只是针对新员工，所有的推销人员，不论是新人还是老手，都必须经常培训，以提高专业知识和技能水平，应对客户不断变化的需求。推销人员的培训有多种方法，企业可以根据自身的能力和特点，选择和使用恰当的培训方法，根据培训的内容和程序，综合使用各种方法，扬长避短，从而取得好的培训效果。

1. 岗位培训法

岗位培训法又称师父带徒弟法。这是一种在工作岗位上锻炼的培训方法，是一种传统的培训方法，指新录用的推销人员在接受一定的集中培训后，进入实际工作岗位，跟随有专业推销知识和实践经验的推销人员一起工作，边干边学。岗位培训涉及的内容一般有知识、技能、工作习惯和工作态度四个方面。这种方法的优点是，可使新录用的推销人员深入现场实际工作环境中，在复杂多变的环境条件下，由有突出推销能力的推销人员负责现场指导，不仅成效显著，还有利于节省经费和时间。

2. 企业集中培训法

企业可以通过办培训班、研讨会等形式对推销人员进行集中培训。可由专家、学者从理论上诱导，也可由有经验的推销人员现身说法。要能够融知识性和趣味性为一体，不使学员感到枯燥、深奥、乏味单调。企业集中培训法的优点是时间短、费用低、见效快、节省人力，便于互相启发提高，不强迫受训人员过早地投入现场工作，其缺点是缺乏实践和切身体会，不易引起新推销人员的足够重视。

3. 学校代培法

由于企业内部培训力量有限，为适应商品经济的发展，有必要把一批优秀的推销人员送到专门的培训中心或经济院校进行重点培训、深造。委托代培需花费一定经费，为使投资效益较好，企业选送的人员应有相当的专业知识和实践经验。这种培训方式是一种使企业推销人员在知识水平和专业技能上都能迅速得到提高的好方法。

4. 角色扮演法

角色扮演法是指培训者安排受训者分别担任客户或推销人员的角色，来模拟实际发生的推销过程的一种培训方法。一般有两种组织方式：一种是事先做好演练计划，安排好人选、角色、情节动作、内容等；另一种是事先不作计划，也不规定情节，让受训者在演练中随机应变，机动灵活地处理推销过程中遇到的问题。

二、对推销人员的激励

企业管理者必须充分认识推销工作的特殊性，给予推销人员及时有效的激励，建立合理的报酬制度，使其保持旺盛的工作热情，这对提高推销人员工作的积极性、主动性、开拓市场、创造良好的推销业绩都有重要作用。反之，如果报酬制度不合理，就是有了最优秀的推销人员，也不能很好地发挥作用。激励推销人员，应遵循公平合理、明确公开、及时兑现的原则。

（一）激励方式

1. 物质激励

物质激励是指对做出优异推销业绩的推销人员给予晋级、奖金、奖品和各种公共福利等，以调动所有推销人员的积极性的激励手段。物质激励对推销人员的刺激作用最为强烈，也是最为常用的激励方式。通常与其他激励方式配合使用。

2. 精神激励

精神激励是指对做出优异推销业绩的销售人员给予表扬，授予荣誉称号，颁发奖状和奖章等非物质激励，以此来激发推销人员的进取心。对大多数推销人员来说，物质激励可以满足基本需要，精神激励可以满足高层次的需要。在对推销人员的激励设计中，两者都是必不可少的，尤其对年轻的推销人员，不仅要满足他们物质生活上的需求，同时也要帮助他们实现其理想、成就、荣誉及自我价值等。

3. 目标激励

目标激励是指根据行业、企业、推销人员个体的情况，为推销人员确定一个拟达到的目标以激励推销人员不断上进。通常可将销售额、毛利额、访问数、新客户数、访问费用、货款回收率等作为主要的目标。在推销人员达到一定的目标后，企业就要给予相应的报酬。这种方式能够使企业目标转变为推销人员的自觉行动，看清自己的责任和价值，提高工作热情。

4. 反馈激励

反馈激励是指将一定阶段、一定时期推销人员完成的各项指标情况、考核业绩等，及时反馈给各推销人员，以此增强他们的工作信心和成就感，激励他们的进取心。

5. 环境激励

环境激励是指企业创造一种良好的工作氛围，使推销人员能心情愉快地开展工作。企业要创造良好的工作条件，给予推销人员一个社交平台，包括同行的交往和同企业领导接触的机会；企业应真诚地关心推销人员的成长，帮助他们取得良好的业绩，认同他们在推销事业上取得的成就，并不时地给予肯定。

（二）报酬形式

推销人员的报酬制度应以推销人员的工作能力、工作经验和完成任务的情况为依据。推销人员的报酬主要有薪金制、佣金制、复合薪金制三种形式。

1. 薪金制

薪金制是指给推销人员固定的报酬。一般以工作时间为基础，在工作一定时间（一个星期、一个月等）后，领取一定数量的报酬。其与实际工作的效率没有直接联系。这种制度的优点在于简便易行，便于管理，推销人员收入稳定，生活有保障。但其缺乏灵活性和激励性，容易形成吃大锅饭的局面，还可能造成推销成本失控，导致企业出现亏损。

2. 佣金制

佣金制即企业根据推销人员的工作业绩，给予固定或浮动比率的报酬。一般以推销量为基础衡量其实际的工作业绩，以确定佣金比例。有时也用毛利额来计算。实行佣金制，推销人员的收入即为完成的推销额乘以一个给定的百分比。因此，推销人员的收入取决于完成的推销额和给定的固定佣金率两个因素。佣金制是一种完全激励型的报酬支付方式，多用于新产品或服务的推销，如投资证券、保险、服装、药品、办公设备等行业。尤其适用于要尽快打开销路、短期内削减库存以收回成本的严重积压的产品。

这种制度有较强的刺激性，有利于调动推销人员的工作积极性，计算方法简便，不易导致成本失控，简化了企业对推销人员的管理。其不足在于：推销人员对企业的"忠诚心"差，流动性大；企业推销管理工作难度较大；容易造成推销人员收入"失控"，引起内部员工的不满等。

3. 复合薪金制

复合薪金制又称薪金加奖励制，是指企业在给推销人员固定薪金的同时又给予不定额的奖金，即以固定工资为主，再加上一定比率的佣金。这种形式兼有薪金制和佣金制的优点，既能保障管理部门对推销人员的有效控制，又能起到激励的作用，是一种被企业广泛采用的报酬形式。这种制度适用于推销数量与推销人员的努力高度相关，且管理层想对推销人员所执行的非推销职责加以控制的企业。

以上对常用的几种报酬形式进行了分析和介绍，此外还有多种报酬形式。每种报酬形式都各有利弊，所以，企业在选用时应发挥优势，扬长避短，结合企业自身的特点，创造性地借鉴利用。

三、推销组织设计

（一）推销组织的特点

有效的推销管理是以高效率的推销组织作保证的。这样一个组织应具备的特征是：适应性、目的性、协调性和传递信息性。

1. 适应性

一个良好的、有效率的推销组织要能适应瞬息万变的市场环境，也就是说，它要求推销组织能根据企业的要求及时了解市场需求的变化，有适合的信息采集网或信息流通渠道，对市场信息能进行准确的判断和分析；能够深入地了解市场变化对企业生产经营的影响。一旦市场环境发生了变化，如竞争对手向市场推出新产品而危及企业推销的市场份额时，或客户的需求和偏好发生转移时，推销组织应做出及时的信息反馈和组织调整，以适应这种变化。

2. 目的性

与任何组织一样，推销组织的运转是建立在一定目的性基础上的。推销组织应把能否完成推销目标作为检查其效率的基本内容。在一定期限（一年、半年、一个月等）期末，对照计划目标检查其推销成果。诸如，各种产品计划的投资收益是否实现，产品市场占有率有多少，是否已达到预期目标等。

3. 协调性

如果把整个企业视为一个系统，推销部分则是其中一个子系统，其功能的发挥必须依赖于与其他部门或子系统的协调和配合。没有推销管理，开发管理、生产管理的成果就不能实现，只有推销管理，其他管理跟不上，前者就是个空架子。企业经营目标的实现，缺乏推销管理与企业各个管理子系统的协调配合是不可能实现的。

4. 传递信息性

推销组织不仅具有推销职能，还应灵敏地接受市场信号并迅速地传递信息、分析信息、处理信息，为企业决策者提供决策依据。

（二）推销组织的基本类型

推销组织，主要应根据推销地区、产品性质和客户组成来确定，同时还应考虑推销人员的素质。推销组织的基本类型有如下几种：

1. 地区式组织

这是最普遍采用的一种组织形式,即按产品推销的不同地区分派推销经理。每个推销经理负责一个特定地区的全部推销任务。这种推销组织形式的优点是:①推销人员的责任明确。由于一个地区只设一个推销经理,所以,推销经理必须承担本地区推销的责任。②有利于与客户建立稳固的联系,容易发现新客户,有助于提高推销人员的推销成效。③由于推销人员仅在一个不大的地理区域内活动,减少了推销人员的流动性和费用。

按地区定义的组织推销活动需要一个推销管理职位层次的支持(如图 11 – 2 所示),即一名地区推销经理应监管几个区块的推销工作;一个区域推销经理应监管几个地区的推销工作;全国推销经理则应监管几个区域的推销工作。在推销任务复杂、推销人员工资很高,并且推销人员的工作对利润影响极大的情况下,这种分层控制是很有必要的。

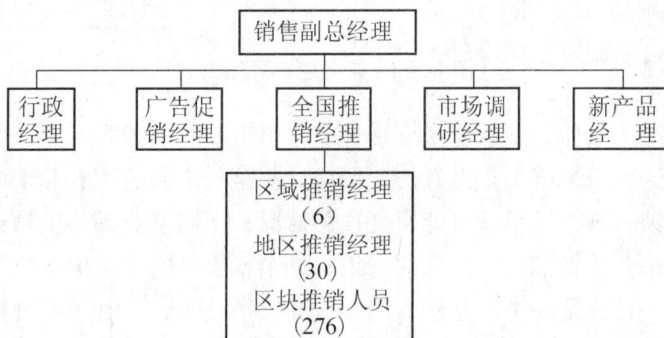

图 11 – 2 地区式组织

企业在规划区域时,要考虑地理区域的某些特征:如各区域是否易于管理,各区域推销潜力是否易于估计;他们用于推销的全部时间可否缩短;每名推销人员的工作量和推销潜力是否均等。以上区域特征是由区域单位的大小和形状决定的。

区域大小按同等推销潜力或相等工作量来设计。按同等推销潜力划分区域能给每名推销人员提供相同收入的机会,也使企业易于衡量推销人员的工作成效。各区域间长期的推销额差异可以反映出推销人员能力和努力程度的不同,从而可以鼓励推销人员尽最大努力工作。这种办法的缺点是由于客户密度的差异,不同区域虽有同等潜力,推销情况却大不相同。如负责发达地区的推销人员可用大大小于落后地区推销人员的推销努力完成相同的推销额。按相等推销工作量来规划推销区域可使每名推销人员都能全力从事本区域内的推销任务,但同样会面临上一种缺陷。解决办法是适当调整推销人员的报酬。如对推销潜力高的区域,支付较低的报酬。

区域形状是指要考虑行政区划和自然界线的因素。

按地区组织的办法主要适用于产品种类和品种较少的企业。

2. 产品管理式组织

产品管理式组织即每名推销人员负责一种或一类产品的推销任务。当企业的产品种类繁多或产品技术复杂、产品间毫无关联时，往往采用这种组织形式。即在一名总产品经理的领导下，按产品类别分别设一名产品线经理；在产品线经理之下，再按每个品种分设一名产品经理，实行分层管理（如图11－3所示）。

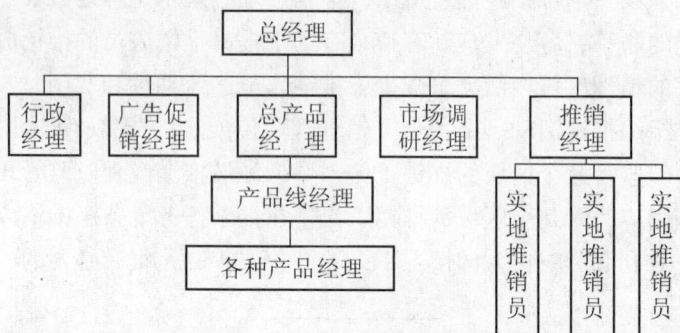

```
                         总经理
        ┌──────┬──────┬──────┬──────┬──────┐
      行政    广告促   总产品  市场调   推销
      经理    销经理    经 理  研经理   经理
                        │            ┌────┬────┬────┐
                     产品线经理      实地  实地  实地
                        │            推销  推销  推销
                    各种产品经理      员    员    员
```

图 11－3　产品管理式组织

并不能说企业的产品种类多就要采取这种推销组织形式。因为，如果企业的各种产品都由同一客户购买，这种组织就不是最好的。例如，某医药用品公司有几个产品事业部，每个部又都有自己的推销队伍，结果就可能出现这种情况，不同事业部的推销人员可能在同一天到同一医院进行推销。尽管如此，按产品来组织推销或服务的优点仍然十分明显，即推销人员可以深入掌握某一种或某一类产品的专门知识和推销技术，有利于实现推销。

3. 市场管理式组织

市场管理式组织即委派专人负责管理不同类型客户的细分市场上的推销业务，并根据客户的不同需求开发不同的产品，提供适宜的服务。

有时，一种类型的产品可供多种类型的客户使用。客户规模有大有小，业务性质也不相同，企业将客户分为不同类型，然后分派推销人员。特别是那些仅有一种或少数几种产品线的企业最适宜用这种形式，如银行、铁路等。银行设有负责推销、服务的董事，分别负责工商户和个人户；铁路部门通常按照收货人类别来组织推销或服务，其中包括矿产、化工、化肥等。

按客户组织的优点在于每一名推销人员对客户的特定需要非常熟悉，从而可以根据客户需要展开一体化的营销活动，而不是把重点放在相互割裂开的产品或地区上，可以更好地落实"以客户为中心"的现代推销观念。这种按客户组织的主要缺点是，如果各类客户遍及全国，那么企业的每个推销人员的出差费用就会大幅度增加。

4. 职能式组织

职能式组织即按需要完成的工作的职能来组织推销或服务。如图11－4所示，该企业产品推销涉及市场调查、广告、推销等有关具体职能，每一个职能部门设置一名部门经理，他们均向推销副总经理负责。这种组织形式的最大优点是行政管理简单，利于发挥不同职能部门的专业知识和专业技能。这种组织形式主要适合于推销产品相似程度高或推销地区市场差异性小的企业。但随着产品和市场的扩大，这种组织形式的不足亦日趋明显。一是由于无人对某项产品或市场负全部责任，故没有按每项产品或每个市场制订的完整计划，有些产品或市场就容易被忽略。二是各个部门为获得更多的预算和较其他部门更高的地位而竞争，常使机构内部面临协调上的难题。为了使组织有效地运转，在现代推销理念的指导下，可将推销部门由"职能部门"转变为"职权部门"，即推销部门不仅是推销产品，而且拥有一定的指挥权力。这样在一定程度上可以保证企业的推销活动构成一个整体。

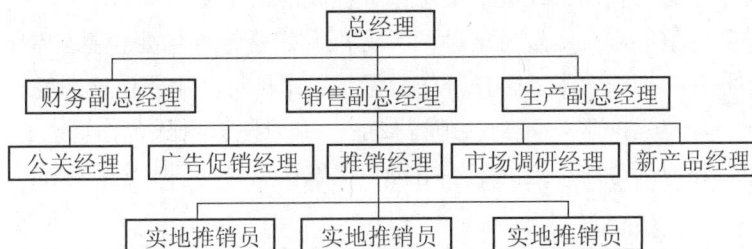

图 11-4　职能式组织

5. 复合式组织

复合式组织即矩阵式组织。当企业在一个广阔的地理区域内向许多不同类型的客户推销多种产品时，原有的地区式组织、产品管理式组织、市场管理式组织或职能式组织的应用总会有其特有的缺陷，企业往往不能同时兼顾对几种推销知识和技能的应用。

这种方式的基本做法是将以上几种组织形式混合起来使用。推销人员可以按地区—产品、地区—客户、产品—客户进行分工，也可按地区—产品—客户分工。一名推销人员对几个产品线经理和地区经理负责。

复合式组织的方法兼有上述几种组织形式的特点，能满足企业推销活动对产品知识、市场知识等方面的要求，故特别适用于产品多样化和市场多元化的大企业。这种方式的缺陷是，推销人员必须对两个或两个以上的上级负责，由于上级经理各有自己的推销目标与利益追求，从而常发生矛盾和冲突，让推销人员无所适从。对此必须具有相应的预防措施。

（三）推销组织部门与其他部门的关系

企业各职能部门具体承担的任务不同，考虑问题的角度也各异，因而要求其间密切配合、协调工作。对推销组织部门来说，中心任务是满足客户需要、扩大并占领市场，要求生产部门提供多品种、小批量的产品，要求财务部门加大促销预算；而生产部门则更多从专业化生产的角度出发，考虑如何降低成本，提高产量；财务部门则可能怀疑费用的增加是否值得。推销部门与人事、研究和开发等部门之间也可能存在考虑问题重点的差异。显然，配合、协调是处理各职能部门关系的基本准则，只有将各部门统一在这样的观念之下：企业的生产经营活动不仅是制造或推销某种产品的过程，而且也是不断满足客户需要的过程，只有这样，各部门才能真正做到协调配合，并最终完成企业运营的总目标。

四、推销绩效评估的内容

推销绩效的评估是指企业或推销人员对一定时期内推销工作的状况进行衡量、检查和评估，目的在于总结经验和教训，改进推销工作，提高推销业绩。

推销人员绩效评估通常有定量与定性两类标准。定量标准主要包括：销售量、销售额、推销费用、销售利润、推销效率、客户拜访数量等；定性标准主要包括态度、产品知识、沟通技能、个人仪表、建立的客户商誉、销售技能、主动性、团队合作等。在建立考核指标时，除了定量指标还应当考虑一定的定性指标。这里重点讨论一下定量标准。

1. 销售量

销售量即企业或推销人员在一定时期内实际推销出去的产品数量。评估销售量，要对销售量的范围进行准确的界定，确定销售量所包含的内容，运用统一的统计口径，扣除销售退回的产品数量。同时，要运用一定的方法考察销售量的变化，如通过对产品推销计划的完成情况、不同品种的销售量、对新老客户的销售量等情况进行考察，进一步分析其原因以及销售量和市场占有率的变化趋势等。

2. 销售额

销售额即以价值形式反映产品的销售情况，该指标既考虑产品数量，也考虑产品价格。在评估销售额时，应先根据各推销产品的不同价格和销售量计算出区域内推销人员、各种产品、不同客户群或推销对象的销售额，累加求出总的销售收入，再依据一定的方法进行比较分析。

3. 推销费用

推销费用是指在推销产品过程中所发生的费用。通过对推销人员完成推销任务所支出的费用进行考核，常用的指标有：产品推销费用率、摊销费用降低率。

4. 销售利润

销售利润是推销成果的集中体现。将销售收入与销售成本和费用进行比较，就可以得出推销人员为企业创造的利润。

5. 推销效率

评估推销效率主要有以下指标：

（1）配额完成率，反映了推销人员对定额推销任务的实际完成情况。

（2）推销人员人均推销额，是衡量销售部门平均工作成绩的指标。

（3）用户访问完成率，是指一定时期内推销人员访问客户的实际次数占计划规定次数的比例。

（4）订单平均订货量（额），是指一定时期内获得的订单或合同订货量（额）与订单或合同总数的比值。这一指标可以衡量推销人员所获取的订单的数量与质量。

（5）订货合同完成率，又称履约率，主要用来衡量订货合同的执行情况，用来评价推销人员的工作效率和质量。

6. 其他保障目标

其他保障目标包括完成关键过程的一些指标，如新增客户数量、原有客户保持率、客户拜访数量、回款目标达成率、回款及时率等。

五、推销计划与控制

推销管理工作就是要计划、指导和控制推销活动。推销计划是指导推销人员有目的、有步骤、高效率地开展推销工作的必要条件，推销控制是保证推销工作向着正确方向进行的根本手段，它是建立在推销计划基础之上的。

（一）推销计划

推销计划是推销管理部门根据企业的市场经营实际情况，确定推销目标、推销费用和销售利润及以实现目标的方式和步骤。它是企业生产经营计划的重要组成部分。推销计划主要可以分为推销效益计划、客户开发和管理计划、推销活动计划等几种类型。

推销管理部门在制订推销计划时，应考虑如表 11 - 3 所示的因素的影响。

表 11 - 3　推销计划的影响因素

不可控制的因素		可控制的因素		
宏观经济环境	行业基本动态	企业总体战略规划	企业的基本经营状况	企业的营销策略
国家经济形势	各企业的市场占有率	企业的远景规划	近年来的销售量	广告
宏观调控政策	—	企业的年度计划	市场占有率	宣传
经济增长率	行业销售量	企业实施计划的策略、方针和步骤	利润率	公关
人口环境	各企业的销售策略与目标	—	技术开发水平	价格
技术环境	各企业的实力和新产品开发情况	—	现有人员、机构、设备和资金状况	推销
国际经济环境	—	—	—	分销渠道
自然和地理环境	—	—	—	—

（二）推销控制

在推销计划执行过程中，受市场环境不断变化的影响，企业对计划的执行可能发生偏差；或原有计划与环境的变化不适应，需加以调整。不论哪种情况，为了确保企业的推销成果和提高推销效率，对推销活动状态予以控制均是十分必要的。推销控制中经常采用的方法主要有：

1. 获利性分析法

这种方法用来衡量推销业务中各方面的获利情况，如对产品、推销人员和客户等方面获利情况进行分析，即将每个分析对象的实际绩效与预期目标进行比较，对于那些低于预期目标的项目要进行改进分析（如表 11 – 4 所示）。

表 11 – 4 是三种产品获利性分析实例。从表中可以看出，甲产品亏损 1 万元，乙和丙两种产品是获利产品。若公司预期投资收益为 10% 以上，预期推销收益不低于 6%，则乙产品完成了投资收益和推销收益；丙产品完成了推销收益，而投资收益未完成。用这种方法可以确定每位推销人员所获利润，并衡量推销人员每日访问所做的贡献。

表 11 – 4　三种产品获利性分析

分 析 项 目	产 品 项 目		
	甲产品	乙产品	丙产品
推销收入/元	100 000	200 000	150 000
减：生产成本/元	70 000	170 000	100 000
边际贡献/元	40 000	40 000	60 000
减：营销成本/元	50 000	28 000	50 000
净利润/元	– 10 000	12 000	10 000
投资/元	150 000	100 000	200 000
投资收益	– 6.7%	12%	5%
推销收益	– 10%	6%	6.5%

2. "二八"原则法

根据统计，占企业全部产品品种、全部客户或全部订单比例小（20%）的产品或项目，往往是销量大、利润高（占总推销和全部利润的 80%）的产品或项目。

运用这一原则，推销经理可以通过分析客户的购买资料，找出推销量大的客户（占20% 的客户），确定少数对推销额贡献最大的推销人员。以此来帮助企业识别关键产品、关键客户、关键推销人员和关键订货单，从而投入较大的力量保持与关键客户的业务关系，保持推销朝重点方向发展。

3. 生产效率测量

生产效率测量主要被用来确定各种资源的使用效果。利用这种方法可以分析研究一定的资源可以生产多少产品，从而做出最有效的使用资源的决策。例如，可以通过每位推销人员平均推销额的测定来确定有效使用的推销人员的人数。

4. 百分比分析

这是一种常用的控制方法，不仅可用来确定市场推销活动的效果，还可用来分析一段时期内的发展趋势。比如：通过分析一定时期各项推销业务的支出占全部推销业务支出的百分比，如果发现人员推销支出的百分比呈下降趋势，企业就应根据推销效果检查推销人员减少的策略是否正确，是否需要重新制定或修改推销策略。

5. 预算分析

预算分析是指对推销预算的有关分析。推销预算是推销活动中分配给有关推销活动的费用，包括人员推销费用和广告预算费用。其中前者包括推销人员的全年推销预算，如工资、佣金、出差费、交际费等。

由于推销预算编制的基本原则之一就是应与预算目标相一致，费用多少根据企业目标和促销因素决定。因此，预算是控制费用的有效方法，在确定推销预算时，仔细研究完成企业目标所需的费用支出，用预算控制费用支出，并以此作为测量绩效的标准。

6. 网络技术

为了有效地控制推销活动中所耗费的时间，推销经理可以采用网络技术来合理地安排推销人员的访问路线以及推销人员的训练步骤，以求提高推销工作的整体效率。

小结

推销管理是现代企业实现自身运营目标的重要手段，也是整个企业管理的重要组成部分。推销管理包含推销人员的自我管理和企业对推销活动过程以及推销人员的管理，管理的目的，在于提高推销效率，降低推销成本，巩固推销成果。

本章重点探讨了推销人员的时间管理、压力管理以及自我提升。

企业的推销管理包括：推销人员的选拔与培训、推销组织设计、推销绩效评估的内容、推销计划与控制等。本章就这四方面的内容进行了分析。

企业必须加强和规范对推销人员的选拔与管理。本章介绍了选聘推销人员的标准、选拔程序、推销人员的培训以及对推销人员的激励方法等内容。

企业的推销组织主要有地区式组织、产品管理式组织、市场管理式组织、职能式组织、复合式组织等形式，这几种组织形式各有其优点与不足，企业应选择使用。有效的推销管理需要高效率的推销组织机构作保证，这样的组织机构应具备适应性、目的性、协调性、传递信息性等特征。推销部门与人事、研究和开发等部门之间应真正做到协调配合，才能完成企业运营的总目的。

推销绩效的评估是指企业或推销人员对一定时期内推销工作的状况进行衡量、检查和评估。推销人员绩效评估通常有定量与定性两类标准，本章重点介绍定量指标。

推销管理工作就是要计划、指导和控制推销活动。本章简要介绍了推销计划与推销控制的主要内容。

案例

关金庸是某厂推销人员，当他看到报纸上刊登了"推销人员培训班"的招生启事，就去找推销科长要求报名。这位从事推销工作几十年的老科长不以为然地说："推销这玩意不是书本上、课堂里能够学到的。有的人天生就是推销的胚子，有的人再学习、再苦练也不行。我劝你别花那份冤枉钱，也别费那么多时间，有空多跑几个客户比什么都强。"

请思考：这位老科长的话是否有道理？你是怎样想的？

实训演练

站在公司的角度，以小组为单位设计一份推销人员工作考核表。

参 考 文 献

[1] 科特勒, 凯勒. 营销管理: 第15版. 何佳讯, 于洪彦, 等译, 上海: 格致出版社, 上海人民出版社, 2016.

[2] 阿姆斯特朗. 市场营销学: 第13版. 赵占波, 孙鲁平, 赵江波, 译. 北京: 机械工业出版社, 2019.

[3] 曼宁, 阿亨, 里斯. 现代销售学伙伴关系创造价值. 欧阳小珍, 童建农, 译. 北京: 中国人民大学出版社, 2013.

[4] 张雁白, 陈焕明. 现代推销学. 3版. 北京: 中国人民大学出版社, 2018.

[5] 杜一凡, 胡一波. 新媒体营销: 营销方式 + 推广技巧 + 案例解析. 北京: 人民邮电出版社, 2017.

[6] 杜一凡, 陈志轩. 微信营销与运营策略、技巧与案例. 北京: 人民邮电出版社, 2017.

[7] 孙科炎, 李国旗. 销售心理学. 北京: 中国电力出版社, 2011.

[8] 杨宜苗. 现代推销学. 3版. 大连: 东北财经大学出版社, 2017.

[9] 李情民. 现代推销理论与实务. 合肥: 合肥工业大学出版社, 2009.

[10] 王亮, 何叶荣. 现代推销理论与实务. 合肥: 中国科学技术大学出版社, 2014.

[11] 宋素红, 李学芝. 推销理论与实务. 2版. 北京: 化学工业出版社, 2013.

[12] 钟立群, 李彦琴. 现代推销技术. 3版. 北京: 电子工业出版社, 2013.

[13] 卢晶. 推销理论与技巧. 北京: 清华大学出版社, 2015.

[14] 吴健安. 现代推销理论与技巧. 北京: 高等教育出版社, 2005.

[15] 乔布, 兰开斯特. 推销与销售管理: 第7版. 俞利军, 译. 北京: 中国人民大学出版社, 2007.

[16] 英格拉姆. 专业化销售: 基于信任的方法 (第4版). 方毅平, 译. 北京: 中国人民大学出版社, 2009.

[17] 胡善珍. 现代推销: 理论、实务、案例、实训. 北京: 高等教育出版社, 2010.

[18] 宋桂元. 现代推销实务. 重庆: 重庆大学出版社, 2006.

[19] 李红梅. 现代推销实务. 2版. 北京: 电子工业出版社, 2006.

[20] 杭忠东, 高云龙. 优秀推销员实用教程. 北京: 社会科学文献出版社, 2006.

[21] 黄恒学. 现代高级推销理论与技术. 北京: 北京大学出版社, 2005.

[22] 一分钟情景销售技巧研究中心. 一分钟情景销售技巧: 电话销售. 北京: 中华工商联合出版社, 2007.

[23] 曾宪义, 王利明. 民法. 北京: 中国人民大学出版社, 2008.

推销策略与艺术

形成性考核册

国家开放大学　编

学校名称：＿＿＿＿＿＿＿＿＿＿

学生姓名：＿＿＿＿＿＿＿＿＿＿

学生学号：＿＿＿＿＿＿＿＿＿＿

班　　级：＿＿＿＿＿＿＿＿＿＿

形成性考核是学习测量和评价的重要组成部分。在教学过程中，对学生的学习行为和成果进行考核是教与学测评改革的重要举措。

《形成性考核册》是根据课程教学大纲和考核说明的要求，结合学生的学习进度而设计的测评任务与要求的汇集。

为了便于学生使用，现将《形成性考核册》作为主教材的附赠资源提供给学生，采用纸质形考的学生可将各次作业按需撕下，完成后自行装订交给老师。若采用**网上形考**或有其他疑问请咨询课程教师。

使 用 说 明

推销策略与艺术课程适用于国家开放大学市场营销等专业（专科），3 学分，一学期开设。

本课程考核由形成性考核和终结性考试两部分构成，其中，形成性考核占 30%，终结性考试占 50%。

形成性考核按百分制计分，包括 4 次作业（每次作业占形成性考核的 25%）。形成性考核任务由总部统一布置。

终结性考试由国家开放大学统一组织。

形成性考核和终结性考试最后合成总成绩 60 分及以上者获得学分。

以下是本形成性考核册的成绩统计表，形成性考核折合后实际总分 = 形成性考核总分 ×30%。

形成性考核分数统计表

作业 1 （满分 25 分）	作业 2 （满分 25 分）	作业 3 （满分 25 分）	作业 4 （满分 25 分）	形成性考核总分 （满分 100 分）

推销策略与艺术作业1

姓　　名：_____

学　　号：_____

得　　分：_____

教师签名：_____

在学习完第一至四章之后，请完成本次作业。

题型说明：判断题 20 道，每小题 1 分，共计 20 分；单选题 10 道，每小题 2 分，共计 20 分；简答题 5 道，每小题 10 分，共计 50 分。分析题（或案例题）1 道，10 分。本次作业成绩占形成性考核成绩的 25%。

一、判断题（请根据你的判断，正确的在题后括号内画"√"，错误的画"×"，每小题 1 分，共计 20 分）

1. 推销的核心是沟通。（　　　）

2. 推销人员的首要任务就是最大限度地推销产品，无论采取什么手段，推销业绩是衡量推销成功与否的唯一标准。（　　　）

3. 表达能力不好的人不适合从事推销工作。（　　　）

4. 互联网时代客户购买前的准备工作更加充分。（　　　）

5. 推销活动的第一步是寻找客户。（　　　）

6. 沟通信息是推销人员的职责之一。（　　　）

7. 推销产品是推销活动的唯一功能。（　　　）

8. 一个推销艺术导向型（5，5）的推销人员，若面对保守防卫型（9，1）客户，一般易于达成交易。（　　　）

9. 按客户的性质划分，可以把客户分为个人购买者和组织购买者两大类。（　　　）

10. 书面语言沟通不利于传达详细的信息。（　　　）

11. 推销人员在与客户的交往中，最有用的面部表情是微笑。（　　　）

12. 在为他人作介绍时，应当先向年轻者介绍年长者。（　　　）

13. 在现实生活中，强力推销导向型（9，1）的推销人员最容易获得成功。（　　　）

14. 对培养推销人员的自信心、提高其说服力最有帮助的推销模式是"吉姆"模式。（　　　）

15. 潜在客户就是公司的现实客户。（　　　）

16. 公司服务部门的资料可以为推销人员提供较好的客户线索，所以推销人员必须重视对这部分资料的研究和利用。（　　　）

17. 通过微信寻找潜在客户是一种重要的寻找客户的方法。（　　　）

18. 个人观察法的优点在于接触面大，不会遗漏任何有价值的客户。（　　）

19. 观察和倾听是了解客户心理的唯一方法。（　　）

20. 书面语言沟通一般适用于需要保留记录或有大量信息需要传递的情况。（　　）

二、单选题（在每小题的 **4** 个备选答案中选出一个正确的。每小题 **2** 分，共计 **20** 分）

1. 关于推销的描述，下列正确的是（　　）。
　　A. 推销就是营销　　　　　　　　　B. 推销就是促销
　　C. 推销要为顾客着想　　　　　　　D. 推销是艺术，不是一门科学

2. 在推销的要素中，（　　）贯穿推销活动全过程，是连结推销人员和推销对象的重要媒体。
　　A. 推销人员　　　B. 推销对象　　　C. 推销商品　　　D. 推销信息

3. 每一位推销人员都要培养和激发自己开拓创新的精神和应变的能力，善于独立思考，突破传统思路，注重好奇、敏锐、进取等创造性素质的训练，这属于推销人员的（　　）。
　　A. 观察能力　　　　　　　　　　　B. 创造能力
　　C. 社交能力　　　　　　　　　　　D. 应变能力

4. 在推销职责中，（　　）是推销活动的最基本功能。
　　A. 推销产品　　　　　　　　　　　B. 开发客户
　　C. 提供服务　　　　　　　　　　　D. 沟通信息

5. 一般情况下，在交际中，每次目光接触的时间不要超过（　　）。
　　A. 5 秒钟　　　B. 2 秒钟　　　C. 3 秒钟　　　D. 4 秒钟

6. 推销人员不应具有的态度是（　　）。
　　A. 成功的欲望　　　　　　　　　　B. 为了成功不择手段
　　C. 团队合作意识　　　　　　　　　D. 锲而不舍的精神

7. 在为他人作介绍时，不恰当的是（　　）。
　　A. 先向年轻者介绍年长者
　　B. 先向女士介绍男士
　　C. 先向身份高者介绍身份低者
　　D. 对身份相当的同性者，向先到者介绍后到者

8. 推销人员千方百计地说服客户购买，发起主动的推销心理战，有时甚至不惜向客户施加压力。这种推销风格属于（　　）。
　　A. 解决问题导向型　　　　　　　　B. 客户导向型
　　C. 强力推销导向型　　　　　　　　D. 推销艺术导向型

9. "爱达"模式是一种传统的推销手法，最早起源于（　　）。
　　A. 美国　　　　　B. 英国　　　　　C. 日本　　　　　D. 德国

10. 某公司的一位推销人员在推销前通过查看工商企业名录查询自己所需的潜在客户，这种方法属于（　　）。
　　A. 市场咨询法　　　　　　　　　　B. 网络搜寻法
　　C. 个人观察法　　　　　　　　　　D. 资料查阅法

三、简答题（每小题 10 分，共计 50 分）

1. 一个合格的推销人员应具备哪些素质和能力？

2. 简述"迪伯达"模式的六个阶段。

3. 沟通的方式主要包括哪三种？

4. 简述寻找客户的程序。

5. 客户评估的法则有哪些？

四、分析题（10分）

假设你是一位刚刚从市场营销专业毕业的大学生，在某公司从事产品销售工作。今天你要去某客户的办公室拜访一位客户，你应该注意哪些礼仪？

推销策略与艺术作业2

在学习完第五至八章之后，请完成本次作业。

题型说明：判断题20道，每小题1分，共计20分；单选题10道，每小题2分，共计20分；简答题5道，每小题10分，共计50分。分析题（或案例题）1道，10分。本次作业成绩占形成性考核成绩的25%。

一、判断题（请根据你的判断，正确的在题后括号内画"√"，错误的画"×"。每小题1分，共计20分）

1. 接近客户的方式主要有电话、直接拜访、电子邮件、微信等。（　　）

2. 约见客户必须要有熟人介绍，否则难以成功。（　　）

3. 赠送样品和小礼品有助于缩短推销人员与客户之间的心理距离，达到接近顾客的目的。（　　）

4. 在向顾客介绍商品时，推销人员应当只介绍商品的优点，而对其缺陷只字不提。（　　）

5. 鼓动性原则是洽谈的一项重要原则。（　　）

6. 在洽谈中，重点是谈商品的价格，其他如保证条款等可以不谈。（　　）

7. 客户说："我从来不喝啤酒。"这种异议属于需求异议。（　　）

8. 客户："我现在的库存还够卖两天的。"

推销人员："既然你如此急需，我明天就把货送过来。"

推销人员的表述是恰当的。（　　）

9. 客户提出异议表明他对产品没有兴趣。（　　）

10. 如果客户提出的异议明显站不住脚，对此，推销人员可以不回答。（　　）

11. 面对客户的价格异议，你可以说："我们这里从不打折。"这是一种很好的处理异议的方法。（　　）

12. 推销人员在洽谈说服过程中一定要做到先易后难，循序渐进。（　　）

13. 组织性质、组织规模、组织的经营状况是接近团队客户前必须要了解的。（　　）

14. 在约见对象不具体、不明确的情况下，采用委托约见的方式比较可靠。（　　）

15. 运用好奇接近法接近客户，推销人员一定要掌握人们的心理规律。（　　）

16. 推销人员不能只介绍产品，而且要善于提问，通过高质量的提问获取尽可能详细的

客户信息。（　　）

17. 成交的要求应当由客户提出，推销人员不应首先提出成交。（　　）

18. 成交最基本的条件就是所推销的产品能充分满足客户的某种需要。（　　）

19. 当客户听完推销人员的介绍后询问产品的价格，说明他对这种产品没有兴趣。（　　）

20. 次要重点促成法的优点之一就是可以减轻客户成交的心理压力。（　　）

二、单选题（在每小题的 4 个备选答案中选出一个正确的。每小题 2 分，共计 20 分）

1. 对于很有特色的产品，最适合采取的接近方法是（　　）。

    A. 自己介绍法   B. 他人介绍法

    C. 产品开路法   D. 利益接近法

2. 采用（　　）的核心在于用建议和行动向客户表示，问题看上去已经解决，客户非得以极大的努力才能阻止这一进程，因而易于达成交易。

    A. 积极假设促成法   B. 强迫选择促成法

    C. 特别优惠促成法   D. 建议促成法

3. （　　）不是接近客户前准备工作的内容。

    A. 明确主题   B. 准备备品配件

    C. 掌握必要的信息   D. 做好心理准备

4. 哪种原因引起的需求异议，推销人员应该立即停止推销？（　　）

    A. 客户认识不到对推销产品的需求，因而表示拒绝

    B. 客户意识到有需要，有些困难不能购买，又不想直接回答推销人员的问题，因而以"不需要"作为拒绝购买的借口

    C. 客户确实不存在对推销产品的需求

    D. 希望获得谈判的主动权

5. "很抱歉，这种产品我们和××工厂有固定的供应关系。"这种异议，通常称之为（　　）。

    A. 需求异议   B. 货源异议   C. 产品或服务异议   D. 价格异议

6. 一位推销人员向一位中年女士推销一种高级护肤霜。顾客："我这个年纪买这么高级的化妆品干什么，我只想保护皮肤而已，可不像小青年那样要漂亮。"推销人员回答："这种护肤霜的作用就是保护皮肤，年轻人皮肤嫩，新陈代谢旺盛。用一些一般性护肤品就可以了，人上了年纪皮肤就不如年轻人，正需要高级一点的护肤霜。"这个推销人员运用的异议处理方法，通常称之为（　　）。

    A. 迂回否定法   B. 直接否定法

    C. 转化处理法   D. 优点补偿法

7. 通常在哪几种情况下不宜使用回避法？（　　）

    A. 客户提出一些与推销无关的异议

    B. 客户提出一些荒谬的异议

    C. 客户提出理由正当的意见

    D. 客户提出明显站不住脚的借口

8. 在销售过程中，小的共识会引发大的决定。如果你能让客户在一些小的问题上达成共识，你就可以理清对方的思路，这样当你准备让对方作出重大决定时，他们就不会感觉有太大的压力。以下哪种成交方法是基于这种考虑的方法？（　　　）

    A. 特别优惠促成法   B. 多种接受方案促成法

    C. 次要重点促成法   D. 附带条件促成法

9. 直接否定法的优点有（　　　）。

    A. 有利于消除客户疑虑，增强购买信心

    B. 有利于保持良好的人际关系，创造和谐的谈话气氛

    C. 不伤客户自尊，客户比较容易接受

    D. 缩短推销时间，提高推销效率

10. 在与客户洽谈过程中，以下哪种情况表明客户没有对产品产生兴趣？（　　　）

    A. 客户问："产品多快能运来？"

    B. 顾客表情冷漠，双手紧握

    C. 顾客再次查看产品样品和说明书

    D. 客户问："这种材料是否经久耐用？"

三、简答题（每小题 10 分，共计 50 分）

1. 推销接近的目的是什么？

2. 在洽谈前推销人员要做好哪些准备工作？

3. 简述与客户建立和保持良好关系的原则。

4. 当客户说"谢谢，我们不需要这种产品"时，是否意味着客户确实不需要推销的产品，推销人员就应该立即放弃，转向其他客户吗？

5. 成交的基本条件主要有哪些?

四、分析题（10分）

凉茶是广东、广西地区的一种由中草药熬制、具有清热去湿等功效的"药茶"。它是用纯天然中草药金银花、甘草、菊花、栀子、青果等草本植物熬制，原汁原味，不含蔗糖和任何化学添加剂。目前该产品有冲剂、无糖袋泡两大类。用开水冲泡饮用。产品档次高、数量大、价格便宜，口味甜润、爽口，四季皆宜，适合男女老幼饮用。

请根据所给资料，回答以下问题：

1. 购买凉茶的潜在客户应具备什么基本条件？

2. 你认为寻找凉茶产品的潜在客户用哪种方法比较有效？

推销策略与艺术作业3

在学习完第九至十一章之后，请完成本次作业。

题型说明：判断题 20 道，每小题 1 分，共计 20 分；单选题 10 道，每小题 2 分，共计 20 分；简答题 5 道，每小题 10 分，共计 50 分。分析题（或案例题）1 道，10 分。本次作业成绩占形成性考核成绩的 25%。

一、判断题（请根据你的判断，正确的在题后括号内画"√"，错误的画"×"。每小题 1 分，共计 20 分）

1. 买卖合同必须采取书面形式。（　　）

2. 如果推销人员与个人签合同，合同的内容应十分简短、明确。（　　）

3. 售后服务是售后服务人员的事，与推销人员关系不大。（　　）

4. 积极主动地向顾客致意打招呼会把顾客吓跑，所以不要主动打招呼。（　　）

5. 一定要等逛商店的人在一样货品前站住脚开始仔细观看之后，推销人员才可以走过去介绍商品。

6. 店面推销人员在迎接顾客时，直接谈论商品的方法最适合那些兴趣集中、正热切地寻找某种商品的人。（　　）

7. 产品种类和品种较少的企业适宜采用职能式组织。（　　）

8. 地区式组织主要适用于产品种类和品种较少的企业采用。（　　）

9. 及时兑现是激励推销人员的重要原则。（　　）

10. 推销额是反映推销人员推销成绩的最重要的指标。（　　）

11. 一般在开架售货部，销售人员应当把接待顾客的时间掌握在对方已挑选到一半左右的时候。（　　）

12. 转移标的物的所有权，是买卖合同的主要法律性质。（　　）

13. 因为店面陈列的丰富性是提升店面业绩的一个很重要因素，所以货物越多越好。（　　）

14. 薪金制有较强的刺激性，有利于调动推销人员的工作积极性。（　　）

15. 店面推销人员所拥有的商品的专业知识是决定其推销业绩的重要因素。（　　）

16. 推销人员应当按照事情的紧迫性安排工作顺序。（　　）

17. 推销人员在推销过程中要善于以适宜的方式纾解情绪。（　　）

18. 为了快速回笼货款，成交签约时一定要有明确的付款日期，同时要按约定的时间上门收款。（　　）

19. 企业集中培训法是培训推销人员的主要方法之一，其优点是边干边学，可使新录用的推销人员深入实际工作岗位。（　　）

20. 没有明确目地逛商场的人不带任何寻求模式，所以这些人不会做出非计划性的购买。（　　）

二、单选题（在每小题的 4 个备选答案中选出一个正确的。每小题 2 分，共计 20 分）

1. 在买卖合同中，买卖双方都既享有权利，又承担义务，双方的权利义务相互对应，所以，买卖合同又叫（　　）。

　　A. 双务合同　　　　　　　　　　　B. 有偿合同
　　C. 要物合同　　　　　　　　　　　D. 不要物合同

2. 为了及时、全额回收货款，降低企业经营风险，有必要在销售前对客户进行（　　）。

　　A. 产品调查　　　　　　　　　　　B. 资信调查
　　C. 规模调查　　　　　　　　　　　D. 市场调查

3. 在设法摸清顾客的真正需要时，应当首先展示（　　）比较适宜。

　　A. 价格较低的商品　　　　　　　　B. 中等偏上的商品
　　C. 价格较高的商品　　　　　　　　D. 名牌商品

4. 同一店面，销售人员的业绩会有很大不同。以下哪个不是影响销售人员业绩的自身因素？（　　）

　　A. 态度　　　　　　　　　　　　　B. 店面位置
　　C. 技巧　　　　　　　　　　　　　D. 知识

5. 建议顾客购买与某件商品相关的物品时，最好的时机应当是（　　）。

　　A. 在向顾客介绍商品时　　　　　　B. 在客户完成购买准备离开时
　　C. 在包装商品和收款前　　　　　　D. 在顾客付款过程中

6. 在时间管理矩阵中，以下哪一类事情是要首先做的？（　　）。

　　A. 重要而且紧迫　　　　　　　　　B. 重要但不紧迫
　　C. 不重要也不紧迫　　　　　　　　D. 不重要但紧迫

7. 在顾客逛商店时，再次回到了原先看过的某个商品时，推销人员此时（　　），能够更好地实现交易。

　　A. 给客户较大的空间
　　B. 采取主动法为客户介绍商品
　　C. 采取松动模式
　　D. 多向客户提问题以了解基本情况

8. 当企业的产品种类繁多或产品技术复杂、产品间毫无关联时，通常可考虑采用（　　）形式。

　　A. 地区式组织　　　　　　　　　　B. 产品管理式组织
　　C. 市场管理式组织　　　　　　　　D. 职能式组织

9. （　　）不是买卖合同的履行原则。

    A. 实际履行原则　　　　　　　　　B. 全面履行原则

    C. 非全面履行原则　　　　　　　　D. 协作履行原则

10. 成交以后推销人员应保持以下哪种态度？（　　）

    A. 欣喜若狂　　　　　　　　　　　B. 态度冷漠

    C. 亲切自然　　　　　　　　　　　D. 藐视对方

三、简答题（每小题 10 分，共计 50 分）

1. 简述对客户进行资信调查的主要内容。

2. 买卖合同一般包括哪些内容？

3. 影响店面业绩的因素主要有哪些？

4. 简述推销人员自我提升的主要途径。

5. 推销绩效评估的内容主要有哪些？

四、分析题（10分）

乔·吉拉德与顾客成交后的第一件事是找来档案卡片，将与顾客有关的一切情况及他买车的细节记录下来。同时，他会给这位顾客寄去一封感谢信，他认为这是必须要做的事——感谢顾客买他的东西。很多销售人员不会这么做，所以顾客一定会注意到吉拉德的感谢信，因为感谢信是很少见的。

乔·吉拉德在感谢信中告诉顾客，能把车卖给他，自己很高兴。这封信还会提醒顾客，顾客介绍任何一个人来买新车，将得到 25 美元的奖励。

请根据所给资料，回答以下问题：

如何做好成交后的后续工作？

推销策略与艺术作业4

姓　　名：＿＿＿＿＿＿

学　　号：＿＿＿＿＿＿

得　　分：＿＿＿＿＿＿

教师签名：＿＿＿＿＿＿

在学习完课程全部内容之后，请完成本次作业。

本次作业由四个案例构成，要求同学们认真阅读案例，用课程中的原理和方法进行分析，回答每个案例中提出的问题。每个案例字数不少于200字。本次作业成绩占形成性考核成绩的25%。

案例一：（25分）

袁总的公司最近要招标采购一套安全加密系统，标书发出去后有5家公司带着厚厚的应标文件来参加投标，每一个厂商都说自己公司的安全加密系统是最大的、最全的、最好的。最终袁总谁家的安全加密系统都没买，这个采购项目就暂时搁置了。我问袁总为什么采购没有成功，袁总说："我觉得每个厂商讲得都挺好，但是好像都不是我想要的。我觉得我并不需要一个功能最全的产品，我只想要一个最适用的，而且，每个人都让我觉得他们根本就不关心我到底想要什么。怎么能把我的钱交给这些根本就不关心我的人呢？"

（资料来源：岳贤平．推销：案例、技能与训练．北京：中国人民大学出版社，2018：106．）

请根据所给资料，回答以下问题：

袁总为什么暂停了这个采购项目？5家公司在应标时主要有什么失误？结合这个案例谈谈在推销洽谈时应注意什么问题？

案例二：（25 分）

有一位推销新型号复印机的推销人员，得知某公司的采购科长急于采购一批复印机，但这位采购科长思想比较保守，喜欢选购老型号的复印机，对新型号复印机有怀疑。于是推销人员找到这位科长说："我知道您对采购很有经验，不愿在型号的选择上冒风险，但我想像您这样的老行家绝对不会一概排斥新型号的产品，因为现代科技的发展太快了，复印机的更新换代也是很快的，一旦一种新型号产品的质量与功能被大家认可后，价格就会提高，老旧型号也将被淘汰。这样来看，求稳本身不也是一种风险吗？现在我接触的许多客户都已改变了过去那种片面求稳的思想，不知您是否同意这种观点？我曾为您设想过，这批新型号复印机会给您带来好运的……"

（资料来源：岳贤平 . 推销：案例、技能与训练 . 北京：中国人民大学出版社，2018：109.）

请根据所给资料，回答以下问题：

1. 这位推销人员采用的是哪种洽谈策略？这种策略的优势是什么？
2. 结合这个案例，谈谈如何有效运用这个洽谈策略？

案例三：（25 分）

小李是一家酒业公司负责开拓集团消费（团购）业务的一名销售人员，他经常跟我说起他拜访客户时的苦恼，他说他最担心拜访新客户，特别是初访，新客户往往就是避而不见或者在面谈两三分钟后表露出不耐烦的表情。听他说了这些，我就问他下面一些问题：

（1）你明确地知道初次拜访客户的主要目的吗？

（2）在见你的客户前，你做了哪些细致的准备工作？

（3）在见你的客户前，你通过别人了解过他的一些情况吗？

（4）在初次见你的客户时，你跟他说的前三句话是什么？

（5）在与客户面谈的时间里，你发现是你说的话多，还是客户说的话多？

结果小李告诉我，他明确地知道他初次拜访客户的最主要目的是了解客户是否对他们公司的产品有需求，当然他做了一些简单的准备工作，如准备产品资料、名片等。不过，在见客户前，他没有通过别人去了解客户的情况，见到客户时的前三句话自然就是开门见山，报公司名称和自己的名字、介绍产品，然后询问客户是否有购买产品的兴趣；在与客户交谈时，小李说是自己的话多，因为机不可失嘛。

（资料来源：胡善珍. 现代推销：理论、实务、案例、实训. 北京：高等教育出版社，2010.）

请根据所给资料，回答以下问题：

1. 造成小李苦恼的原因是什么？

2. 怎样的接近能够为成交打下良好的基础？

案例四：（25 分）

例一：销售员："您好，我是武汉知音传媒的小李，我们是提供专业的广告和推广的公司，不晓得您现在是否有空，我想花一点时间和您讨论，给您介绍一下？"

例二："您好，是张经理吗？我是武汉知音传媒的李强，我们是武汉专注于网站建设、网站改版、网络优化的一家充满朝气的 IT 公司，与武汉多家知名企业合作过，今天我打电话过来的原因是我们的服务已经为行业内很多朋友所认可，能够为企业提供目前最高效的宣传推广服务，迅速提高企业的知名度，快速打开和拓展销售市场，降低销售成本，直接给企业带来经济效益和利润增长点，为了进一步了解我们是否也能为您服务，我想请教一下贵公司是否有网站呢？"

请根据所给资料，回答以下问题：

试对以上两例中推销人员的开场白进行评析。